地下帝國

金融、網路、半導體——美國如何將世界經濟武器化

UNDER GROUND EMPIRE

Henry Farrell　Abraham Newman
亨利・法羅 —— 亞伯拉罕・紐曼 —— 著
林少予——譯

盛讚推薦

楊應超—科克蘭資本董事長

李昌益—台灣森那美 KIA 總裁

余文琦—哈佛大學甘迺迪學院訪問學者

羅際夫—正聲廣播公司財經早知道主持人

黃學正—雅季文教基金會董事長

范立達—TVBS 總編審

呂奇傑—輔仁大學資管系學術特聘教授

丁學文—金庫資本管理合夥人暨泰國石油電動車子公司執行長

詹文男—數位轉型學院院長

馬雨沛—淡江大學祕書處祕書長

龍雲祥｜大山創新事業有限公司董事長

黃介正｜淡江大學國際事務與戰略所副教授

王業立｜國立臺灣大學政治系教授

王鴻嬪｜前摩根士丹利基金管理（中國）有限公司董事總經理

李力昌｜國立高雄科技大學觀光管理系助理教授

推薦序　新時代的權力核心

呂奇傑
輔大資管系學術特聘教授／輔大ＡＩ專班主任

全球化帶來了便利與效率，但背後隱藏的網絡控制力往往被忽視。本書透過一個個精彩的敘事與分析，為讀者揭開了一個無聲運作、卻真實存在的《地下帝國》。這個帝國並非靠傳統的領土和軍事力量統治，而是以維繫全球經濟運作的系統為立國基石，無聲地影響著每一個人的日常生活。

作者以中世紀的諺語「條條大路通羅馬」為隱喻的起點與本書核心，引導讀者了解光纖電纜、網際網路、金融支付系統及半導體供應鏈等全球經濟運作系統的「瓶頸點」（另稱「咽喉點」）如何成為權力集中化的核心。美國與歐盟如何透過掌握全球資訊流與金融交易的關鍵環節，將經濟與科技資源轉化為地緣政治工具，實現對敵人與盟友的精密控制。

書中也詳細說明，在九一一事件後，美國開始利用技術與地理優勢，透過將原本服務於經濟的全球通信與金融體系，轉化為政治與安全的工具，讓美國不僅能掌控敵對國家的行動，也對盟友的政策施加影響。並且在半導體供應鏈領域，作者也揭示美國透過專利與核心技術，持續保有對全球科技產業的壓倒性優勢，同時在面對中國挑戰時採取經濟與技術制裁，維持其領導地位。然而，這種策略並非沒有代價，隨著盟友對美國的過度控制產生不滿，中國與歐盟也在探索建立自主體系的可能性，這讓全球秩序面臨更大的不確定性。

《地下帝國》無疑是一本必讀之作，透過本書讓我們重新審視全球化的本質，也提醒我們，那些隱藏在資訊與經濟流通中的瓶頸點，如何成為改變世界的真正力量。

推薦序　超過國家邊界的影響力

余文琦
哈佛大學甘迺迪學院訪問學者

美國自從二次世界大戰後穩坐世界超級強國的寶座，雖然近年來因為中國的崛起而受挑戰，但美國的軍力、政治和經濟影響力仍然是世界公認的最強國。過去以軍力來衡量國家強權的指標，近年來也因為科技和金融超越國家邊界的影響力而有所變化。本書由兩位身在華府的約翰・霍普金斯大學和喬治城大學教授合寫，靠著他們多年來在華府的觀察和理解，為讀者創造出一種認識美國國力的新論述。本書為讀者解析美國如何利用掌控國際金融秩序、金融交易、美元的優勢、先進科技技術——從雲技術、半導體，到光纖通信——再到包括對石化和新能源的開發、最新的加密貨幣等，來確保自己的超級強權地位，甚至來懲罰像是北韓，伊朗和俄羅斯等敵人。作者們認為美國就像是一個擁有地下密集網路的帝國。

美國在冷戰結束後領導的經濟秩序——自由貿易和全球商業至上——已逐漸變成地緣政治的戰場。台灣讀者可能最有興趣的是講到台灣台積電和半導體的部分，尤其是美國如何說服台積電在美國設廠。作者們認為，美國越是將自己的經濟力量武器化，反而對自己傷害越大。書中用中國的華為作案例，認為美國越是不給華為生存空間，就越像自己批評的中國。本想打壓中國卻造成反效果，甚至可能激怒中國而以暴力來反抗。

本人大致同意作者們的分析，但基於美國現狀，也就是在國內社會分歧，貧富差距加大造成社會階級明顯、挑戰重重之下，做出這些以美國利益為優先的保護主義政策，我認為也是無可避免的。可能令大家最無法接受或最受批評的就是，美國許多現階段的政策和自己曾經大力提倡的原則背道而馳，尤其在川普（Donald Trump）上台之後的美國，完全不顧及美國過去高喊的道德原則，反而常令讓人覺得用不擇手段達到目的。這其實也基於過去大家對美國期待過高，尤其川普作為總統的一舉一動，更顛覆世界認為美國領導人應有的所作所為。所以追根究底，美國自己打破過去幾十年來塑造的形象，這也是最令人詬病之處。

但美國真的有其他出路嗎？我個人比較悲觀。對一個逐漸沒有自信、未來方向不甚明確的國家的人民來說，自立自強以及弱肉強食最符合美國現階段的利益。這也是為什麼在川普即將上台之際，發出這麼多的驚人之語，像是要台灣付保護費、要用武力占領巴拿馬運河和格陵蘭島，還要用經濟力量迫使加拿大成為美國第五十一州等。大家如果撇開二十世紀國際社會依照規範運行的框架，其實美國在十九世紀末和二十世紀初，也用軍事強行拿下菲律賓，更幫助巴拿馬建造運河，並在背後支持巴拿馬獨立以取得運河管轄權，而台灣能有今天的民主自由，也是美國保護下促成和允許的。這些都符合美國長久以來的利益。就川普等人來看，過度講究仁慈和道義的美國，反而被欺負、不受人尊重。

川普二・〇的美國勢必不受歡迎，但更可能利用自己的經濟和軍事強權而令人畏懼。台灣能否在強權政治之下生存甚至更加利用自己的優勢來確保安全，的確是一大考驗。

推薦序　大夢初醒後的世界觀

范立達
TVBS總編審

本世紀初，美國知名作家湯馬斯・佛里曼（Thomas Friedman）寫了一本轟動世界的巨著《世界是平的》（*The World Is Flat: A Brief History of the Twenty-first Century*）。打鐵趁熱，幾年之後，他又接著推出《世界又熱、又平、又擠》（*Hot, Flat, and Crowded*）以及《謝謝你遲到了》（*Thank You for Being Late An Optimist's Guide to Thriving in the Age of Accelerations*）等等鼓吹全球化現象，並樂觀描繪具有這樣美好遠景模樣的系列著作。但在二十一世紀走過四分之一的現在，如果你再回頭去問問他：「你現在還堅持認為世界是平的嗎？」只怕，連他都只能很心虛地承認，他當初的預估實在太樂觀，也錯得太離譜了。

全球化是怎麼興起的？湯馬斯・佛里曼的幾本著作寫得很清楚。但，全球化是怎麼崩壞的？這就不能不提到中、美貿易大戰，以及隨之而來的世界裂解。

要去追尋其中緣由，當然跟中共總書記習近平於二〇一三年喊出「一帶一路」的經濟外交大戰略有關，也與前中國國務院總理李克強在二〇一五年喊出的「中國製造二〇二五」有緊密的關聯。十年前，中國逐漸崛起，但崛起並非默默，而是敲鑼打鼓，於是，這樣的崛起就讓西方諸國，特別是美國緊張又警惕。他們知道，沉睡的獅子一旦醒來，世界將會為之震動。為了讓獅子繼續沉睡，或者，不要醒得太快，於是，在二〇一八年由美國總統川普按鈕，開啟了美、中貿易大戰。

由加徵鉅額關稅開始，報復與反報復的措施一道又一道，緊接著，戰場由傳統貿易物資轉向高科技產品。美方下令，先進晶片（包含先進晶片製造設備）禁止輸往中國，禁止採購中國華為和中興生產的5G及電信設備……夾在美、中兩強之間的小國只能面面相覷。這世界在一夕之間突然分崩離析，全球化成了泡影。

按理說，全球化應該最符合「人盡其才、地盡其利、物盡其用、貨暢其流」的理想及理性模式，大部分的國家皆能因此受益，這也正是世界貿易組織（World Trade Organization, WTO）之所以誕生的原因，但，美國為何反其道而行？為何硬要吹皺這一池春水？忌憚中國的崛起當然是其中主因，可是，如果手中沒有強大的武器，心底沒有充分的準備，美國敢貿然開第一槍嗎？是誰給了美國這麼大的底氣？

想要解答這個疑問，就不能不讀這本《地下帝國：金融、網路、半導體——美國如何將世界經濟武器化》。

本書作者亨利・法羅（Henry Farrell）、亞伯拉罕・紐曼（Abraham Newman）在全書一開頭，就提供了一個很有意思的概念。他們由「條條大路通羅馬」說起，告訴我們，每個帝國治下的都城，都有著中心與邊陲，而兩者間，靠著是一條又一條的幹道連接。透過這樣的幹道，帝國將資源聚集到中心，也將影響力和權力擴展到邊陲。

到了現今，除道路之外，每個複雜的社會也都還有「底層服務」，如道路、電力等基礎設施。這些底層服務通常由政府提供，也由政府所掌控。但後來，如網際網路、支付服務和共享服務等新的底層服務出現，這些新的底層服務絕大多數都依靠網路，而且改由私人企業掌控。

這樣的轉變受到世界絕大多數自由派人士的歡迎。網路的世代，大家也以為最美好的藍圖是「去中心化」、「去政府化」、「自由化」。但現實與理想總有極大的差距。本書作者告訴我們，這些新型的底層服務久而久之也會像傳統的道路一樣，趨向中央集權。政府和企業的權力會交互強化，政府也比較叫得動大型的集權企業，去做政府想做的事情。最後，這些曾被大家天真地以為極度自由、無國界的新型底層服務，仍然會落入強大的國家機器手中。

作者把這些新型底層服務稱為「地下帝國」，它是由看不見的網路系統所構成。作者告訴我們，去中心化的網路架構其實並不存在，因為，在美國某些重要的城鎮裡，其實有最重要的網路節點，世界各地的網路資訊幾乎都會通過這些節點再分散出去。所以，只要能夠控制這些節點，或在這些節點的光纖網路上設置一道稜鏡，就可以把通過的資訊光一分為二，其中一方的光束仍然繼續流通，另一方則進入政府的祕密資料庫，予以儲存、分析、利用。史諾登（Edward Snowden）的維基解密就揭露，美國國安局的稜鏡計畫正是利用此一概念執行國際監聽任務的。

非但如此，美國除了可以在帝國內監聽世界各地的對話之外，還能讓它的敵人在世界經濟中孤立無援。

這個強大的武器即是由環球銀行金融電信協會 SWIFT（Society for Worldwide Interbank Financial Telecommunication）所建立出來的金融報文傳送服務系統。這套系統對接了全球超過一萬一千家銀行、證券機構、市場基礎設施和企業使用者，覆蓋兩百多個國家和地區，跨國金融交易都必須透過這個系統交換資訊。

在俄羅斯入侵烏克蘭之前，國際社會都不相信華盛頓會將全世界金融體系武器化，因為，俄羅斯占了全球貿易的百分之二，將它的銀行排除在 SWIFT 外，風險太大，但美國和歐洲不但這麼做，還變本加厲地凍結了俄國取得其貨幣儲備的管道。所以，原本以為最不會受到某一國家控制的國際傳送服務，突然之間，竟將其中之一的會員國排除在外，這種驚駭，豈止是跌破眾人眼鏡而已。

除此之外，美國政府還透過各種手段，逼迫那些網路巨擘交出手中的資訊。書中就告訴我們，微軟確實把外國人的資訊交給美國政府。據統計，二〇一一至二〇二一年，美國政府就要求微軟每年提供二點四萬至三點九萬名的使用者帳戶資訊。

而這些口口聲聲說會保護所有使用者隱私及資訊的網路巨頭，為何甘服於美國政府的政治壓力之下？套一句拜登（Joe Biden）政府時期的商務部長吉娜・雷蒙多（Gina Raimondo）的說法：「我不想強迫大家去做任何事，但是如果你們不聽話，那麼你們讓我別無選擇。」

美國政府所採用的策略，其實是把「相互依存關係武器化」，他們相信，單一的咽喉點可以用來迎戰對手，不管是網路節點、美元清算系統、金融報文系統 SWIFT 等等。最初，在九一一事件後，美國這些作為只是針對蓋達（Al-Qaeda）等恐怖組織和北韓等國家，那時或許很少有人抱怨，但隨著帝國野心的擴張，它使用這些武器瞄準的對手愈來愈多，也因此激起了更多國家的怨恨和抵制。

當然，理性思考後也能發現，一個由互不信任的兩個強權集團所組成的世界，永遠不會容許網絡將它們的經濟制度糾纏在一起。在美國採取了這些看不見的武器攻擊對手之後，備受威脅的國家一定也會想出反制之道。於是，中國也開始發展自己的金融報文系統、設計並生產自己的先進晶片、鋪設不經過美國的網路和海底電纜，國際金融結算採取人民幣以取代美金計價等等。而這樣的計畫執行後，只是把整個世界撕裂得更無法整合。

湯馬斯・佛里曼曾天真地認為，那個被一道牆分隔成兩個陣營的舊世界，已經讓位給一個由網路連結在一起的新世界。但他一定沒想到，構築這個新世界的網路，又會變成某些國家的致命武器。

幾十年來，企業界一直幻想自己生活在一個去中心化、無國界的世界，他們希望能夠制定一個由各國政府承諾不針對平民進行網路攻擊的新公約，可是，他們一次又一次地發現，政府的束縛從未解除。企業領袖希望擺脫政府控制，但殘酷的現實告訴他們，他們所研發出來的新科技，只是為自己和他人製造新的枷鎖。

就如本書作者說的，那些從外部破壞帝國的夢想，反而促使帝國將計就計，從中心向外建設自己的反制計畫。當一個（或兩個）超級強國握有這麼強大的武器時，其他諸國除了被迫選邊站之外，還能做些什麼？

所以，誰才是邪惡的帝國？美國政府口口聲聲指控中國有可能監聽世界，在電腦及網路系統架構中偷偷開設後門的作法，難道美國自己都沒做過？讀完本書，或許可以釐清自己腦海中某些不切實際的幻想，在強權國家的面前，只有利益，沒有道義。那些烏托邦式的美好天地，在現實國際社會中，並不存在。

台灣版序

我們撰寫《地下帝國》英文版時著眼於未來，希望書中的觀點能夠具有長期的參考價值。然而，唐納・川普在就任總統後短短數週內，就強化了我們論點的重要性，這是我們始料未及的。當我們在二〇二五年二月撰寫這篇台灣版序言時，川普總統上任才短短數週的時間，就已經用擴大範圍的制裁和提高的關稅來威脅美國的盟友。他甚至談及要對台灣半導體徵收關稅，並施壓台積電在美國建造更多晶圓廠。此外，他的政府很可能進一步收緊對中國的半導體出口管制。

這一切之所以成為可能，正是因為本書所探討的「地下帝國」式的強制手段。川普威脅動用的金融制裁，是過去二十年間由共和黨與民主黨政府共同建立的。拜登政府對半導體的出口管制，是對川普第一任期內針對華為所創設之「外國直接產品規則」（Foreign Direct Product Rule）的川規拜隨。如今，川普的第二任政府即將進一步運用這些手段，甚至可能將其擴大應用，結合關稅政策，在震懾敵人的同時，也威脅盟友。

然而，這一策略能否奏效仍是未知數。我們的研究顯示，比起強化、鞏固，這些措施反而更可能削弱美國的主導地位。在短期內，各國或許會作出讓步，或至少假裝讓步，以避免成為制裁目標。但從長遠來看，各國可能會逐步減少對美國的依賴，因為美國已不再是一個可靠的盟友——當某位總統，或是他的繼任者，可能會利用你們之間的依賴關係來對付你，那麼，誰還願意將生產網絡與美國經濟深度整合？

這將帶來全球經濟的變化，起初可能不易察覺。沒有人會公開承認自己正在把雞蛋從美國這個籃子拿出來，但隨著時間推移，各國與企業會默默地減少對美國主導的金融與技術體系的依賴，以降低政治風險。

美國的影響力將會因此受限。你即將在本書中讀到，美國的強大，在我們看來，在某種程度上源於「運氣」。上世紀九〇年代，企業建立了全球網絡來連結世界，但他們從未考慮到這些網絡中可能存在著關鍵的「瓶頸」（chokepoints）。如今，當這些瓶頸成為一種可利用的武器，世界開始警覺並尋找對策。全球經濟可能會逐步調整，雖然過程艱難且緩慢，但最終將繞開美國及其他強權所設下的關鍵控制點。

無論未來如何發展，對企業、對像台灣這樣的小國而言，世界已變得更加風險重重且滿路險阻。我們在書中引用了台積電創辦人張忠謀在二〇二二年的話：「那些我們能為全世界每一個人服務的日子，那些美好的日子，已經一去不返了。我只希望未來不會變得更糟。」正如他當時所擔憂的，這個世界確實變得更加艱難。我們希望透過本書，幫助各國政府、公民與企業理解這場變局，並盡可能作好準備，以應對這個日益險峻的世界。

目次

導言　條條大路通羅馬

要進入地下帝國非常容易，到處都有入口，有些甚至設有路標。在我們倆居住的華盛頓哥倫比亞特區（譯註：以下簡稱華盛頓、華府、或華盛頓特區），66號州際公路這條多車道的大動脈連接著美國首都與維吉尼亞州的郊區。這條主要幹道還有一條較小的支路，通往五角大廈及位於蘭利州際公路，連結這個美國首府城市和維吉尼亞州郊區。這條多車道主幹道有一條較小的支道通往五角大廈和位於蘭利社區（Langley）的中央情報局（Central Intelligence Agency, CIA）總部。66號州際公路往東，會先穿過環繞全華府的「環狀線」，再開到底就是美國國務院（Department of State）所在地「霧底洞」（Foggy Bottom）；美國財政部和白宮就在離國務院不遠的幾個街區外。繼續往東北方向開，就會到達馬里蘭州的米德堡（Fort Meade），這是國家安全局（National Security Agency, NSA）和美國網路司令部（Cyber Command）的情報人員和網路專家工作的地方。

這些政府建築是美利堅帝國外在的象徵。有些建築在設計之初就考慮到對大眾展示的目的。白宮和財政部的帕拉迪奥式（Palladian）立面，是根據羅馬建築師、原本在凱撒（Julius Caesar）軍隊中擔任工程官的維特魯威（Vitruvius）發展的原則設計與建造。[1]而其他的鋼筋混凝土建築，則出於實用目的，在圍籬、監視攝影機和武裝警衛後築起另一道防線。

所有的建築物都與地下世界相通。帝國治下每座或為了治理、或為了展示而起造的建築物，要不是靠著密密麻麻的通道和氣送管，像蘑菇的菌絲[2]穿透周圍土壤一樣傳遞資源和訊息，早就變成廢墟了。帝國的脈動是雙向的，他們將資源聚集到中心，同時向外部傳播影響力與施展權力。

古代世界的統治者以斑岩和大理石等珍貴石材建造雄偉的國都，而帝國的運作則更依賴於日常所用之物。貿易路線、糧船和引水道將鄉鎮、城市與農村緊密地編織成一張活躍的經濟網絡。羅馬帝國（Roman Empire）建造了一套廣闊的道路網，不僅便利商人運送貨物，還使軍團能迅速橫跨各行省。當旅人從偏遠的腹地進入羅馬帝國時，他們告別了一個由村莊與蜿蜒牛道構成的世界，迎來的是由貿易城市組成的繁榮帝國。這些城市由筆直而悠長的通衢大道相連，既傳遞商業的繁盛，也傳達統治的力量與威懾。

羅馬帝國衰亡數百年後，一句中世紀諺語仍然流傳：「條條大路通羅馬。」羅馬帝國所建造的基礎設施，至今仍深刻影響著現代經濟。歷史往往因循而行，因為在既有的基礎上繼續建設總是較為容易。如今法國和義大利的高速公路，依然沿襲著數千年前羅馬帝國監察官規劃的路線。

到了現代，帝國的核心運作大多已經轉入地下。美利堅帝國依然仰賴軍事力量來維持地表貿易路線的暢通，派遣美國海軍巡弋全球海上航線。然而，美國的權力也隨著埋藏於地下的光纖電纜，迂迴滲入如網際網路和銀行通匯所需的複雜金融基礎設施。全球貿易與製造業在開放市場的旗幟下蓬勃發展，但這開放市場之下，潛藏著一個由智慧財產權與科技專業構築而成、不易察覺的網絡。這又是一個美國領導人擁有無可比擬控制力的典型例證。

這些橫跨全球的系統並非為了取得政治優勢而精心策劃的結果。它們大多由追求效率與利潤的私人企業建造。然而，許多古老的帝國也有類似的模式，它們的軍隊往往亦步亦趨地追隨著商人的腳步前行。[3]

現代帝國已將支持全球市場運作與資訊流通的地下機制——光纖電纜、伺服器農場、金融支付系統，以及生產半導體等複雜產品的製造體系——轉化為脅迫工具。表面上，這些系統和為全球經濟運行所設置的複雜管線，看似既乏味又晦澀難懂。然而，這些管線本身就帶有政治性；正如昔日條條大路通羅馬，如今全球的光纖網路、金融體系和半導體供應鏈都匯向美國，讓美國得以投射其權力與影響力。

的確，如果你想了解這些系統的運作，將它們比作道路會很有幫助。[4]每天早晨，通勤者從他們居住的安靜巷弄出發，轉入更繁忙的街道，然後駛上主幹道。同樣地，每天早晨，人們也進入了地下帝國；他們或打開手機，或登入工作電腦，或者匯款給家人。在不經意間，他們的訊息正透過埋藏於地下的電纜傳送，這些電纜可能連接到全球訊息的主動脈，比如所謂的網際網路骨幹——一條擁有數百萬條車道的高速公路，[5]在這裡，本地與國際的資訊流量不分彼此地交織與傳遞。在這條虛擬高速公路上，美國的汽車車窗上可能貼著與當地相關的標語，比如華盛頓特區的「不讓我們有民代，就別想要我們繳稅」，或是印著「維吉尼亞：情人之州」字樣的車牌。這些汽車在貼有中文、波斯語、法語或俄語標誌的卡車之間穿梭，每輛卡車都奔向自己的目的地。同時，在世界其他地方，人們也正在查看電子郵件、在亞馬遜或其在地競爭對手的網站上購物，或者支付帳單。

在世界各地，不同的人使用著同一條網路高速公路。這就像66號州際公路不僅連接華盛頓特區及其周邊的腹地，還無形中蜿蜒穿越北京、安卡拉、巴黎和海參崴等城市，將世界各地全都串連起來。最大的問題在於，這些來自世界各地的網路旅人，即使只是在都柏林或基爾庫克（Kirkuk）的不同社區間短途移動，也可能被迫繞道經過華盛頓特區的郊區。當這些不得不繞道的愛爾蘭或庫德族使用者經過國家安全局總部時，該機關可能會拍攝並記錄他們的行蹤，以備美國政府日後查詢他們的身分和去向。若是掛著伊朗車牌的使用者，則可能突然被那些身穿深色西裝、梳理得一絲不苟的財政部幹員攔下盤查。虛擬高速公路上的流量最終可能滲透至實體世界的物流系統。當聯邦政府篩檢網路流量以搜尋資訊時，可能會因為一封電子郵件而查扣一艘從首爾駛往上海、載有先進半導體的貨櫃輪。

二十五年前，前美國副總統艾爾・高爾（Al Gore）將全球網路的新世界比喻為「資訊高速公路」[6]。他當時也半開玩笑地承認，這個比喻確實並不新穎。高爾之所以採用這個比喻，是希望人們將這些網路視為美國必須投入資金建設的重要基礎設施。他雖然反對過度干預的監管，但認為這條「資訊高速公路」仍需要一些交通規則，才能消除瓶頸，並向所有人開放。然而，技術專家們從來不喜歡高爾的這種說法。在他們看來，全球網路應該像網際網路那樣，是由無數網路構成的一個整體，最好是個沒有任何交通警察的狂野天地，讓人們可以隨心所欲地在其中探索。

如今，網際網路已被馴服。我們回到了一個資訊高速公路的世界，這些高速公路匯流成瓶頸，而美國已將這些瓶頸轉化為控制點，得以監控並主導全球的日常商業與互動往來。這些高速公路承載著全球經濟的流量，支撐著金融服務與生產體系。不出所料，其他國家政府對此相當不滿。有些國家想要建立新的路徑以規避這些瓶頸，有些則希望掌控或建立自己的控制點。這些相互衝突的迫切需求引發了新的紛爭，使跨國企業和個人都陷入交火之中。

一九八九年，我們見證了一個世界秩序戰勝另一個世界秩序的時刻，冷戰時期的政治與經濟對抗，讓位給了遍布全球的網絡系統。隨著企業利用新獲得的經濟自由，網際網路、全球金融和供應鏈迅速擴張。在二〇〇一年九月十一日恐怖攻擊事件後，美國政府雖然正處於最脆弱之際，卻意外發現了潛藏於這個新全球經濟體系基礎架構中的政治權力。

一開始，美國試圖利用這項網絡監控能力來對付「壞人」。相關機關和官僚體系專注於應對恐怖分子和流氓國家的即時威脅，卻未曾預料到，他們所使用的監控權力會如何改變美國與歐洲盟友、競爭對手如中國，以及全球商業界的關係。官員們也未意識到網絡技術的誘惑有多強大：它不僅能用來對付惡徒，還可以用來控制那些早已接受相互依存作為市場效率基石的盟友。為了保護美國，華府逐步且堅定地將蓬勃發展的經濟網絡轉化為宰制的工具。美國如同夢遊般踏入了一場新的帝國爭霸，在不知不覺中走向了墮落。

讀完這本書，你將了解這個地下霸權體系是如何形成的。一個原本開放的網路世界，如何演變成掌握絕對權力的地下帝國，讓美國得以跨越國界擴張影響力，藉此蒐集情報、攔截物資，甚至將某些國家排除在全球經濟體系之外。更重要的是，本書將幫助你了解當前的局勢，以及未來可能的發展。中國等強權國家，或歐盟等政治實體，將如何自保與反制？若其他勢力試圖建立並擴張自己的地下勢力範圍，會引發什麼後果？而當你的企業身陷其中，又該如何自保？

如今，無論是美國政府官員、外國領導人，還是企業執行長們，都首次開始深入思考已經發生的一切，以及未來的走向。我們將向您說明如何最有效地管理新興帝國之間即將爆發的爭端，並探討如何將帝國的工具運用於其他目標，例如關閉避稅天堂，或協助建立應對氣候變遷的架構。然而，我們無法也不會提供地下帝國的可信逃生路線，因為這並非我們能力所及。進入地下帝國或許輕而易舉，但要脫身卻遠非易事。

＊　＊　＊

為什麼一個由開放全球網絡構成的世界，會與美國帝國如此契合？有些人認為答案很簡單：帝國和全球網絡是同一個龐大而複雜陰謀的不同階段，這個陰謀在過去數十年中逐步展開。例如，俄羅斯總統普丁（Vladimir Putin）聲稱，網際網路是一個「中央情報局的計畫」，[7]目的是通過削弱俄羅斯和其他專制國家來增強美國的權力。他似乎認為冷戰從未結束，只是從核對抗陰影下的權力遊戲，演變成半祕密的資訊戰，這場戰爭是透過那些經過精心設計、可作為武器使用的網絡來進行的。

建造這個新世界的人們卻抱持完全相反的觀點。他們宣稱，新世界終結了國家之間傳統的地緣政治角力。新時代的傳道者湯馬斯・佛里曼（Thomas Friedman）在一九九九年的一篇文章中指出，那個被「圍牆」分隔的舊世界，已經讓位給一個由「網絡」連結的新世界。[8]當時，全球資訊網還是個嶄新的事物，充滿令人振奮的可能性。它成為後冷戰時期世界經濟轉型的一個簡明縮影。像網際網路這樣的資訊網絡，將大量資訊如潮水般跨越國界，隨著企業在各國找到客戶與供應商，新的全球市場逐漸形成。金融網絡的擴張，使資金能夠迅速在全球流動，尋找轉瞬即逝的套利機會或長期投資標的。全球貿易不再只是原材料與製成品的交換，而是轉變為一個錯綜複雜、去中心化的工廠體系：複雜的產品可以在一個國家設計，然後在另一個國家組裝，所需的零組件則來自全球各地。世界，現在是平的。

理論上，在這個新的全球秩序中，資訊將能自由流動，甚至能抵抗最堅決的獨裁者。前美國總統比爾・柯林頓（Bill Clinton）曾告訴中國，試圖控制資訊就像試圖把果凍（Jell-O）釘在牆上一樣——果凍只要左搖右晃地繞過障礙就可以逃脫。[9]政府將不再能控制資金流動；相反地，資金流動將控制政府，因為主權信用評級的變化會讓政客畏縮不前。柯林頓的顧問詹姆斯・卡維爾（James Carville）曾戲言，他希望下輩子能轉生成為債券市場，這樣他就能「恐嚇所有人」。[10]而佛里曼則認為，在供應鏈全球化的時代，沒有人會想發動戰爭，因為攻擊鄰國無異於打擊自己的經濟。[11]在他看來，這個新世界是一個繁榮的商業市場，而非一個帝國；在這樣的市場中，帝國的概念已顯得無關緊要，甚至過於陳舊。

真相遠比普丁眼中充滿陰謀的世界，或佛里曼筆下的二維平面世界更有趣，也更複雜。若非冷戰結束，全球網絡建設的黃金時代便無法啟動。在一個分裂為互不信任的權力集團的世界中，國家間絕不會容許網絡將它們的經濟體系緊密交織。更重要的是，這些網絡並非由美國政府建造。根據當時的普遍共識，政府官員認為，他們的職責是避免干預私營企業的發展，而這些企業幾乎清一色是美國企業，或將美國視為其主要市場。

與以往的歷史時刻一樣，打造網絡的是企業和企業財團，它們追求的是利潤與效率，而非征服。[12]有政治抱負的人往往更傾向於削弱，而非維持帝國；他們希望打造的是一個網絡化的世界，在這個世界裡，人們與私人組織能夠自由連結，至於是否符合政府的意願，完全不在考量之列。

然而，這些原本應該瓦解舊有權力政治世界的網絡，卻始終無法擺脫美國冷戰帝國的陰影。具有歷史視野的經濟學家和社會科學家經常提到「路徑依賴」這一現象，[13]即早期的決定（如城市選址、憲法內容的制定）如何制約了我們今天的行動。全球經濟的新網絡在最直接的意義上展現了路徑依賴的特性。正如中世紀的築路者一樣，這些網絡的建構者通常發現，在舊有基礎上鋪設新路徑更加便利。他們建設完成後，其他人接續其上擴展，更多人再在此基礎上繼續建設，最終形成一個持續累積的過程。這使得他們所建立的路徑沿著舊有的權力脈絡延伸，最終連接到二戰後舊帝國的核心——美利堅合眾國的實體領土。

所謂「沒有帝國的世界」卻顯得異常熟悉。即使沒有任何宏大的規劃，這幅地圖已足以反映並鞏固美國在冷戰中的勝利。將世界連結起來的網絡，不僅沿襲了過去經濟與政治權力關係的輪廓，更定格了一個歷史瞬間——那是美國處於權力巔峰並居於世界中心的短暫時期，從而使這一影響力延續了數十年。

以連接全球通訊系統的海底和地下電纜為例。根據美國國家安全局的估計，到二〇〇二年，全球各地區之間的網路通訊頻寬中，僅有不到百分之一未經美國傳輸。[14]支撐全球銀行間通訊的系統雖然設於比利時，但其董事會由美國銀行主導，並受其位於維吉尼亞州北部數據中心的管制。國際銀行以美元進行跨國交易，這使它們依賴於「美元清算系統」——由美國監管機關掌控的一套複雜金融安排。即便複雜半導體的製造已從美國轉移至亞洲，美國公司仍將半導體設計和核心智慧財產權的關鍵環節保留在國內。

全球化的管道和運作系統不僅將權力輸送至中心，同時也讓中心變得更加脆弱，易於遭受攻擊。二〇〇一年九月十一日的事件讓美國深刻認識到這一點。去中心化的通訊系統使恐怖分子能更輕鬆地相互聯繫，而開放的全球金融體系則使他們得以在無人察覺且無人阻止的情況下，將資金與資源自由跨境轉移。

然而，只要美國有意改變現狀，方法可謂俯拾即是。關鍵的全球網路都以美國為中心運作，這使得美國國安局、財政部等機關得以將這些更廣大的網路系統轉為己用。全球經濟仰賴一個早已建成的隧道與管道系統，美國幾乎可以輕而易舉地接管並改造這些系統，如同它們原本就是由軍事工程師專門為此目的設計的一般。通過掌控關鍵節點，美國政府可以祕密監聽對手之間的對話，或將他們排除在全球金融體系之外，使其陷入孤立無援的境地。

一開始，美國政府只是見機行事地、零星地利用這些網路和管道。官員認為，他們的行動是為了應對迫在眉睫的威脅，而非刻意為新型態權力奠定基礎。當美國部署這種力量時，目標是恐怖組織如蓋達，以及朋友寥寥且具有敵對性的國家如北韓。美國的一些行動雖然引發爭議，但爭議主要集中在兩個方面：一是實施新監視技術背後對總統權力的廣泛解釋，二是這些措施對美國公民民權造成的附帶損害。

然而，政府也可能順著既有路徑前行，卻對這些路徑通向何方毫無預期。一旦部門機關開發出新工具，就會不斷尋找新用途。每當發現一種新用途，就可能為其他用途開創先例。而官僚一旦嚐到權力的滋味，就會愛上這種感覺。

美國掌控全球通訊網路的優勢，使其得以監控盟友和敵對國家的通訊內容。在網際網路時代來臨之前，監控工作成本高昂且技術困難，因此通常僅針對「高價值目標」：恐怖分子、外國高層官員，以及其他通訊內容具有戰略價值的人物。九一一事件後，美國的監控機關獲得了幾乎無限制的權力與龐大資源，並利用這些優勢將全球電信網絡改造為一個分散式的監控系統。他們甚至建造了一套能夠記錄整個國家所有通話內容的系統，並將這些資料保存長達一個月，以便日後對可疑對話進行「倒帶」檢視。[15]在這個新時代，挑戰不再是如何蒐集情報，而是如何儲存這些龐大的資料，並從中挖掘出有價值的情報。當美國政府開始充分運用其在全球網絡的優勢地位後，其監控體系也隨之經歷了澈底的轉變。

美國金融體系的脅迫也經歷了類似的轉變。在九一一攻擊事件發生後短短數週內，美國財政部為了及早偵測可能的攻擊行動，開始積極尋求從全球蒐集資訊的途徑。[16]他們很快就鎖定了在全球金融轉帳中扮演核心角色的「環球銀行金融電信協會」（Society for Worldwide Interbank Financial Telecommunication，以下簡稱 SWIFT）資訊系統，並以刑事傳票相逼，要求取得 SWIFT 的資料存取權。財政部同時著手發展一種新型的制裁手段，利用其對「美元清算」的掌控，迫使國際銀行在美國境外執行美國的政策。透過結合對 SWIFT 和美元清算的控制，美國成功將伊朗隔絕於全球金融體系之外，迫使其就核武計畫走上談判桌。當初規劃這些措施的美國官員多認為這些只是一次性的緊急應變方案，但這些手段最終卻成為美國金融權力全面轉型的先例。

美國在未曾真正思考其行為後果的情況下，逐步將連結全球經濟的地下網絡轉變為一個地下帝國。在這個帝國中，美國能夠監聽世界各地的對話，並將敵人隔絕於全球經濟體系之外。曾經被視為激進的政策主張，如今已成為司空見慣的施政工具。美國不再僅是世界上唯一的超級大國，而是一個擁有「超能力」的國家。如同盤踞在全球網絡中心的蜘蛛，它能感知千里之外敵友之間的細微對話震動。而當它認為必要時，便能以比鋼鐵更堅韌的絲網，緊緊纏繞並扼殺對手的經濟。

但是，能力越大，責任也越大。到歐巴馬（Barack Obama）第二任總統任期結束之際，官員們開始擔憂他們所造成的後果。史諾登（Edward Snowden）的揭露詳細披露了九一一恐攻事件後美國實施的祕密監視行動，這不僅讓美國情報界措手不及，還威脅到網際網路背後的政治架構。當揭露事件導致歐盟取消與美國的數據傳輸協議時，Google母公司董事長艾瑞克・施密特（Eric Schmidt）警告說，網際網路本身正面臨危機。[17] 歐巴馬的財政部長傑克・盧（Jack Lew）發表了一次廣受關注的演講，警告如果美國過度使用其權力，「金融交易可能會逐漸完全轉移到美國境外，這可能會威脅美國金融體系在全球的核心地位。」[18]

* * *

地下帝國長期隱藏在平凡無奇的外表之下。帝國那些顯而易見的象徵——失蹤的軍團、激烈的戰爭、被暗殺的繼承人——雖然是引人入勝的故事，但對於支撐這些表象的地下基礎設施，鮮有人感興趣。〔科爾森・懷特黑德（Colson Whitehead）的小說是個例外。[19]〕結果是，幾乎沒有人能全面理解這個地下世界中的複雜博弈。然而，這些隱祕的活動偶爾會浮現於地表。最具代表性的一次，是愛德華・史諾登選擇冒著巨大風險，公開了國家安全局及其姊妹機關為監視世界所建造的龐大地下系統，震驚全球。國際銀行曾對美國強加的高額成本提出抱怨，但抗議始終無濟於事。同時，美國也低調地對一些中國企業採取了行動，例如將電信巨頭華為視為國家機器的延伸，並進行制裁。然而，這些舉措似乎彼此孤立，難以拼湊成某個完整的整體，讓人難以看清這張地下帝國的全貌。

川普（Donald Trump）政府執政期間，地下帝國的全貌變得愈來愈清晰。川普政府認為美國非但沒有濫用權力，反而在權力運用上還遠遠不夠積極。地下帝國非川普所建，但他讓這個帝國變得更明顯、也更具爭議性。這當然不是川普親力親為的結果。川普發現新的脅迫工具時，就像個學步的孩子得到新玩具一樣雀躍；[20]但他的注意力無法持續，不足以真正理解如何讓其他國家屈服於美國的控制之下。雖然川普渴望各國進貢，但往往只要成為關注焦點就心滿意足。無論如何，美國以愈來愈強硬的方式擴張其地下帝國。隨著受害者開始注意到事態的嚴重性，他們也開始拼湊出另一種理解美國實力的圖像。舉例來說，川普政府運用美國金融體系的權力，不只針對恐怖分子，也將矛頭指向人權官員。儘管美國的行動看似毫無章法，卻正不可逆轉地朝向一個方向發展：開發新工具不只用來對付北韓這樣的流氓國家，也針對其他強權的核心資產，中國就是一個例子。

隨著美國展開與中國的對抗，地下帝國的鬥爭逐漸浮上檯面。當老牌強權與新興挑戰者為了主導權展開較量時，隱密的衝突也轉為公開。美國之所以將矛頭指向華為，是因為擔心這家公司正在為中國鋪設通往建立自身帝國的基礎設施。這家與中國政府關係撲朔迷離的企業，正著手構建全球下一代網際網路的關鍵基礎設施。

一位歐洲官員帶著嘲諷說，美國之所以生氣，是因為中國試圖做美國早已做過的事：將全球通訊系統變成一個監視帝國。[21]為了阻止這種情況發生，美國運用了既有的工具，同時也開發了新的手段。美國報紙將這些行動作為商業版的新聞來報導，但在中國看來，這是一場全國性的危機，讓地下帝國的威脅變得既真切又明顯。

美國的傳統盟友也對華府新展現的強硬姿態感到憂懼。長期以來，他們的公司一直受到「二級制裁」（secondary sanctions）的威脅，這是一種經濟工具，即使企業並不位於美國，也能迫使其遵從美國的要求。當美國的盟友開始因為堅持遵守美國自己談判達成的協議而受到美國威脅時，這些盟友逐漸將美國主導的金融體系視為必須屈從的桎梏。他們開始思考建立自己的「戰略自主權」（strategic autonomy）。如法國總統馬克宏（Emmanuel Macron）所言，他們擔憂，「當合作變成依賴的那一天，你便成為他人的附庸，隨之而來的是自身的消亡」。[22]

對中國和歐洲而言，理解威脅比找到應對之道要容易得多。中國在發展自主技術方面面臨巨大挑戰，而當俄羅斯入侵烏克蘭時，歐洲才驚覺自己對美國的依賴是如此深重。企業和個人同樣陷入了無解的困境。隨著美中的對抗展開，他們被困在交戰帝國間的「無人之地」：一方試圖維持對全球網絡的掌控，另一方則力圖取而代之。過去，當跨國公司考量政治風險時，他們最擔心的是貪腐獨裁者（kleptocratic dictators）；如今，他們則擔憂美國可能強迫他們效力，或中國會採取報復行動。

這兩個強權與較小國家之間的摩擦衝突，可能會升級為更大的危機，讓捲入國家間經濟爭端的企業面臨生存威脅。當企業試圖應對這些威脅，各國亦隨之作出反應時，全球經濟可能從一個開放的系統，逐漸演變為武裝敵對陣營之間的持久僵局。我們已經見識過意外災害所能造成的巨大破壞。二〇一一年，一場地震導致依賴日本少數關鍵供應商的半導體產業中斷數月；[23]二〇二〇年，新冠病毒席捲全球，同樣暴露出全球供應鏈的脆弱性。[24]然而，如今我們可能正處於一場更大災難的邊緣。這場災難並非偶然，而是因衝突撕裂交織全球經濟的精巧細密網絡所引發。

* * *

為了避免崩潰，美國必須發展一套不同以往的安全觀。它必須清楚認識到權力與責任相伴而生的道理，讓其他國家能夠保障自身安全，免受美國網絡帝國主義的宰制影響。同時，在這個對手因全球網絡而緊密相連的世界中，美國必須率先帶頭建立規則。就如在冷戰期間，美國曾願意與蘇聯對話，尋求雙方都能接受的共識，以免因核武器而引發破壞穩定的誤判與行動。

歷史的先例表明，美國不僅能夠做到，而且必須做到這一點——因為掌控全球權力中樞的正是美國。建立韌性並降低脆弱性，將帶來比粗暴的民族主義和產業回流（reshoring）更光明的未來。沒有人喜歡或信任霸凌者，但如果權力被用於行善，人們就會願意接受。作為國際超級強權，美國甚至可以支持一種「共同體」（commonwealth）——而非帝國——的願景；在這一願景中，美國與其他行動者共同保障集體利益，而非爭奪狹隘私利。美國可以如何利用制裁措施來針對碳排放者，或像巴西這樣持續容許雨林砍伐的國家，並不難想像。美國過去曾運用其權力解決其他問題，比如瑞士的避稅天堂。那麼，為什麼不能對付那些惡性汙染者呢？

這樣的共同體同樣會面臨一些問題。它最為活躍的領域，將是美國自身利益與全球利益重疊之處。它需要妥協，這也意味著某些問題將被擱置而不予處理。例如，很難想像中國會接受那些以網絡脅迫推廣民主的提議。最後，這種制度最有效的地方，是推動其他國家採取他們已知必須採取的行動，而不是提出新的選項。

然而，這條路徑顯然比美國目前所走的道路要好得多。美國之所以能夠維持其帝國如此之久，正是因為它始終隱匿在陰影之中。如今，當這個帝國暴露在光天化日之下，它要麼會崩塌，要麼面臨更慘的下場。舊有的衝突將愈發劇烈且難以化解，而新的對抗才剛剛開始。假如這個系統曾讓美國安全，那麼這種安全感已難以為繼。它反而正在加速一場惡性循環，這必將削弱美國——特別是當美國仍然認為自己可以肆無忌憚地對他國發號施令時。當你建立起一座可與核武庫比肩的經濟力量時，就不該對他人考慮先發制人或反擊感到意外。

註釋

1 Cecelia Lahiff, "Aemulatio and Sprezzatura: Palladio and the Legacy of Vitruvius, " *Art Journal* no. 1 (2018): 12-22.

2 Eben Bayer, "The Mycelium Revolution Is upon Us, " *Scientific American*, July 1, 2019, retrieved on November 11, 2022, from https://blogs.scientificamerican.com/observations/the-mycelium-revolution-is-upon-us/.

3 See, for example, John Gallagher and Ronald Robinson, "The Imperialism of Free Trade, " *Economic History Review* 6, no. 1(1953): 1-15.

4 Like all metaphors, this leaves some important things out. As we explain later, the Internet, for example, is now made up of mirrors as much as international thoroughfares. That doesn't affect the main logic of our argument, although it does affect the detail of how it works in practice.

5 Strictly speaking, fiber-optic cables do not have as many individual strands as that, but they have enough total capacity to carry millions of seemingly simultaneous exchanges.

6 "Remarks by Al Gore, " Royce Hall, UCLA, Los Angeles, California, January 11, 1994, retrieved November 11, 2022, from https://clintonwhitehouse1 .archives.gov/WhiteHouse/EOP/OVP/other/superhig.html.

7 Ewen MacAskill, "Putin Calls Internet a 'CIA Project' Renewing Fears of Web Breakup," *Guardian*, April 24, 2014.

8 Thomas Friedman, "DOScapital," *Foreign Policy* 116 (1999): 110-16.

9 Clinton, "Remarks on Permanent Normal Trade Relations with China," March 8, 2000, retrieved on July 22, 2022, from https:// www.c-span.org/video/?c4893404/user-clip-clinton-firewall-jello.

10 James Carville, quoted, "The World Economy," *Economist*, October 7, 1995.

11 Thomas Friedman, *The World Is Flat: A Brief History of the Twenty-First Century* (New York: Farrar, Straus and Giroux, 2005).

12 See Simone Müller and Heidi Tworek, "'The Telegraph and the Bank': On the Interdependence of Global Communications and Capitalism, 1866-1914," *Journal of Global History* 10, no. 2 (2015): 259-83. Müller and Tworek (p. 263) describe how the submarine cables that carried telegraphs were laid down according to theories of "natural monopoly," only later being used for "military, imperial, or strategic control."

13 Paul Pierson, "Increasing Returns, Path Dependence, and the Study of Politics," *American Political Science Review* 94, no. 2 (2000): 251-67.

14 Charlie Savage, *Power Wars: Inside Obama's Post 9-11 Presidency* (New York: Little, Brown, 2015), 177.

15 Barton Gellman and Ashkan Soltani, "NSA Surveillance Program Reaches 'into the Past' to Retrieve, Replay Phone Calls," *Washington Post*, March 18, 2014.

16 Juan Zarate, *Treasury's War: The Unleashing of a New Era of Financial Warfare* (New York: PublicAffairs, 2013).

17 Rob Price, "Eric Schmidt Thinks a Ruling by Europe's Top Court Threatens One of the Greatest Achievements of Humanity," Business Insider, October 15, 2015, retrieved on December 21, 2021, from https://www .businessinsider.com/eric-schmidt-ecj-safe-harbor-ruling-threatens-one-of-the-great-achievements-of-humanity-2015-10.

18 Jack Lew, "Remarks of Secretary Lew on the Evolution of Sanctions and Lessons for the Future," delivered at the Carnegie Endowment for International Peace, Washington, DC, May 30, 2016.

19 Colson Whitehead's wonderful novel, *The Intuitionist* (New York: Knopf Doubleday, 1999), depicts warring factions of elevator inspectors as a means of disentangling the racial politics of America's internal empire. Francis Spufford's similarly excellent Red Plenty (London: Faber and Faber, 2010) uses a novelist's tools to grasp the economic infrastructure of the Soviet economy and the ideas that animated it.

20 Daniel Drezner, *The Toddler in Chief: What Donald Trump Teaches Us about the Modern Presidency* (Chicago: University of Chicago Press, 2020).

21 "America's War on Huawei Nears Its Endgame," *Economist*, July 18, 2020, retrieved on July 20, 2022, from https://www .economist.com/briefing/2020/07/16/americas-war-on-huawei-nears-its-endgame.

22 Roger Cohen, "Macron Tells Biden That Cooperation with US Cannot Be Dependence," *New York Times*, January 29, 2021, retrieved on July 20, 2022, from https://www.nytimes.com/2021/01/29/world/europe/macron-biden.html.

23 Vasco M. Carvalho, Makoto Nirei, Yukiko U. Saito, and Alireza Tahbaz-Salehi, "Supply Chain Disruptions: Evidence from the Great East Japan Earthquake," *Quarterly Journal of Economics* 136, no. 2 (2021), 1255-1321.

24 Jill Kilpatrick and Lee Barter, *COVID-19: Managing Supply Chain Risk and Disruption*, Deloitte Development LCC, 2020, 14.

第一章 華特・李斯頓的世界

在華特・李斯頓（Walter Wriston）的年代，他是全球最具影響力的人物之一，擔任金融巨頭花旗銀行（Citibank）及其母公司花旗集團的董事長。他同時也是一位極具遠見的思想家。雖然他的著作《主權的黃昏》（*The Twilight of Sovereignty*）[1]如今已被多數人遺忘，但這本書預言了資訊革命如何深刻改變全球政治格局。他在書中指出，自中世紀晚期以來不斷鞏固的國家主權，正在逐漸衰退。新科技的發展和市場自由化的推進正「將權力去中心化」[2]，使「曾經至關重要的戰略樞紐」[3]變得不再重要，並「撼動國家主權的根基」。資訊、資金與貿易的全球化流動不僅突破了國界，甚至開始侵蝕國界本身，形成一個真正的全球市場。在這個市場中，靈活的個人與企業得以規避政府的監管，從而重新定義權力的分配方式。

創新思想被廣泛接受後，往往會逐漸淪為陳詞濫調。李斯頓的觀點最終變成機場書店裡商業暢銷書的老生常談。然而，早在一九七〇年代，當大多數人還未注意到時，他就已透過演講和著作，探討全球資訊科技與市場對政府權力構成的不可抗拒挑戰。[4]當時，跨國資金流動仍受嚴格限制，而網際網路僅是政府資助的一項不起眼的實驗。即便到了一九九二年《主權的黃昏》出版時，科技是否能澈底改變世界仍充滿不確定性。柏林圍牆剛剛倒塌三年，冷戰的陰影依然緊緊纏繞著全球政治和市場的格局。

李斯頓對經濟自由的熱忱以及對國家權力的深刻不信任，源自他的父親亨利・李斯頓（Henry Wriston）。亨利不僅是一位大學校長，也曾擔任著名的「外交關係協會」（Council on Foreign Relations）主席。他曾接受知名經濟學家弗雷德里希・馮・海耶克（Friedrich von Hayek）的親自邀請，參與創立極具影響力的「朝聖山學會」（Mont Pèlerin Society）。[5]這個學會由古典自由主義和保守派思想家組成，是二戰後維繫自由市場思想的重要推手。與父親一樣，華特・李斯頓是一位全球主義者，[6]他深受海耶克理念的影響，認為市場自由是個人自由的根基。

華特・李斯頓既非學者，也非智庫主席。他的競爭對手高盛的前高管羅伊・史密斯（Roy C. Smith）曾這樣評價：李斯頓是「當代最具影響力的銀行家」，[7]在他的領導下，花旗銀行成為「其他銀行公然效仿的楷模」[8]。一九九二年，當李斯頓表示自己是「以一個全球金融市場參與者的視角」[9]撰寫這本書時，這番話不無謙遜，甚至帶著些許戲謔。回顧全球化歷史時，人們常常關注那些為開放市場掃清障礙的政治家和高官，以及為此理念奔走呼籲的思想家，卻往往忽視了真正建構這一切的企業領袖。而李斯頓就是全球化的變色龍（譯註：原文為Zelig，指伍迪·艾倫一九八三年電影《澤里格》中能融入任何環境的主角）。細察國際金融的蓬勃發展、資訊網絡的擴張，以及澈底改變貿易面貌的物流革新，處處都能窺見他的足跡。

李斯頓的人際關係有點放不開、有點生硬，顯示他在衛理公會的環境下成長，對他的道德觀與良知的影響。相形之下，他的從商哲學展現出濃厚的海盜氣息；[10]他對邊界和國家規則不屑一顧，鍾情全球市場這個不受管制、來去自如的公海。[11]在那裡，花旗銀行與其競爭對手可以超越占陸為王、貪得無厭的君主，在亂濤激流中創建自己的盜賊共和國。

李斯頓還在國家城市銀行（National City Bank，現為花旗銀行）擔任見習主管時，就冒著引發上級震怒的風險，借出四千兩百萬美元給貨車運輸企業家馬爾科姆·麥克連（Malcom McLean）。麥克連提出了一個極具爭議的新構想，即如何結合水路和陸路以低成本運輸貨物。[12]他利用這筆資金推動集裝箱革命，澈底改變了全球貨物運輸的成本結構。李斯頓的金融創新還促成了現代歐洲美元（Eurodollar）市場的誕生，這是一個在美國境外以美元進行金融交易的巨大離岸領域。一九七〇年代初，他致力於建立一個由花旗銀行控制的私有全球支付系統，這迫使其他銀行紛紛打造自己的聯合系統，以免被花旗銀行那張溫和微笑的大嘴吞噬。

李斯頓將理念付諸行動的魄力澈底改變了世界。他在一九七九年指出，「現有的銀行網絡，包括歐洲市場和自動支付系統」，[13]表面上看似枯燥且僅具技術性，但實際上卻擁有深遠的政治影響。他相信，若資金能在國家之間快速流動，國家將無法再掌控它。相反，資金可能會反過來主導國家，以市場嚴謹的紀律取代政治統治者反覆無常的專斷。[14]同樣地，資訊在全球電信網絡中的自由流動，將使政府無法阻止他們不喜歡的那些思想傳播。[15]李斯頓後來解釋，電信網絡可以改變高科技製造業，使來自不同國家的眾多生產商能夠協同合作，共同完成最終的成品。[16]

李斯頓認為這些變化將帶來深遠的政治後果，但他對後果的具體性質卻大大誤判。他曾對朋友說過：「集中化……就是一個法西斯國家。」[17]直到去世，他仍堅信自己與同行正於有限政府下建構一個更加自由的世界。然而，諷刺的是，他和其他企業領袖本質上卻是集權化的推動者：他們追求市場的絕對主導權，迫使其他企業依賴他們的系統並向其納貢。他們構築了一個以少數幾個關鍵控制點為核心的全球網絡。歐洲美元市場和全球支付系統改變了全球金融流向，使資金流向美國的銀行和由美國主導的機構。全球資訊流也同樣被導入以美國為中心的網絡，並受到美國的監控。而隨著全球製造業日益依賴資訊和金融網絡，其運作模式也愈加集中於特定樞紐，這些樞紐更容易受到美國政府的掌控。全球化的悲劇在於，像李斯頓這樣的人，表面上創造了一個看似擺脫政府控制的世界，實則讓這個世界對政府權力完全敞開大門，最終走向自我毀滅的結局。

* * *

李斯頓最終認為：「國際銀行業是一個命運注定要在與所有政府（包括最民主的政府）的經濟關係中保持緊張狀態的體系。」[18]然而，在他職業生涯的初期，國際銀行業務幾乎不存在。一九六〇年代，銀行業呈現出遲滯、保守和懶散的特徵，這對李斯頓等人而言是極大的挑戰。經濟大蕭條後，為防止金融崩潰而制定的規則複雜且相互矛盾，將銀行束縛於各國國界之內。這些規範意味著大多數銀行幾乎不會面臨國際競爭，也缺乏投資於新經營模式的動力。期待一家真正的國際銀行出現，無異緣木求魚。

一九六〇年代的銀行業宛如一個從維多利亞時代倖存至現代的遺物，彷彿一台嘎嘎作響的蒸汽龐克引擎，由生鏽的活塞和馬來膠（gutta percha）包裹的電纜構成，零星拼接了一些格格不入的現代零件。協助建立歐洲支付系統的艾瑞克・塞普克（Eric Sepkes）回憶道，當時花旗銀行倫敦分行依賴一套氣動管道系統，在支付部門與審批辦公室之間傳遞文件。員工需要手寫支付指令在表格上，將其裝入容器後放入真空管道，運送至目的地（倫敦金融城早在十九世紀就建設了數英里長的氣動管道網絡）[19]。某天，支付部門遲遲收不到審批回覆，經查發現管道堵塞。花旗銀行不得不請來煙囪清潔工清理管道，才成功恢復整個歐洲大陸的支付業務處理。

全球銀行業如同一個規模更大的神祕管道系統，設有各式窗口接收資金，對其進行昂貴且難以理解的操作後，再從其他地方吐出。沒有人能完全理解這套機制的運作，就連理應負責的那群人也難以洞悉全貌。那些以血統優越的男士為主、靠著社交關係促成交易的商業銀行（merchant bank）紳士活動，與負責執行支付程序的瑣碎任務，依然保持著嚴格的分界；後者則由被成堆文件包圍的女性辦事員完成。當時，跨境匯款需要耗費極長的時間。花旗銀行阿根廷分行甚至一度不得不將其利潤兌換成一箱箱蘇格蘭威士忌，以避免資金在送抵紐約之前因貶值而蒙受損失。[20]

李斯頓幫忙把這台哐啷作響的機器重塑為一個變革的引擎，將各自為政的國內市場融合為真正的世界經濟。他的策略建立在兩個重要洞見之上。首先，全球市場一旦獲得准許，就能繞過各國監管機關所構建的迷宮般複雜的規則體系，最終取而代之。其次，銀行業本質上是「資訊業務的一個分支」。[21]市場價格是一個關鍵的資訊來源，因為它濃縮了數百萬人對買賣的決策。而科技提供了另一層優勢，讓銀行得以挖掘隱藏在其官僚體系中的資訊，並更有效地與同業和客戶進行資訊交流。在適當的技術支持下，支付作業等看似枯燥的銀行後台業務，也能轉變為利潤和權力的來源。

李斯頓開始重整花旗銀行時，資金已經如同從管道的裂縫中滲出般無法遏止。例如，美國境外的企業急需美元用於石油交易，而美國境內的企業則尋求更高的回報率。美國監管機關對普通消費者設定了利率上限，並完全停止向企業存款戶支付利息。銀行業者已經開始設計出各種巧妙的方法，將供需兩端連結起來。

李斯頓和同事們建立了制度性基礎設施，讓這類交易得以大規模開展。他們創造了定期存單等金融工具，建立起一條合法管道，使美國企業持有的美元能夠順暢地流向有客戶需求的國際銀行。花旗銀行的競爭對手，如摩根大通（J. P. Morgan）和華寶銀行（Warburg），也採用這些工具並發展出自己的創新做法。[22]原本主要在倫敦進行的零星歐洲美元交易，逐漸發展成為一個龐大的美國境外美元買賣與借貸市場。

政治經濟學家艾瑞克・海萊納（Eric Helleiner）解釋，歐元美元市場變成一個合法的灰色地帶，大量美元在美國境外自由流通。[23]隨著市場規模的擴大，美元逐漸被確立為國際貿易的通用基礎。例如，一家日本公司向義大利企業銷售商品時，很難將收到的義大利里拉直接兌換為日圓，因為日本和義大利之間的經濟關係尚不足以支撐一個流動性足夠的市場，來直接實現兩種貨幣的兌換。而歐洲美元市場提供了一條便捷的替代途徑：先將里拉兌換成美元，再將美元兌換成日圓。隨著歐洲美元的供應量日益增加，越來越多的公司選擇直接用美元進行交易，再將美元兌換為本國貨幣，因為這樣不僅簡單高效，也符合經濟上的合理性。

就這樣，美元在毫無刻意規劃的情況下，成為了全球貨幣。美國境外流通的美元數量甚至超過了境內的數量。令人意外的是，美國聯邦儲備（Federal Reserve）理事會等機關的官員幾乎未曾正視這一現象。這反而讓該市場更具吸引力。[24]例如，蘇聯需要美元來進行國際貿易，但擔心若將資金直接存入美國銀行，可能會被美國政府扣押。[25]他們認為，透過在倫敦和義大利交易的歐洲美元，可以規避這種風險。

這些市場全都依賴於精心設計的金融工程所建立的基礎設施，銀行內並非堆滿了等待交易的百元鈔票。如果深入探究，歐洲美元實際上是一種會計上的虛構概念，是實體銀行之間交易的「虛擬美元」。除了用來購買其他貨幣，它們幾乎沒有其他用途。然而，每一單位的歐洲美元都必須由真正的美元作為支撐，這些美元存放於依據美國法律營運並受美國監管機關監督的美國銀行中。正如李斯頓所解釋：「世界上所有的美元——除了實體貨幣以外——都是美國銀行裡的存款，因為只有那裡才是美元的最終結算地。」[26]

這意味著，使用歐洲美元的交易必須通過美國銀行的內部流程進行清算（將資金從一個客戶的帳戶轉移到另一個帳戶），或是通過美國銀行營運的清算機構進行，如清算所銀行同業支付系統（Clearing House Interbank Payments System, CHIPS）。若外國銀行希望進行美元交易並參與全球金融，則必須在美國金融機構中設立並持續持有清算帳戶。歐洲美元市場或許確實像個海盜王國，但這些海盜仍必須定期到君主的港口補充物資。外國銀行對美元的依賴越深，就越容易受到美國監管機關的影響，無論這些監管機關何時甦醒。

漸漸地，由花旗銀行、摩根大通等美國銀行以及CHIPS 等清算機構運營的「美元清算系統」，成為全球金融體系的跳動心臟，以規律的收縮與舒張推動美元在全球範圍內流通。歐洲美元市場非但未能創造一個去中心化的新金融領域，反而使全球金融體系更加脆弱，更易受到美國管轄權的影響。

到了一九七四年，這一點變得十分明顯。當時，大通銀行（Chase）凍結了一家陷入財務困境的德國小型銀行赫施塔特（Herstatt）的美元清算帳戶。由於清算系統的缺陷，其他銀行與赫施塔特的交易無法完成清算，進而導致這些銀行與其他銀行的交易也無法清算，形成不斷擴大的連鎖反應。花旗銀行切斷了其自動轉帳系統，停止向可能已失去信用的銀行進行支付。全球金融體系因此進入了「心臟衰竭」的狀態；花旗銀行的決定「幾乎導致（全球）支付系統陷入癱瘓」[27]。在接下來的幾天裡，李斯頓召集銀行界菁英們重建這一系統。他成功了，但正如他後來指出的，這次事件顯示出二十到三十家私人銀行已成為「全球的實質支付機制」[28]。他平淡而低調地說道，這讓央行感到緊張，「也讓我們（譯註：指李斯頓等銀行界人士）感到緊張。」

* * *

一九七〇年代全球銀行業的另一個關鍵元素，即自動結算訊息系統，也走向集中化。在這個故事中，李斯頓領導的花旗銀行再次扮演了關鍵角色。

不同國家的銀行之間的金融交易向來都很困難。在十八世紀和十九世紀，銀行依賴與其他國家的「代理」銀行建立密切的關係。他們會發出實物信用證，即經簽署的指示，告知代理銀行向持證人提供資金，並承諾銀行會收到付款。然而，這種信用證有造假的可能，而且在一個海上航行可能需要幾週或幾個月的世界裡，這種信用證很難驗證（弗朗西斯・斯帕福德（Francis Spufford）的小說《金丘》（*Golden Hill*）中的大部分情節，都是關於難以確定攜帶大額信用證的人是否就是他所說的那個人」。十九世紀的電報機和二十世紀的電傳機雖然加快了通訊速度，但仍然笨拙而累贅。在一九六〇年代，電傳付款需要雙方銀行的操作員使用共用的電碼簿進行對數運算，以確保安全無虞。[29]

隨著花旗銀行成為全球最國際化的銀行（在九十多個國家設有分行），李斯頓看到了推動銀行跨境通訊方式標準化的良機。[30]每家重要的國際銀行都需要與花旗銀行進行業務往來，這意味著如果花旗銀行率先採用一個新的支付訊息技術標準，這個標準很可能會被廣泛接受並迅速傳播。一旦這個標準普及，花旗銀行將成為「全球支付系統的核心樞紐」[31]，從而在競爭對手面前獲得永久性優勢。每當資金從一個國家流向另一個國家，都必須經由花旗銀行的系統，這將使其擁有對市場的潛在壟斷性掌控力。

李斯頓和他的接班人約翰・里德（John Reed）都是科技狂熱者，他們成立了一個名為「交易科技公司」（Transaction Technologies, Inc.）的祕密研發部門（skunk works），專門開發特殊的軟體和硬體。該公司的任務是開發MARTI（機器可讀電報輸入系統，Machine-Readable Telegraphic

Input），這是一個專供銀行使用的安全通訊系統。據報導，MARTI 推出後，花旗銀行的資深營運主管理查德・馬特斯（Richard Matteis）要求所有代理銀行必須使用 MARTI 與花旗銀行通訊，否則他們發送的電傳將被退回。正如銀行家雷納托・保羅（Renato Polo）在幾十年後描述的那樣，花旗銀行當時的態度基本上是：「我們建議您從現在開始使用 MARTI。如果您不使用，我們將不會執行您的指示。」[32]

問題在於，花旗銀行規模過於龐大，難以取得其他銀行的信任。儘管花旗銀行想要控制一個所有銀行都必須依賴的訊息系統，但其他銀行有充分理由保持警惕。他們不願依賴一個由他人掌控的技術，尤其是在花旗銀行可以隨意更改系統來壓迫他們的情況下。正如保羅進一步解釋：「你要麼讓自己受制於某個代理銀行——這是任何理智的人都不會做的事，要麼就說不。」[33]確實，許多銀行選擇說不，導致轉帳失敗如暴風雪般湧現，花旗銀行的後台作業陷入一片混亂，其代理銀行網絡也一度瀕臨崩潰。

花旗銀行的 MARTI 並不是唯一可行的支付訊息系統。荷蘭銀行家約翰尼斯・（簡）・克拉（Johannes (Jan) Kraa）說服了一群歐洲銀行，於一九七三年成立「環球銀行金融電信協會」（SWIFT），目的是建立一個銀行間安全通訊的替代系統。為了避開倫敦與紐約這兩大金融中心的競爭，SWIFT 將總部設在比利時。然而，SWIFT 在說服歐洲銀行參與方面遇到了重重困難。每家銀行都希望採用本國的標準，這使得 SWIFT 難以達成共識，也難以吸引足夠多的銀行加入來使系統可行。到了一九七四年，SWIFT 看似即將失敗。但 MARTI 的慘敗讓歐洲銀行認識到，如果他們不能制定共同標準，那麼像花旗銀行這樣的機構就會替他們制定標準。

花旗銀行強制其代理銀行採用 MARTI 系統的行動，反而促使 SWIFT 獲致「決定性的成功」。截至一九七五年底，SWIFT 已吸納來自十五個國家的兩百七十家銀行。[34]儘管李斯頓將 MARTI 的失敗歸因於銀行間難以達成共識，但花旗銀行總裁馬特斯後來坦承：「正是由於人們對 MARTI 的抗拒，方造就了 SWIFT 的成功。」[35]

很快地，成為 SWIFT 會員便成為參與全球金融體系的必要條件。SWIFT 越是茁壯成長，它對包括美國在內的全球金融體系的重要性就越加突出。[36]該組織成立十一年後，「化學銀行」的羅伯特·摩爾（Robert Moore）成為 SWIFT 董事會的首位美國籍主席，而花旗銀行的亞瓦爾·沙阿（Yawar Shah）則於二〇〇六年出任該組織董事會主席。[37]如今，SWIFT 的報文系統每年傳送超過一百億則報文，促成的交易總額高達一點二五千萬億（千兆）美元。[38]它與美元清算系統一樣，是全球金融的核心要角。正如 SWIFT 官方歷史的作者所指出，SWIFT 已成為「必由之途」

——如果你想參與金融服務，就必須加入，因為根本沒有其他真正的選項。[39]

SWIFT 的核心地位反而衍生出其自身的問題。據說，著名銀行搶匪威利・薩頓（Willie Sutton）曾說他搶銀行是因為「錢在那裡」。（審校註：引用此名言的含義是，過去要獲得資金需要直接從銀行下手，而如今，資金流動主要依靠技術網絡，因此成為犯罪分子的新目標。）如今，資金不再只存在於實體銀行，而是流經 SWIFT 等複雜的技術網絡系統，這也引起了犯罪分子的覬覦。二〇一六年，北韓駭客就利用 SWIFT 系統的漏洞，從孟加拉央行存放在紐約聯邦準備銀行的帳戶中盜走了八千一百萬美元。[40]若非因為輸入時的一個錯字，他們原本很可能成功盜取高達十億美元。

執法單位也注意到了這個問題：SWIFT 因此面臨來自美國的政治壓力，美方要求 SWIFT 在預防和偵測犯罪方面採取更積極的作為。長期以來，SWIFT 的主管們成功抵擋了這些要求，堅稱 SWIFT 純粹是一個技術性組織，專門負責管理全球金融活動的管道。

儘管 SWIFT 的總部位於比利時，但它由一個國際銀行聯盟經營管理。這套高效的匯款系統成功取代了狄更斯（Dickens）時代那種繁瑣蜿蜒的氣動管道。SWIFT 還曾擊敗過另一套替代系統——如果華特・李斯頓得償所願，那將成為一個由單一美國銀行控制的系統。然而，SWIFT 的一些成員銀行來自美國，而所有銀行都需要依賴美元清算系統才能運作。大多數人對 SWIFT 並不關注，它看似是一個實用但無趣的組織，專注於維護全球金融運作中那部分同樣無趣但不可或缺的「管道」。然而，SWIFT 抵禦政治干預的能力，取決於美國是否願意容忍其表面的獨立性。如果美國政府真要是動用其強權，SWIFT 勢必會屈服。

* * *

華特・李斯頓在一九九六年興奮地說：「在上帝的綠色地球上，政府絕無可能以任何有意義的方式對網路進行審查。」[41]然而，他僅僅幾年前所著的《主權的黃昏》中，卻隻字未提網際網路。該書的索引在「國際貨幣基金組織」（International Monetary Fund, IMF）之後，便直接跳到了「投資支出」（Investment spending）。那時候，網際網路不過是眾多專業網絡之一，最關鍵的變革似乎是全球電信網絡的實體轉型——網際網路及其競爭對手都依附於這個基礎之上。幾年後，當科技傳道者們熱烈歌頌網際網路的解放潛力時，卻鮮少有人關注到承載這一切的電線與電纜。

在世界變局露出端倪前，李斯頓對這個世界有切身又痛苦的經驗。[42]第一條能夠傳輸語音的跨大西洋電纜在一九五六年鋪設。這條電纜能容納三十六組電話同時通話。由於巴西和紐約之間可用的電話線路非常少，花旗銀行巴西分行僱用了「一群巴西年輕人」當撥號員，他們的工作就是一直撥號，連續好幾天，直到電話接通為止。接下來的工作由花旗的員工接手，他們一接聽電話、一邊看報讀書，以保持線路暢通，等下一個需要用到這條電話線路的花旗員工使用。

到了一九七〇年代和一九八〇年代，情況開始發生變化。電子交換機（專用電腦）逐漸取代了需要接線生手動將電纜線插接在一起以連接通話雙方的機械交換系統。這些電子交換機能夠同時處理大量的通話。數位光纖技術則將人聲轉化為資訊，再將資訊轉化為快速的光脈衝，使得一束細小而柔韌的玻璃纖維能夠同時傳輸大量的通話。第一條跨大西洋光纖電纜於一九八八年鋪設完成，能夠同時支持四萬通電話。隨著其他光纖電纜的陸續鋪設，資金、資訊和想法的流動變得「完全依賴於新世界的通訊網絡」[43]及其所帶來的「繁榮之路」。李斯頓認為，這種新的、明顯去中心化的通訊系統，將迫使政府「放棄對資訊流的控制」。

一九九〇年代，隨著網際網路併吞其他網絡系統，似乎進一步印證了李斯頓的去中心化論點。畢竟，網際網路自設計之初就是為了避免中央控制。一句流行的格言如此描述網際網路：「它將審查視為損害，並繞道而行。」[44]然而，支撐網際網路運作的實體網絡卻開始出現一些奇怪的事：隨著這些網絡在全球範圍內迅速擴展，理論上應該遠離其美國的發源地，但實際上卻變得愈發集中，美國境內的交換機和交換點因此能掌控其關鍵流量。

這個新興資訊帝國的核心，正位於李斯頓渴望逃離的那個國首都——管制與強制力量的所在——附近。如果您從華盛頓特區出發，沿66號州際公路向西駕車約四十分鐘，會穿過未設區的泰森斯角（Tysons Corner）社區，進入勞登郡（Loudoun County）。這片曾是農田的地區，如今已成為辦公園區與工業設施的叢林。再行駛十分鐘，經過通往杜勒斯機場（Dulles Airport）那座猶如展翼的流線型混凝土建築的岔路後，便會抵達維吉尼亞州的阿什本（Ashburn）。這裡是李斯頓所盛讚的早期網際網路最重要的樞紐，如今更是雲端運算世界的關鍵支柱。

阿什本看起來完全不像一座曾因網際網路繁榮而崛起的新興城市。這裡不像帕羅阿圖（Palo Alto）那樣遍布刻意低調的平房和迎合新貴的精品餐廳，相較之下，這裡有退休社區、連鎖餐廳和負擔得起的連棟住宅。儘管如此，在網路熱潮的巔峰時期，這裡依然有人一夜致富，也有人慘遭失敗——房地產投機者購買便宜土地，為網際網路新創公司建造所需的設施。在二〇〇〇年代初期，阿什本被譽為「美國網際網路的靶心」，[45]是全球通訊基礎設施的關鍵樞紐。如今，亞馬遜雲端運算服務（Amazon Web Services, AWS）、微軟和 Google 的主要雲端運算中心都群聚在阿什本，與代管中心以及其他表面看來平淡無奇但對網際網路運作極為重要的基礎設施搶占空間。

如果發明網際網路的人士預測正確，像阿什本這種地方本就不應該存在。網際網路本來就不應該有匯集各方訊息的站點或靶心。相反地，它應該是「分散式網路」：這個網路上每一個節點都連結到其他數個節點，也就是說，沒有真正的中心。這樣去中心的網路比聯合航空等航空公司使用的中心化網路〔稱為「軸輻式運輸路線架構」（hub and spoke routing）〕更能抵禦故障和控制。例如，杜勒斯機場是聯合航空的重要樞紐之一，其他樞紐還包括丹佛、芝加哥奧海爾（Chicago O'Hare）和休士頓（Houston）機場。這些少數節點在網路中處於核心位置。一旦這些樞紐因暴風雨等因素受到影響，即使是不經過樞紐的聯航乘客，也可能突然發現自己無法完成轉機。相比之下，分散式網路的設計理念是避免樞紐和單點故障（譯註：single point of failure，指一個系統中只要某個關鍵點發生故障，整個系統就會癱瘓）。當某個節點出現問題時，分散式網路能迅速找到替代路徑，繼續運作。這一概念最初由保羅・巴蘭（Paul Baran）提出。他的研究目的是為美國軍方設計一種在與蘇聯的核戰爭中不易被破壞的「指揮與控制網絡」。[46] 即使在戰時美國的中央設施遭到核攻擊摧毀，分散式網路仍能確保美軍通訊維持暢通。

然而，發明網際網路的人並未對其進行控制，尤其是在一九九〇年代網際網路脫離政府管制之後。一些企業家意識到，如果他們能掌握網際網路的咽喉點（choke point）——也就是網路中的十字路口，他們就能從中獲利。網際網路的「交換中心」就是這種十字路口之一。[47]對於外行人來說，這些交換中心看起來似乎只是一項枯燥的技術設施：一間布滿電纜的房間，所有電纜都連接到交換機上，交換機負責判定每一份資訊應該傳送到哪裡。然而，這些交換中心在網際網路的實體基礎設施中扮演著至關重要的角色。它們連接由大型電信供應商運營的各個網路，使數位化的電話、電子郵件和影片得以找到從發送端到接收端的最佳路徑。就像航空網路中的樞紐機場一樣，交換中心是訊息建立聯繫的關鍵點。一旦這些交換中心發生故障，大部分網路流量要麼嚴重放緩，要麼完全無法存取。

最大的一個網路咽喉位於維吉尼亞州北部，這並非偶然。如果矽谷是一九七〇與一九八〇年代個人電腦開始生產的地方，那麼北維吉尼亞就是這些電腦相連結的地方。這個區域沒有史丹佛大學（矽谷創新經濟的中心），但有高等研究計劃署〔Advanced Research Projects Agency, ARPA，今名國防高等研究計劃署（Defense Advanced Research Projects Agency, DARPA）〕。這個隸屬五角大廈的機關不僅發明了網際網路的前身，還聘用了羅伯特・卡恩（Robert Kahn）和文特・瑟夫（Vint Cerf），兩人共同開發了支撐網際網路運作的基本「協定」（規則和技術規範）。[48]此外，總部位於阿什本的世界通訊公司（MCI WorldCom）建設了全國性的光纖網路，當時由政府管制的網際網路正是依賴這個光纖網路運行。

一種新的微型經濟開始在這些中心周圍蓬勃發展，迎合聯邦政府和其他大型客戶的需求，催生了「美國線上」（America Online, AOL）和其他幾乎被遺忘的一九八〇年代科技巨頭。[49] 一條關鍵的光纖電纜沿著一條舊鐵路的路徑，從華盛頓特區延伸至維吉尼亞州北部。[50] 小型科技公司如同蜜蜂採蜜般蜂擁而至，圍繞這條光纖電纜展開活動，就像蜜蜂在毛地黃花間穿梭吸食花蜜。

當網際網路（最初是為學術和研究用途而設的網路）開始商業化時，在華盛頓特區到維吉尼亞州北部這個地區的創業家已準備好大發利市。自稱為電腦「變種人」（computer "mutant"）的瑞克・亞當斯（Rick Adams）在自家創立了UUNET，這是最早的商業網際網路服務提供商之一，協助用戶將家庭和公司連上網際網路。[51] 他開始與大都會光纖系統公司（Metropolitan Fiber Systems, MFS）的史考特・葉格（Scott Yeager）在莫頓牛排館會面，一邊享用四十八盎司的肋眼牛排，一邊討論策略。葉格正是向他出售光纖網路使用權的人。[52]

當時，負責管理非商業網際網路的美國國家科學基金會（National Science Foundation）即將宣布哪些大型企業將負責營運網際網路的實體基礎設施。但亞當斯和葉格深諳網際網路的運作方式，也看出如何搶在基金會作出決定之前採取行動。由於網際網路是分散式架構，實際上並沒有人真正掌控整個系統——自主運作的「路由器」電腦會持續計算出傳送資訊的最有效路徑。如果 UUNET 能說服足夠多的其他網際網路服務供應商（Internet Service Providers, ISPs）與其連結，而 MFS 能夠提供足夠的頻寬來服務所有這些需求，他們就能悄悄發動一場「無聲革命」。其他的網際網路會發現，透過 UUNET 及其合作夥伴傳輸資料是最有效率的方式，使得「UUNET 成為整個商業網際網路的預設路由」。[53]如此一來，在政府宣布得標者之前，競爭就已經結束了。

亞當斯和葉格正是在這樣的背景下，在維吉尼亞州北部一座停車場地下室的房間裡，建造了 MAE-East〔大都會區乙太網路—東部（Metropolitan Area Ethernet, East），後來改名為東部大都會區交換中心（Metropolitan Area Exchange, East）〕。MAE-East 提供了一個交換平台，讓 MCI 世界通訊和斯普林特（Sprint）等網際網路服務供應商能夠將他們的網路實體互連。正如亞當斯所期待的，MAE-East 成為早期商業網際網路的核心交換中心。根據葉格傳記作者的說法，到了一九九四年，MAE-East 已經承載了超過百分之九十的網際網路流量。[54]

MAE-East 成為了壟斷力量的泉源，一切由亞當斯掌控——企業必須獲得他的批准才能接入 MAE-East。很快，MCI 世界通訊、斯普林特和美國線上成為 MAE-East 的會員，[55]而規模較小的公司則被拒於門外。[56] UUNET 於一九九五年網際網路熱潮初期以每股十四美元的價格上市，幾個月後股價飆升至九十三點二五美元，[57] 隨後展開了一系列併購行動。當時副總統艾爾・高爾批評網際網路的「瓶頸」現象，擔心威訊（Verizon）和斯普林特這類大型電信公司可能利用其控制權，將網際網路變成私人壟斷王國，從而扼殺像 UUNET 這樣的新興競爭者。與此同時，亞當斯和他的同行們正在建立屬於自己的「圈內人俱樂部」。[58]

這種局面為已故的艾爾・艾弗里（Al Avery）和傑伊・艾德森（Jay Adelson）等企業家創造了機會。他們創立的易昆尼克斯（Equinix）公司最終成為業界的巨頭之一。截至二〇二〇年十二月，該公司已實現連續七十二個季度的增長，年收入約達六百億美元。[59] 然而，艾弗里和艾德森最初的構想，是想要為解決像 MAE-East 這樣的網路瓶頸提供一個替代方案。當時在數位設備公司（Digital Equipment Corporation）工作的艾弗里聘請艾德森協助，於史丹佛大學附近的一個地下室建立了帕羅奧圖網路交換中心（Palo Alto Internet Exchange, PAIX）。艾德森在接受我們訪問時表示，艾弗里在 PAIX 的工作激發他們創建一個「中立的交換系統」，[60] 以「將商業模式與利益衝突區隔開來」。

儘管艾弗里和艾德森的商業模式與瑞克・亞當斯截然不同，他們仍需要在 MAE-East 附近設立據點。他們選擇在 MAE-East 所在的泰森斯角附近建設，因為那裡是「世界上最密集的網路連結點」。[61]然而，他們還需要廉價的土地和挖掘許可，才能將連接所有伺服器的光纖電纜埋設地下。於是，艾弗里和艾德森將目光轉向鄰近的勞登郡。雖然該郡官員對網路底層技術了解有限，甚至用一張描繪手抓一大束老式類比電話線的海報來宣傳其中心地理位置，[62]但當機會來臨時，他們依然展現出足夠的洞察力，成功抓住了這個機遇。

易昆尼克斯不同於那些由內行人士管理的主要電信通訊商，它們依賴集中式交換機連接各自的網路，創建了一個任何付費客戶都可以加入的中立交易平台，並結合類似長期住宿酒店的功能，讓客戶能存放自己的伺服器。如果 Spotify 和 Google 需要快速地相互通訊，他們無需將數據從斯德哥爾摩傳送到聖荷西。相反地，他們可以將各自的伺服器部署在同一設施內，並用光纖電纜連接。這樣的中立交換平台讓他們的伺服器能與全球通訊，而將伺服器「共置」（colocation）在同一地點則實現了彼此之間的快速互連。

以市場份額計算，易昆尼克斯是目前全球最大的伺服器共置服務供應商，[63]而阿什本則是其最大的設施所在地。[64]艾德森在二〇〇一年九月十一日恐怖攻擊事件後離職，幾年後他反思公司的地位，擔憂他們當年的努力可能只是以一種集中壟斷取代了另一種壟斷。「易昆尼克斯現在是一股主導力量，這意味著它可能具有危險性。我們一開始的目標是打破壟斷；然而，諷刺的是，如今公司的成功意味著它將成為唯一的力量。」[65]

UUNET 到最後銷聲匿跡，MAE-East 也變得多餘，但阿什本也早就不再需要它們了。越來越多的伺服器農場吸引了更多高速光纖，這反過來又吸引了更多伺服器農場，形成了一個不斷自我強化的循環。

這就是為什麼當亞馬遜決心成為雲端運算這一新商業模式的先驅時，選擇了北維吉尼亞州。二〇〇〇年代初，大多數人仍將亞馬遜視為一個專注於消費者需求的公司或電商平台。然而，時任執行長傑夫・貝佐斯（Jeff Bezos）早已洞察到，亞馬遜的資訊基礎設施可以透過出租給其他企業，轉化為一個強大的利潤來源。[66]這一構想催生了「亞馬遜雲端運算服務」（AWS），不僅成為亞馬遜的「獲利引擎」，還推動電子商務迎來全新爆發。對於渴望成長的年輕新創公司而言，不再需要投入寶貴資金購買專屬伺服器，而是可以根據實際需求，從亞馬遜租用所需的「運算資源」（compute，指基本運算能力）來服務當下客戶。像 Airbnb（編按：中國有翻譯名為愛彼迎）、百度（Baidu）、來福車（Lyft）和網飛（Netflix）等成熟企業，也可以租用運算資源，專注於核心業務，而無需分心維護線上基礎設施。當其他企業發現AWS為亞馬遜帶來的巨大利潤後，也紛紛加入競爭，推出自己的「雲端運算」服務。

像「雲端運算」這樣模糊的術語常讓人忽略，所有的資訊處理其實都必須在充滿伺服器的建築物中完成，這些建築還需透過高速光纖電纜連接到網際網路。相比AWS帶來的巨額利潤，亞馬遜對這些建築物位置的保密程度更甚。二〇一六年，英格莉・柏林頓（Ingrid Burrington）透過查閱市政府的地產登記資料，揭露了第一批AWS設施實際位於阿什本及其鄰近城鎮的共置設施內。[67]

雲端運算服務的黏著性可說是惡名昭彰。據一本最新的貝佐斯傳記描述：「一旦企業將資料移入亞馬遜的伺服器，就很難找到理由去承受將資料遷出的麻煩。」[68]然而，雲端運算實際運作的場所——實體共置設施和資料中心，其黏著性更是有過之而無不及。正如艾德森所說：

假設我把一台價值五十萬美元的通訊交換機放在鄰近同行基礎設施的位置，在那裡投入了大量資金，又為該地點鋪設了價值一千五百萬美元的光纖服務，還實體連接到了機房內上千位使用者的設備，這樣的情況下，我怎麼搬得走？說實在的，我認為搬遷在技術上根本不可行。

全球網際網路如今高度集中於像阿什本這樣的地區，其難以分散的特性使這些關鍵網路樞紐特別容易受到攻擊和事故威脅。二〇二〇年十一月，維吉尼亞州北部的AWS技術人員在新增伺服器時，因為一次操作失誤導致網路系統崩潰，從 Adobe.com 到《華盛頓郵報》（*Washington Post*）等全球網站接連癱瘓。[69]幾個月後，阿什本成為實質攻擊目標：一名右翼極端分子密謀「摧毀約七成的網際網路」。[70]這名來自德州威奇塔瀑布市（Wichita Falls）、時年二十八歲的塞思・彭德利（Seth Pendley），於二〇二一年一月六日攜帶鋸短槍管的步槍前往華盛頓特區後，開始籌劃攻擊。他在加密通訊軟體 Signal 上討論「幹掉亞馬遜伺服器」[71]的計畫時，被聯邦調查局設局誘捕。攜帶手繪阿什本設施地圖的彭德利，最終在試圖向臥底探員購買 C-4 塑膠炸藥時遭到逮捕。[72]

阿什本的資訊園區擁有超過七十棟不起眼的低矮倉庫，總占地達一千八百萬平方英尺（另有五百七十萬平方英尺正在建設中），面積超過八座橫置的帝國大廈。[73]這些數據中心為廣大區域的網際網路提供動力，每年耗電量估計達四點五吉瓦，相當於九座燃煤發電廠的年產電量。[74]當地官員仍宣稱，每日高達百分之七十的全球網際網路流量經由勞登郡傳輸。[75]此說法雖有誇大成分，但也不無事實根據。截至二〇二一年，北維吉尼亞仍是全球數據中心密度最高的地區，其容量幾乎是第二名倫敦的兩倍[76]（譯註：數據中心容量是根據多項關鍵指標綜合衡量，包括電力供應、空間擴展能力、冷卻系統效能，以及應對當前和未來需求的能力）。這一優勢毫無疑問地吸引了傑夫・貝佐斯將亞馬遜的第二總部設於維吉尼亞州。[77]

支撐網際網路的網絡與伺服器走向集中化，並非刻意為之。這種現象之所以發生，是因為那些建構經濟網絡、試圖編織新世界的先行者，往往是從既有基礎開始建設。而後來者則發現，在前人的成果上繼續拓展更為便利——在舊有道路上鋪設新路，並在現存的交叉路口將新舊路徑連接。[78]這個事實在網際網路初期就很明顯——網路並非如創始神話所說的那樣去中心化且能抵禦破壞和控制。正如一九九六年一位駭客告訴作家尼爾・史蒂芬森（Neal Stephenson）：「幾乎所有國與國之間的通訊都必須通過極少數的瓶頸。」[79]然而，當時沒有人願意思考其中深意。結果就是，如今維吉尼亞州北部一個默默無名的小鎮，已變成了一面巨大的拋物面鏡，將整個網際網路匯聚到一個容易被監控，甚至可能被操控的微小節點上。

* * *

全球金融和資訊網絡也澈底改變了實體經濟。在全球網絡興起之前，幾乎所有的貿易都僅限於原物料（例如石油）或最終成品（例如收音機）。如果您擁有一家生產複雜產品的公司（比如汽車或電腦），您就會希望為您製造零組件的分包商能設在附近。若這些分包商位於國外，一旦生產過程出現問題，您就無法與他們進行即時溝通，而且付款流程也極其繁瑣費時。這正是生產活動之所以形成產業聚落——就像矽谷（在開始大量開發軟體和提供服務之前，原本是半導體製造重鎮）和以底特律為中心的汽車製造產業群——的原因之一。

到了一九九〇年代，隨著全球化全面展開，廉價的全球運輸基礎設施結合寬鬆資金和低成本通訊，澈底改變了全球經濟。李斯頓指出，這標誌著「世界工作的根本性變化」[80]。人類智慧以智慧資本的形式呈現，成為「生產的主導要素」[81]；無論各國政府是否願意，它都能自由跨越國界。亞當斯密（Adam Smith）筆下的國家財富已演變為全球財富。[82]傳統貿易逐漸讓位於一種新的跨國生產體系：設計可能在一個國家進行，零件生產分散於多個國家，最終在另一地點完成組裝。在《主權的黃昏》一書中，李斯頓以一台ＩＢＭ電腦為例說明這種轉變：在佛羅里達州組裝，零件來自馬來西亞、法國、南韓、日本和新加坡，這個例子生動展現了世界經濟的深刻變革，而這些變革是貿易統計和政客演說所無法反映的。

如此演變在矽谷最為明顯，而歷史學家瑪格麗特・歐馬拉（Margaret O'Mara）記錄了矽谷從美國國防預算中生根發芽乃至開花結果的過程。[83]飛彈和太空計畫對複雜電子產品無止境的需求，催生了大型實驗室和承包商，進而孵化出肖克利半導體（Shockley Semiconductor）等新創公司。它是第一家半導體製造商，而半導體或許是對現代經濟影響最深遠的單一技術。早期的矽谷聚集了許多製造公司，它們時而競爭、時而合作，為專業工程師提供了充足的就業機會，而當遇到像威廉・肖克利（William Shockley）這樣難相處的老闆時，工程師們也可以出來創業。隨著軍事支出減少，矽谷的公司在私營部門找到了新客戶，並催生了自組電腦社團和自學駭客等等蓬勃發展的次文化。

這種文化經過改良後延續至今，但製造業大多已遷往他處。例如，眾所周知，蘋果電腦公司起源於矽谷的一間車庫。然而，隨著規模的擴大，它不得不尋找其他地點來製造那些使其名滿天下的電腦。除了在加州弗里蒙特（Fremont）和舊金山東灣設有設施外，[84]蘋果還在新加坡和愛爾蘭建有工廠，利用當地廉價的勞動力，並在更接近亞洲和歐洲市場的地方組裝電腦。[85]正如歐馬拉向我們解釋的，晶片製造商很早就開始外包業務。[86]例如，美國國家半導體（National Semiconductor）早在一九六八年就在新加坡設立了第一家工廠。[87]

然而，蘋果盡可能維持自製生產。蘋果執行長賈伯斯（Steve Jobs）以嚴格控管品質著稱，長期堅持所有產品都要自行設計，並向單一供應商採購零組件。[88]這確保了高品質，但在靈活度上遠不及戴爾（Dell）等競爭對手，後者幾乎把所有生產程序都外包。快速的物流和資訊科技，讓大眾市場製造商得以擺脫必須預先生產、揣測市場需求的模式，轉而採用接單後才開始生產的方式進行生產活動。

到一九九八年，賈伯斯意識到蘋果必須改變方向。他延攬供應鏈管理專家提姆・庫克（Tim Cook），這位曾協助康柏（Compaq）實現「隨需即製」轉型的人才。庫克後來接任賈伯斯成為執行長，他深知物流與資訊管理對企業成功的重要性並不亞於品牌建立，就如李斯頓理解銀行後台作業的價值，或貝佐斯看重亞馬遜運算基礎架構的意義。庫克以「存貨即罪惡」的理念聞名，在接下來數年重塑蘋果的供應鏈，並與LG和富士康（Foxconn）等代工夥伴建立緊密合作。富士康總部設於台灣，在中國大陸僱用約一百三十萬名員工。[89]這樣的合作帶來了前所未有的靈活性——在缺乏快速通訊的年代，這種靈活性是無法實現的。[90]蘋果能在最後一刻修改設計，而中國的代工廠幾乎能即時執行這些變更。

然而，蘋果將產品設計的關鍵環節——即創造大部分價值的核心——保留在其位於庫比蒂諾（Cupertino，譯註：位於舊金山灣區南部）的總部。iPhone 背面那句著名的「由蘋果在加州設計，在中國組裝」（Designed by Apple in California. Assembled in China），正是許多企業紛紛效仿的商業模式。美國的設計創新能力與亞洲的製造實力和專業技術相輔相成，尤其是在全球貿易規則逐步放寬進出口限制之際。「中國衝擊」（China shock）導致美國低技術製造業（如紡織業）和高科技產業（如電腦製造）工作大量外移。當歐巴馬總統詢問賈伯斯是否能將 iPhone 改在美國生產時，賈伯斯坦言這是不可能的。國際供應鏈帶來的靈活性，是美國本土所無法企及。

iPhone 如此，矽谷開創的半導體產業更是如此。隨著半導體技術愈發精進，製造成本呈指數倍成長。如今，建造一座採用五奈米製程的晶圓廠（fab）或代工廠（foundry，用於製造積體電路的工廠），就算不是最頂尖的製程，成本仍可能高達一百二十億美元。由於晶圓廠的使用壽命約為五年，[91]這意味著，即便尚未啟動生產，每秒運營成本都超過七十五美元。

半導體巨擘英特爾（Intel）由肖克利的兩位前員工羅伯特・諾伊斯（Robert Noyce）和戈登・摩爾（Gordon Moore）創立，憑藉雄厚實力維持設計與製造一體化的營運模式。[92]然而，包括其長期競爭對手超微半導體（Advanced Micro Devices, AMD）在內的其他公司，則逐漸捨棄這種傳統模式。

製造半導體需要在設計和製造全過程中進行深入、持續且全面的溝通。隨著通訊方式變得快速、便利且成本低廉，不同公司即使位於世界各地，也能攜手完成這一過程。到了一九八〇年代中期，企業開始意識到，專注於半導體設計而無需參與製造，是可行的商業模式。在此之前，半導體製造是一個不斷試驗的過程：設計晶片、製作原型、找出失敗原因，然後反覆改良，直到成功。隨後，專業公司推出了設計軟體，能在多種條件下進行大量模擬，從而在生產前消除潛在問題。這使企業能更專注於設計，而無需投入建造昂貴晶圓廠的資本。當需要製造最終產品時，他們可以委託產能過剩的晶圓廠代工完成。

發現這個商機的是著名企業家戈登・坎貝爾（Gordon Campbell）。台積電創辦人張忠謀多年後回憶說，當時坎貝爾曾找上他，希望能獲得五千萬美元的投資，用於創辦一家新公司。[93]然而，坎貝爾之後卻未再跟進此提議。張忠謀主動聯繫坎貝爾時，對方表示，他發現只需五百萬美元便能成立一家專注於設計、不涉及資本密集型製造環節的公司。這一想法立刻引起了張忠謀的興趣。他原本希望能成為德州儀器（Texas Instruments）的執行長，不過事與願違，只能轉而加入規模較小的通用儀器（General Instruments），但在那裡的發展也未如人意。

張忠謀發現，隨著一些公司開始專注於純設計領域，市場上出現了創建「純晶圓代工」企業的商機，專門為其他公司代工製造其設計的晶片。[94]在台灣政府提供一億美元資金支持下，他來到台灣創立了台積電。[95]台積電不僅提供代工服務，更專注於與客戶建立深入且持久的合作關係。[96]

早在一九九〇年代中期，半導體產業的分工就可能是這樣的：一家公司提供設計晶片的軟體，另一家公司根據第三家公司提供的智慧財產進行設計，而第四家公司負責運營晶圓廠，將數十億個電晶體放置在矽晶圓上，製造出最終產品。到了二〇二〇年，專業設計公司與專業晶圓代工公司的結合，已經澈底改變了半導體產業。

像高通（Qualcomm）這樣的公司確保美國能繼續主導複雜半導體的設計，而像台積電這樣專注於晶圓代工的公司，則製造高通及其競爭對手設計的複雜半導體，同時不斷改進工廠設備，以生產更小、更強大且更省電的晶片。楷登電子（Cadence Design Systems）和新思科技（Synopsys）等設立於美國的專業公司，提供設計包含數十億個半導體的晶片所需的自動化工具。而像安謀控股（ARM）這樣的公司——最初是由蘋果、超大型積體電路科技（VLSI Technology）和英國艾康電腦（Acorn Computers）合資成立——授權其智慧財產用於晶片的特定流程，從而創造了包括手機和蘋果新款M１晶片在內所依賴的「精簡指令集電腦」（Reduced

Instruction Set Computer, RISC）架構。

這是個真正全球化的產業。半導體產業協會（Semiconductor Industry Association, SIA）在二〇一六年發布的《超越國界》（*Beyond Borders*）報告，將半導體製造業描繪成一個優美而極其複雜的全球生態系統。[97]在這個系統中，沒有任何國家占據主導地位，跨境合作所帶來的創新與成長，遠超任何單一國家體系的能力。該協會的顧問指出：「一家美國半導體公司在全球擁有超過一萬六千家供應商」，並強調：「一個全球相互依存的產業，匯聚了各方參與者的優勢，為未來指引了最佳發展途徑」。[98]這幾乎完美地印證了華特・李斯頓的願景：商業合作與理念傳播已讓國界變得無關緊要。

問題是，ＳＩＡ描繪的這幅圖景具有嚴重的誤導性。事實上，半導體製造業的全球化發展伴隨著巨大的潛在風險。台積電不僅是全球最大的晶圓代工廠，更是先進邏輯晶片生產的唯一來源。[99]台積電已成為美國經濟的關鍵脆弱點，但它卻位於美國境外。更重要的是，它位於一個距離美國新興競爭對手與勁敵——中國——僅一百英里的島嶼上。若失去台積電的晶片供應，美國經濟的諸多產業部門可能全面停擺。

然而，美國同樣可能利用半導體供應鏈來威脅其他國家。像高通這樣的最尖端設計公司都設立在美國本土。沒有這些公司的設計方案，其他國家的產品將無法運作。設計新型複雜半導體所需的軟體完全是美國公司的專有財產。美國的知識產權貫穿整個半導體生產鏈，宛如漁夫的延繩釣，上面掛滿了帶倒刺的誘餌魚鉤。思想雖然已經跨越國界，但它不僅沒有削弱政府的控制，反而可能進一步強化了這種控制。美國始終保留了一項權利——儘管在經濟繁榮時期少有人留意——當某項技術中美國擁有的知識產權比例超過特定百分比時，美國便有權控制該技術。

在承平時期，製造商和政府只顧著全球化帶來的利益，卻忽視了地緣政治風險。這無異於玩一場極為冒險的賭局。隨著供應鏈日益專業化，其脆弱性也與日俱增。一旦這些風險逐漸顯現，整個全球半導體製造體系恐怕就會淪為戰場。

* * *

李斯頓曾希望建立一個由企業而非政府主導的世界。他和他的同行推動市場突破國界的限制，彼此滲透融合，最終發展成由資訊、金錢和生產構成的世界之海。然而，即便像李斯頓這樣的商業領袖並不渴望成為君主，他們追求的仍是建立自己的商業帝國：企業冀求通過主導市場並實現經濟控制的集中化，以獲取壟斷利潤。

隨著這些企業走向全球，少數人預見了可能發生的情況。李斯頓曾熱情讚揚歐洲美元和電子貨幣流動，認為它們擁有改變世界的力量。然而，一九九八年，加拿大政治經濟學家艾瑞克・海萊納對他的願景提出了質疑性的回應。[100]問題不僅在於歐洲美元市場的存在依賴於各國政府的容忍——若非美國支持其發展，它們早已萎縮——更重要的是，全球金融正「日益集中」於紐約和倫敦等大型金融中心，[101]而電子貨幣的流動必須通過這些中心的多重「瓶頸」。[102]如海萊納推測，這種集中化實際上可能增強，而非削弱美國等國家的權力。真正的問題在於，這些政府何時會運用這種權力，以及屆時它們將如何行使。[103]

註釋

1 Walter B. Wriston, *The Twilight of Sovereignty: How the Information Revolution Is Transforming Our World* (New York: Charles Scribner, 1992).
2 Wriston, *The Twilight of Sovereignty*, 4.
3 Wriston, *The Twilight of Sovereignty*, 8.
4 Walter Wriston, *Information, Electronics and Gold*, speech written for the International Monetary Conference, London, June 11, 1979.
5 For discussion of the origin and disparate aims of the Society, see Angus Burgin, The Great Persuasion: *Reinventing Free Markets since the Depression* (Cambridge, MA: Harvard University Press, 2015). On the invitation to Wriston's father, see Bruce Caldwell, *Mont Pèlerin 1947*

(Palo Alto, CA: Hoover Institution Press, 2020), 9. Wriston's father, who later joined the Society, shared his son's fascination with technology and interdependence, marveling in a 1924 speech about how "the cable and the wireless have been shrinking the effective size of the world beyond the dreams of our fathers," The quote comes from Phillip L. Zweig, *Wriston: Walter Wriston, Citibank, and the Rise and Fall of American Financial Supremacy* (Digital Edition, PLZ Publishers, 2019), 17.

6 Zweig, *Walter Wriston*. For historical discussion of globalism and neoliberalism, see Quinn Slobodian, *Globalists: The End of Empire and the Birth of Neoliberalism* (Cambridge, MA: Harvard University Press, 2018).

7 Roy C. Smith, *The Global Bankers: A Top Investment Banker Explores the New World of International Deal-Making and Finance* (New York: Truman Talley, 1989), 33-34.

8 Smith, *The Global Bankers*, 34.

9 Wriston, *The Twilight of Sovereignty*, xiii.

10 Zweig, *Walter Wriston*, 797 and passim.

11 Wriston, *Information, Electronics and Gold*.

12 Marc Levinson tells this story in his book, *The Box: How the Shipping Container Made the World Smaller and the World Economy Bigger* (Princeton, NJ: Princeton University Press, 2006). Also see Zweig, *Walter Wriston*.

13 Wriston, *Information, Electronics and Gold*.

14 Wriston, *Information, Electronics and Gold*. See also Wriston, *The Twilight of Sovereignty*, 66: "Not only are governments losing control over money, but this newly free money in its own way is asserting its control over them, disciplining irresponsible policies."

15 Wriston, *Information, Electronics and Gold*.

16 Wriston, *The Twilight of Sovereignty*, 81, 85.

17 Zweig, *Walter Wriston*, 242.

18 Wriston, *Information, Electronics and Gold*.

19 Susan V. Scott and Markos Zachariadis, *The Society for Worldwide Interbank Financial Telecommunication (SWIFT): Cooperative Governance for Network Innovation, Standards, and Community* (London: Routledge, 2014), 12.

20 Zweig, *Walter Wriston*, 112.

21 Walter B. Wriston, *Risk and Other Four-Letter Words* (New York: Harper & Row, 1986), 135.

22 Ron Chernow, *The House of Morgan: An American Banking Dynasty and the Rise of Modern Finance* (New York: Atlantic Monthly Press, 1990).

23 See the classic account in Eric Helleiner, *States and the Re-emergence of Global Finance* (Ithaca, NY: Cornell University Press, 1994).

24 Gary Burn, *The Re-emergence of Global Finance* (London: Palgrave, 2006), chap. 6.

25 Wriston, *The Twilight of Sovereignty*, 63-64.

26 Wriston, *The Twilight of Sovereignty*, 69.

27 Zweig, *Walter Wriston*, 579.

28 Walter B. Wriston, "De Facto Payments Mechanism" in *If You Ask Me: A Global Banker Reflects on Our Times*, Walter B. Wriston Papers, Tufts University, 1980, retrieved on September 17, 2021, from https://dl.tufts.edu/teiviewer/parent/vq27zz94c/chapter/c1s36.

29 Scott and Zachariadis, *The Society for Worldwide Interbank Financial Telecommunication*, 12.

30 Mark S. Mizruchi and Gerald F. Davis, "The Globalization of American Banking, 1962-1981" in *The Sociology of the Economy*, ed. Frank Dobbin (New York: Russell Sage Foundation, 2004).

31 Zweig, *Walter Wriston*, 477.

32 Scott and Zachariadis, *The Society for Worldwide Interbank Financial Telecommunication*, 18.

33 Scott and Zachariadis, *The Society for Worldwide Interbank Financial Telecommunication*, 18.

34 Scott and Zachariadis, *The Society for Worldwide Interbank Financial Telecommunication*, 18.

35 Zweig, *Walter Wriston*, 382.

36 Scott and Zachariadis, *The Society for Worldwide Interbank Financial Telecommunication*, 109.

37 Yawar Shah's LinkedIn page, retrieved on September 16, 2021, from https://www.linkedin.com/in/yawar-shah-42514b16.

38 SWIFT, *Highlights 2021, Messaging Traffic and Operational Performance* (Brussels, Belgium: SWIFT, 2021).

39 Scott and Zachariadis, *The Society for Worldwide Interbank Financial Telecommunication*, 127.

40 PYMENTS, "Anatomy of a Bank Heist, SWIFT-ly Done by Phishers," Pyments.com, September 17, 2018, retrievedon September 17, 2021, from https://www.pymnts.com/news/security-and-risk/2018/bangladesh-ank-heist-swift-phishing-scam-fraud-doj/.

41 Thomas A. Bass, "The Future of Money," *WIRED*, October 1, 1996, retrieved on September 7, 2021, from https://www.wired.com/1996/10/wriston/.

42 This paragraph draws on Wriston, *The Twilight of Sovereignty*, 42-43.

43 Wriston, *The Twilight of Sovereignty*, 47.

44 The phrase is attributed to John Gilmore in Philip Elmer-DeWitt, "First Nation in Cyberspace," *Time*, December 6, 1993.
45 Andrew Blum, "The Bullseye of America's Internet," Gizmodo, May 29, 2012, retrieved on July 19, 2022, from https://gizmodo.com/the-bullseye-of-america-s-internet-5913934.
46 Paul Baran and the Origins of the Internet (Santa Monica, CA: RAND Corporation, undated), retrieved on July 20, 2021, from https://www.rand.org/about/history/baran.html;and Paul Baran, *On Distributed Communications I. Introduction to Distributed Communications Networks*, Memorandum RM-3420-PR(Santa Monica, CA: RAND Corporation, 1964).
47 "Internet Exchange Points (IXPs) ," Internet Society, undated, retrieved on December 1, 2022, from https://www.internetsociety.org/issues/ixps/.
48 Ben Tarnoff, "How the Internet Was Invented," *Guardian*, July 15, 2016.
49 See Paul E. Ceruzzi's history of the area in *Internet Alley: High Technology in Tysons Corner, 1945-2005* (Cambridge, MA: MIT Press, 2008).
50 Ceruzzi, *Internet Alley*.
51 Kara Swisher, "Anticipating the Internet," *Washington Post*, May 6, 1996.
52 Nathan Gregory, *Securing the Network: F. Scott Yeager and the Rise of the Commercial Internet* (Palo Alto, CA: privately published by Reprivata Corporation, 2016), 135.
53 Gregory, *Securing the Network*, 137.
54 Gregory, *Securing the Network*, 150.
55 James Bamford, *The Shadow Factory: The Ultra-Secret* NSA *from 9/11 to the Eavesdropping on America* (New York: Doubleday, 2008), 187.
56 Gregory, *Securing the Network*, 161.
57 Om Malik, *Broadbandits: Inside the $750 Billion Telecom Heist* (New York: John Wiley, 2003), 11.
58 As Jay Adelson described it, "[I]t was a who you know game." See the interview at: "Jay Meets Other Equinox Co-founder Al Avery (Part 3 of Jay Adelson Visiting PAIX) ," September 18, 2013, YouTube video, 1:39, https://www.youtube.com/watch?v=QtVMdFlsck0.
59 Abigail Opiah, "Equinix Projects 10-11% Increase in 2021 Annual Revenue Growth," Capacity Media, February 11, 2021.
60 Authors' interview with Jay Adelson, July 8, 2021.
61 Authors' interview with Jay Adelson. See also Penny Jones, "Equinix—It Was Always a Big Idea," Data Center Dynamics, July 23, 2013, retrieved on July 22, 2022, from https://www.datacenterdynamics.com/en/news/equinix-it-was-always-a-big-idea/.

62 Authors' interview with Jay Adelson.

63 Yevgeniy Sverdlik, "2021: These Are the World's Largest Data Center Colocation Providers," Data Center Knowledge, January 15, 2021, retrieved on July 19, 2022, from https://www.datacenterknowledge.com/archives/2017/01/20/here-are-the-10-largest-data-center-providers-in-the-world.

64 Chris Kimm, "Inside Equinix Data Centers: A View of the Top 5 North American Metros," *Equinix* (blog), eptember 19, 2019, retrieved on July 19, 2022, from https://blog.equinix.com/blog/2019/09/19/inside-equinix-data-centers-a-view-of-the-top-5-north-american-metros/.

65 Jones, "Equinix."

66 Brad Stone, *Amazon Unbound: Jeff Bezos and the Invention of a Global Empire* (New York: Simon & Schuster, 2021), 96.

67 Ingrid Burrington, "Why Amazon's Data Centers Are Hidden in Spy Country," *Atlantic*, January 8, 2016.

68 Brad Stone, *Amazon Unbound*, 99.

69 Jay Greene, "Amazon's Cloud-Computing Outage on Wednesday Was Triggered by Effort to Boost System's Capacity," *Washington Post*, November 28, 2020; "Summary of the Amazon Kinesis Event in the Northern Virginia Region," *Amazon* (corporate blog), November 25, 2020, retrieved on July 19, 2022, from https://aws.amazon.com/message/11201/.

70 Katie Shepherd, "He Brought a Sawed-Off Rifle to the Capitol on Jan. 6. Then He Plotted to Bomb Amazon Data Centers," *Washington Post*, June 10, 2021.

71 Katie Shepherd, "He Brought a Sawed-Off Rifle to the Capitol on Jan. 6."

72 "A Far-Right Extremist Allegedly Plotted to Blow Up Amazon Data Centers," *WIRED*, April 9, 2021, retrieved on July 19, 2022, from https://www.wired.com/story/far-right-extremist-allegedly-plotted-blow-up-amazon-data-centers/.

73 Ally Schweitzer, "The Pandemic Is Driving a Data Center Boom in Northern Virginia," *DCist*, March 25, 2021, retrieved on July 19, 2022, from https://dcist.com/story/21/03/25/the-pandemic-is-driving-a-data-center-boom-in-northern-virginia/.

74 "Clicking Clean Virginia: The Dirty Energy Powering Data Center Alley," Greenpeace, February 13, 2019, retrieved on July 19, 2022, from https://www.greenpeace.org/usa/reports/click-clean-virginia/.

75 Joel St. Germain, "Why Is Ashburn the Data Center Capital of the World?" Datacenters .com, August 29, 2019, retrieved on July 19, 2022, from https://www.datacenters.com/news/why-is-ashburn-the-data-center-capital-of-the-world.

76 St. Germain, "Why Is Ashburn."

77 Chris Hudgins and Katie Arcieri, "Amazon Hiring for Cloud Services, Alexa Products at HQ2 in Arlington, VA," S & P Global Market Intelligence, September 4, 2019, retrieved on July 19, 2022, from https://www.spglobal.com/marketintelligence/en/news-insights/latest-news-headlines/amazon-hiring-for-cloud-services-alexa-products-at-hq2-in-arlington-va-53798578.

78 Sometimes this was literally true. In Manhattan, optical fibers were run along the old system of pneumatic tubes. Personal communication from Tom Standage, https://twitter.com/tomstandage/status/1484990326183972864.

79 Neal Stephenson, "Mother Earth Mother Board," *WIRED*, December 1, 1996, retrieved on July 6, 2022, from https://www.wired.com/1996/12/ffglass/.

80 Wriston, *The Twilight of Sovereignty*, 78.

81 Wriston, *The Twilight of Sovereignty*, 78.

82 Adam Smith, *An Inquiry into the Nature and Causes of the Wealth of Nations with an Introductory Essay and Notes by J. Shield Nicholson* (London: T. Nelson and Sons, 1887).

83 Margaret O'Mara, *The Code: Silicon Valley and the Remaking of America* (New York: Penguin Books, 2019).

84 O'Mara, *The Code*, 264.

85 Everett M. Rogers and Judith Larsen, *Silicon Valley Fever* (New York: Basic Books, 1984), 122.

86 Personal communication from Margaret O'Mara, April 15, 2022.

87 *1968-1978: The First Decade*, Singapore Semiconductor Industry Association, retrieved on July 6, 2022, from https://ssia.org.sg/wp-content/uploads/2018/12/Semiconductor50_Timeline_R5_flatten_forWeb.pdf.

88 Leander Kahney, *Tim Cook: The Genius Who Took Apple to the Next Level* (New York: Portfolio Books, 2019), 60.

89 Kahney, *Tim Cook*, 76.

90 Charles Duhigg and Keith Bradsher, "How the U.S. Lost Out on iPhone Work," *New York Times*, January 21, 2012.

91 Daniel Nenni and Paul McLellan, *Fabless: The Transformation of the Semiconductor Industry* (n.p.: SemiWiki .com,2014), 18.

92 Nenni and McLellan, *Fabless*.

93 *Morris Chang's Last Speech*, April 2021, translated by Kevin Xu, retrieved on July 22, 2022, from https://web.archive.org/web/20211016142636/https://interconnected.blog/morris-changs-last-speech/.

94 Nenni and McLennan, *Fabless*.

95 Chad Bown, "How the United States Marched the Semiconductor Industry into Its Trade War with China," *East Asian Economic Review* 24, no. 4 (2020): 349-88.

96 Hau Lee, Seungjin Whang, and Shiri Sneorson, *Taiwan Semiconductor Manufacturing Company: The Semiconductor Services Company*. Case GS-40, Stanford Business School, 2006.

97 Nathan Associates, *Beyond Borders: The Global Semiconductor Value Chain. How an Interconnected Industry Promotes Innovation and Growth*, Semiconductor Industry Association, 2016, retrieved on September 21, 2021, from https://www.semiconductors.org/wp-content/uploads/2018/06/SIA-Beyond-Borders-Report-FINAL-June-7.pdf.

98 Nathan Associates, *Beyond Borders*.

99 John VerWey, "From TSMC to Tungsten: Semiconductor Supply Chain Risks," Semi-Literate, May 3, 2021, retrieved on August 29, 2022, from https://semiliterate.substack.com/p/from-tsmc-to-tungsten-semiconductor.

100 Eric Helleiner, "Electronic Money: A Challenge to the Sovereign State?" *Journal of International Affairs* 51, no. 2 (1998): 387-409.

101 Helleiner, "Electronic Money," 395.

102 Helleiner, "Electronic Money," 394.

103 Helleiner, "Electronic Money," 397.

第二章 「風暴釀造」地圖

愛德華・史諾登從國安局竊取的數千份高度機密檔案中，有一張祕密地圖。乍看之下，這張地圖似乎平淡無奇：彩色線條將美洲、歐洲和非洲相連，並沿著地圖邊緣延伸至亞洲與澳洲。地圖的標題為「風暴釀造計畫概覽」（STORMBREW at a Glance），[1]其上密布情報界專用的縮寫代碼，標示哪些人可以查閱、哪些人無權瀏覽。然而，隱藏在地圖的線條與代碼背後的，是一段悠久的歷史，以及通往地下帝國的關鍵密鑰。

地圖不僅是描繪實體位置的工具。它將複雜的地理環境簡化為易於理解的形式，將實體地理轉化為一組核心要素——權力、領土、權威與影響力。每一張世界各國的地圖，都濃縮了那些國界背後漫長而血腥的歷史。然而，地圖不僅僅是實體空間的呈現，它還能依據製圖者的優先考量重塑空間，劃定一國法律始於何處、他國法律止於何方的主權界線。

這正是地圖長期以來成為帝國工具的原因。一四九三年，教宗亞歷山大六世（Pope Alexander

VI）頒布教宗詔書，將世界劃分為兩半。[2]詔書規定，在地球上從北極到南極劃一條分界線，位於亞速爾群島與佛得角群島（Azores and Cape Verde Islands）以西與以南各一百里格（league，譯註：里格為古代長度單位，曾廣泛通行於拉丁美洲和歐洲，其長度因地區而異。在古羅馬時期，一里格約等於現代的二點二公里）。亞歷山大六世宣告，這條分界線以外的所有領土歸西班牙和葡萄牙君主所有，由他們自由支配。這張法律地圖將新世界定義為某種 terra nullius（無主之地），[3]其原住民既無自我管理或治理的權利，也無法獲得任何補償，除非伊比利亞半島的統治者（譯註：指西班牙與葡萄牙兩國）施予恩惠。

其他統治者也競相繪製對自己有利的地圖。[4]伊莉莎白一世女王（Queen Elizabeth I）的御用占星師、據說是創造「不列顛帝國」（British Empire）一詞的巫師約翰・迪伊（John Dee），相信天使透過鏡子與他的靈視者對話來揭示世界隱藏的祕密。迪伊繪製了多幅精緻的地圖，並結合繁複的法律論證，為伊莉莎白女王辯護，主張對新世界各國行使「亞瑟王的王權，並將其納入帝國治下」[5]是正當之舉，因為這些國家是曾受卡美洛（Camelot，譯註：亞瑟王朝的代稱）統治且重新被發現的土地。[6]

從表面上看，國安局的這張地圖似乎只是一份技術計畫中描繪技術細節的圖表而已。「風暴釀造」是國安局在二〇〇一年九月十一日恐怖攻擊事件後推出的眾多監控計畫之一，其目的是從穿越美國的國際電纜數據流中攫取資訊。美國國安局由杜魯門政府於一九五〇年代創立，可能是美國情報界中最不為人所知的機關之一。[7]該單位正式負責「信號」（signal）情報，任務是從每天數十億次的全球點擊、電子郵件和電話通訊中篩選出具有戰略價值的資訊。

這張地圖標示了美國境內的「七個接入點：國際『咽喉點』」，這些地點的代號分別為布雷肯里奇（Breckenridge）、太浩湖（Tahoe）、太陽谷（Sunvalley）、惠斯勒（Whistler）、馬弗里克（Maverick）、銅山（Copper Mountain）和基靈頓（Killington）——看來國安局裡有位滑雪愛好者（譯註：這些代號都採用北美著名滑雪勝地的名稱）。每個「咽喉點」都設置在網際網路骨幹網路的海底電纜登陸站或數據交換節點。如同迪伊一般，美國政府迫切地想要揭開世界上的各種祕密。但與迪伊不同的是，國安局無需與天使溝通。根據地圖附件的說明，它只需要請其「風暴釀造」計畫的「企業合作夥伴」（已確認為威訊／MCI（Verizon/MCI）公司[8]）協助過濾網際網路骨幹傳輸的數據，便能從中提取珍貴且具有行動價值的資訊。

類似「風暴釀造」的計畫使國安局得以存取電信網路資訊流中的上游數據；而「稜鏡」（PRISM）等計畫，則讓國安局能向微軟和Google等公司索取更具針對性且結構化的下游數據。[9]國

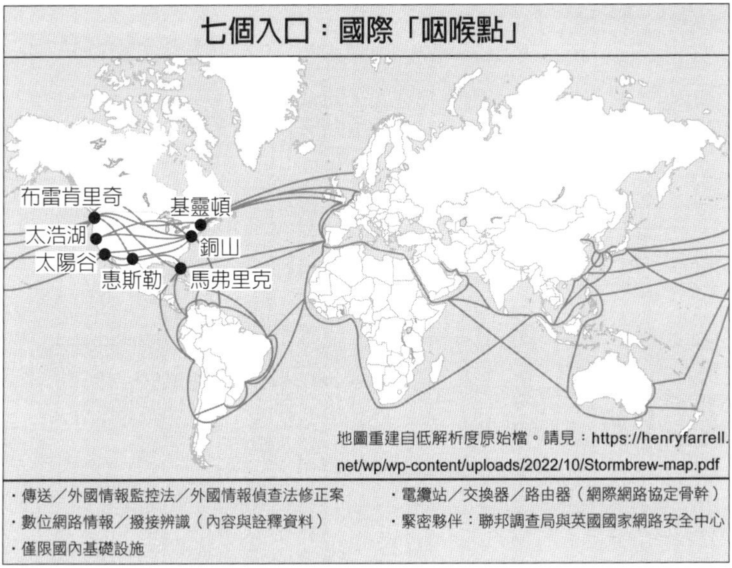

「風暴釀造」（STORMBREW）概觀
最高機密//通訊情報//禁止交給外國人閱讀//20291130

安局並非唯一開拓新領域的美國機關。二〇〇一年九月十一日事件後不久，美國財政部開始梳理全球金融體系中看似混亂的結構，利用新獲得的資訊監控敵對勢力，最終將他們排除在全球經濟網絡之外。

這些美國政府機關和其他相關部門找到了化繁為簡的方法，在這個全球化世界裡，儘管看似人聲鼎沸、紛亂喧囂，卻能將其簡化為條理分明的地圖。結果發現，所有資訊都會匯集到少數幾個連接點和瓶頸，而這些節點大多都方便美國當局取得（必要時也能讓英國等盟友使用）。如此錯綜複雜的現實，最終竟能簡化為一目了然且易於掌控的形式——僅僅是紙上的幾條線條。

這些地圖不只是說明如何從一處到達另一處，更劃定了美國進行監控的勢力範圍。國家安全局透過將網路樞紐轉為祕密監聽站，得以解析全球各地的通訊內容；同時，美國財政部也暗中截取銀行進行跨境匯款時所使用的訊息。隨著時間推移，他們發現了一些咽喉點，讓他們得以切斷特定企業，甚至整個國家與全球經濟網絡之間的連結。

美國最初從孤立那些令人厭惡的對手——例如恐怖組織和北韓這類遭到唾棄的國家——開始。它發展出新的法律工具，意圖迫使伊朗放棄核子計畫。在川普掌權後，美國甚至威脅要將這些工具轉向盟友，懲罰那些膽敢要求美軍負起責任的人權官員。就像五百年前教宗的地圖一樣，「風暴釀造」地圖及其相關工具不只簡化了世界，還把全球化經濟中的「無主領地」轉變為美國可以支配的領域。

＊＊＊

二〇〇〇年四月，當美國空軍中將邁克爾・海登（Michael Hayden）準備向眾議院常設情報特別委員會作證時，肯定不是在想如何支配世界，他當時更在意的是一些迫在眉睫的問題。[10]

海登在前一年（一九九九年）出任國家安全局局長。他對這項工作感到深深困擾的一點，是美國立法者在世界範圍內劃定的一條界線。這條線區分了美國公民和其他地區的人民：前者受到憲法和法律的保護，免於美國政府的監控；而後者則完全不享有這樣的保障。

外國人仍然是可以任意監控的目標，但由於過去的一些濫權事件〔例如國安局曾竊聽批評越戰的活動人士，包括馬丁．路德．金恩牧師（Martin Luther King Jr.）[11]〕，美國政府嚴格限制了國安局在美國境內以及針對美國人士進行監控的權力。海登在二〇〇一年九一一襲擊事件發生前一年半的國會作證中這樣描述道：「如果奧薩馬．賓拉登（Osama bin Laden）從加拿大安大略省的尼加拉瀑布市走過那座橋到達紐約州的尼加拉瀑布市，當他踏上紐約這一側時，他就成為美國人士（American person）。而我的機關必須尊重他免於不合理搜索與扣押的權利。」[12]

早在二〇〇〇年，海登就想為他那陷入困境的機關辯護，因為有人指控該機關在監視美國人和外國人。[13]歐盟政界人士對美國監控行為的抱怨，已經擴散到美國公民自由組織，他們指稱國安局正在對美國本土進行監控。[14]一九九八年的電影《國家公敵》（*Enemy of the State*）由威爾．史密斯（Will Smith）主演，片中描述了國安局謀殺一名威脅要阻止反恐監控法案的國會議員。海登在韓國首爾得知自己將出任國安局局長的消息後，恰好在駐韓美軍龍山基地的一家電影院看了這部電影。他看到全身緊縮，深陷到座位之中。[15]

國安局的困境不會因為好萊塢電影而劃下句點。過去，國安局能輕易進行監控，因為當時類比電話系統依靠銅線和衛星傳輸，極易被竊聽。他們曾依靠「梯隊」（ECHELON）計畫，與英國的合作夥伴「政府通信總部」（Government Communications Headquarters, GCHQ。譯註：GCHQ為英國情報部門總部，於一九一九年成立，是一家百年情報老店）攜手攔截全球衛星通訊。[16]然而，隨著通訊技術的數位化，竊聽變得更加困難，而加密技術的普及也讓資訊更加安全。光纖電纜利用光波而非電流來傳輸訊息，幾乎不會洩漏訊息。而如今，大多數國際通訊已經轉移到深埋海底的電纜，[17]這些電纜的深度甚至可與聖母峰的高度媲美。歐洲各國政府因此認為，國安局要竊聽他們的通訊將會困難得多。[18]而國安局在一九九〇年代試圖阻止先進加密技術出口的行動，顯然已澈底失敗。[19]

美國政界人士普遍認為，國安局已經喪失其技術領先地位。早年，國安局曾走在科技的最前沿，不僅突破了電腦科學的界限，[20]還設計並測試了高度先進的超級電腦，同時開發出尖端的加密與解密系統。它擁有數千項專利，從防篡改信封到改良型兒童汽車座椅，涉及範圍廣泛。[21]然而，隨著國安局規模的擴張，其技術敏銳度逐漸被複雜的官僚流程和內部權力鬥爭的混亂所掩蓋。海登接任局長不久，便接到技術主管的緊急電話，告知因新設備安裝錯誤，內部網絡全面癱瘓，「整個系統」澈底停擺。[22]這次當機持續了數天，[23]而期間無人能夠存取或分析國安局的任何數據。而在此之前，海登曾試圖向全體員工群發一則內部更新通知，卻被告知：「說實話，我們做不到。」[24]（原因是國安局在米德堡基地竟運行著多達六十八個互不相通的電子郵件系統。）[25]

在二〇〇〇年，當海登就賓拉登一事在國會作證時，國安局的前景極為不明。眾議院常設情報委員會已經警告，國安局未能跟上新興商業技術的發展，正「深陷危機」。政治人物削減了其百分之三十的預算，[26]他們質疑是否該將納稅人的錢投入這樣一個技術上每下愈況、已然分裂為互相對立的官僚勢力範圍的機關。而這個機關仍在執行著一項源自冷戰時期的任務——如今看來，這項任務既已失去重要性，又難以完成。

在海登作證後僅一年多，二〇〇一年九月十一日的恐怖攻擊澈底改變了一切。早在二〇〇〇年，海登曾以賓・拉登走過一座橋的例子，來強調國安局對美國法律的嚴格遵守。任何人，只要身處美國領土，即便是美國最痛恨的敵人，也能享有強有力的法律保障。

當海登在二〇〇二年和二〇〇六年再次談及這個假設性問題時，他的觀點已與過去大不相同。[27]賓拉登在未踏上美國領土的情況下，就對美國發動了重大且直接的攻擊。這次，海登並未向國會議員再次保證國安局會遵守法律，而是主張挑戰法律的界限。昔日那個「純屬假設的問題」，如今已成為「生死攸關的現實」。劫機者巧妙運用全球化的優勢，通過未加密的電子郵件與彼此及位於德國漢堡的恐攻主謀聯絡，[28]而蓋達組織則透過一般電匯、信用卡支付以及現金交付等方式為劫機行動提供資金。[29]

雖然美國的法律「確實」且「應該」在美國與世界其他國家之間劃出一條清晰的界線，但海登主張，「我們在全球反恐戰爭中的敵人」[30]並不會作出這樣細緻的區分，而且「全球電信通訊系統也是如此」。戰事已經延伸到美國本土，海登認為，美國的法律和執法方式需要隨之調整。敵方戰鬥人員之間的通訊不應享有公民自由的保護。對海登而言，恐怖分子用於溝通和協調攻擊的訊息，與「在這個單一、整合的全球通訊網絡上流通的無害，甚或受憲法保護的訊息」共存於同一體系之中。[31]

海登原則上並不反對將世界劃分為美國人（享有憲法第四修正案賦予的權利，以抵制不合理的搜索和扣押）和非美國人（不享有這些權利）。海登和小布希（George Walker Bush）政府的同事純粹只是想重新劃定這條界線，以賦予國安局最大程度的自由來保護他們所認定的美國利益。[32]在界線的一側，是受法律與美國憲法保護的權利國度；而在另一側，依據海登的說法，則是政治理論家湯瑪斯・霍布斯（Thomas Hobbes）所描述的動盪世界——一個永遠處於無法治狀態的「摩加迪休」（Mogadishu）。[33]

即使賓拉登本人從未親自跨越那座橋進入美國，他的同夥卻可以通過數位方式，在無法無天的戰爭世界與保護公民自由的和平土地之間來回穿梭。他們利用設在美國境內的電子郵件服務，巧妙地躲避國安局情報員的監視。海登因此得出結論：為了維護美國安全，必須大膽重新詮釋現有規範，確保國安局的監控對象被歸類在不受保護的那一方——這也正是他們應該歸屬的位置。

這有時候非常簡單。正如查理・薩維奇（Charlie Savage）在《權力戰爭》（*Power Wars*）一書中所述，歐洲人對於竊聽海底光纖電纜困難度的評估其實是錯誤的。事實上，如果能進入光纖電纜上陸的登陸站，操作起來一點也不難。美國電信通訊公司就有這個權限，可以透過交換機連接到更大的電信通訊網絡。早在一九八〇年代，美國政府就已祕密制定了一項稱為「過境權限」（transit authority）的法律準則，允許美國竊聽穿過美國領土的外國人間的通訊，只要這些通訊不涉及美國人。

有時候，美國會基於可疑且機密的法律解釋推行措施，直到觸及甚至逾越法律界線。包括薩維奇在內的作家們，揭露了二〇〇一年九一一後美國監控法所經歷的複雜且隱密的演變。[34]小布希政府的律師，如柳約翰（John Yoo），提出了現代版的「亞瑟王的正當王權」（iust Arthurien clayme）理論：[35]他在機密備忘錄中主張，只要小布希總統認為是為了保護國家安全所需，就可以採取任何行動。這種解釋有時直接導致公然違法的行為，如惡名昭彰的「恆星風」（Stellar Wind）計畫[36]——該計畫允許當局在未經授權的情況下，監控美國公民的通訊。

換句話說，國安局只需在地圖上重新劃一條線，就能改變世界。海登喜歡將這個新時代與歐洲帝國締造者「發現並征服世界」的那段「全球化的最後一個偉大時代」相提並論。[37]在那個時代，歐洲人收穫了「土地、財富、菸草和梅毒」，而殖民地的世界卻遭受了「全體人口的剝削、全球劫掠以及全球奴隸貿易」。[38]新的帝國雖然較少受到矚目，也不如舊帝國那般殘暴，但仍然依賴於「無主之地」的概念：在一片廣袤的領土上，居民並不受法律保護。海登本人也對這場「劃時代的轉變」感到詫異，[39]世界竟能如此輕易地從「無線電波偶然接觸我們的天線」演變為「以數位形式未經同意的侵入」。海登對於世界如上述的轉變之成功感到意外，但他對這個結果非常滿意。國家安全局的職責就是保護美國人。若「你不在美國憲法的保護範圍內，而你的通訊內容又能有助於維護美國的自由與安全，……那就讓我們開始行動吧！」[40]當共和黨參議員艾倫・史派特（Arlen Specter）質疑美國應該如何保護外國人的隱私時，海登用沉默表達了不屑；畢竟，在他看來，憲法第四修正案並不是國際條約。

九一一事件之後，只要美國情報機關（如國家安全局）採取最基本的法律防範措施，祕密裁決就授權他們可以大規模蒐集外國人的資訊，即便這些資訊與美國公民的資訊混在一起也不受限制。美國與世界其他國家之間的界線因此被重新定義。然而，若實際控制的領土範圍沒有相應改變，小布希的法律團隊提出再多法律依據也無濟於事。國家安全局的監控權力不僅仰賴法律，更取決於地理版圖。全球用於通訊和商業活動的網絡系統，其實體樞紐恰恰位於美國境內。

＊　＊　＊

二〇〇二年夏天，在舊金山為美國電話電報公司（AT&T）工作的資深技術員馬克・克萊恩（Mark Klein）收到一封電子郵件，信中提到一名國家安全局人員即將來訪，目的是審查克萊恩的一位同事。[41]在這次訪查過後的幾個月，克萊恩聽說福瑟姆街（Folsom Street）六十一號六樓的AT&T辦公室新增了一個「祕密房間」，房間號碼是641A。

這個祕密房間位於同一棟大樓的七樓，正好在AT&T「網際網路室」下方。這間位於舊金山的網路室和第一個網際網路交換點 MAE-East 一樣，是網際網路的重要中心交換點之一。長距離光纖電纜從八樓進入建築，然後向下連接到房間內一排排的路由器上。這些路由器將網際網路骨幹網的一部分連接到其他主要的電信業者和交換點，包括 MAE-East 的加州姊妹公司 MAE-West，以及帕羅・奧圖網路交換中心，而後者是艾弗里和艾德森成立「易昆尼克斯」之前協助建造的。

克萊恩是一名左派人士，也是工會成員，一九七〇年代曾參與反越戰運動。他對那間祕密房間有些懷疑，但一開始並不確定裡面到底在做什麼。也許，那間房間是用來監聽國內電話（641A隔壁房間就是國內電話的路由器）。但是，當克萊恩問管理「網際網路室」的同事鮑伯時，鮑伯告訴他，祕密房間其實是用來監聽網際網路的。鮑勃不久後辦理提前退休，留下克萊恩接替他維護「網際網路室」。克萊恩得以開始拼湊641A房間發生的事情，閱讀放錯地方的手冊，調查各條電纜的連接去向，並憑藉自身的技術專長推導出結論。

克萊恩意外發現了國安局解決光纖電纜監聽問題的方法。由於這些電纜的終點都在福瑟姆街，國安局得以利用稜鏡將光纖電纜中傳輸資訊的光束分成兩組獨立且相同的訊號。一道將使用者的電子郵件、網路請求和資料傳送至原定目的地，另一道則被分流至641A房間。在那裡，這些訊號由 Narus STA 6400 設備進行解析和分析——這台機器由一家與情報單位關係匪淺的以色列公司製造。

有大量數據需要深入檢視。多年後，另一位前AT&T員工菲利普・朗（Philip Long）向記者透露，他曾接獲指示，要將「（他）負責的北加州所有網際網路骨幹線路」重新導向福瑟姆街大樓。[42]他的描述如下：「我們接到命令要轉移骨幹網路……我們猜想這是政府在背後操作，他們正在侵入系統。我們認為這實際上是在重新配置線路，好讓他們能夠截取所有資料。」

國安局的企業合作夥伴掌控著網際網路的其他關鍵節點。克萊恩發現的一份文件將641A房間的系統稱為「研究小組3」（Study Group 3）。他推測，這個看似平常的名稱暗示著在其他地方至少還有兩處類似設施。當克萊恩與一位在亞特蘭大的同事交談時，聽聞「西岸多個城市已經安裝了分路器（splitter）」，他當場「僵」在座位上[43]——這些裝置也已部署在東岸。就如同風暴釀造計畫依賴威訊公司掌控的關鍵交換機，國安局的「錦繡大地」（FAIRVIEW）計畫也在AT&T全力配合和許可下，於福瑟姆街等八個地點接進了AT&T的網絡，福瑟姆街即是其中之一。[44]克萊恩目睹的並非針對美國公民的全新大規模監控，而是對現有計畫的擴展。該計畫利用國安局與電信公司的既有合作關係，大幅強化其對美國境外資訊流的掌控能力。

國安局的祕密文件描述AT&T「極其熱衷」幫助「國安局的信號情報（signals intelligence, SIGINT）和網路任務」，[45]以及AT&T員工具備「驚人的專業知識」。國安局也為獲取資訊存取權做好了財務準備：二〇一一年，國安局在其祕密預算中編列了三點九四億美元，用於「企業合作夥伴存取計畫」，其中大部分是支付給提供資訊存取權限的電信通訊公司。[46]然而，像AT&T和威訊這樣賣力討好美國政府，不單是為了金錢。美國的電信業受到嚴格監管，聯邦政府可以通過聯邦通訊委員會的權力，強迫電信公司接受範圍極廣的安全協議，要求它們配合政府的監控需求。

例如，環球電訊（Global Crossing）是一家專門從事電信通訊基礎設施的公司，擁有連接四大洲二十七個國家的光纖網路。該公司被要求在美國境內設立一個「網路營運中心」，以便政府官員只需提前三十分鐘通知即可進行訪問。[47]當環球電訊破產時，美國政府律師反對一家香港公司收購該公司剩餘資產的多數股權。他們要求最終接管環球電訊的新加坡公司設立一個特殊子公司來管理海底電纜網絡。該子公司的管理層和董事會須由擁有安全許可的美國公民主導，且所有人選都必須事先獲得聯邦調查局、美國國防部、司法部和國土安全部（Homeland Security）的批准。不配合這些要求的公司可能會被美國監管機關排除在市場之外，面臨業務凍結的風險。

這些電信公司控制了網際網路的樞紐點——數據在此短暫匯聚，之後又再次朝數百萬個不同的方向飛馳而去。而美國並不是這些數據唯一的目的地。正如國安局的一份祕密簡報指出，「目標的通話、電子郵件或即時通訊，會選擇成本最低的路徑，而非地理上最直接的路徑。」[48]這些路徑往往會經過國安局所謂的「世界電信通訊主幹網」——一個橫跨美國領土、由光纖電纜和路由器構成的資訊傳輸系統。光纖電纜能以光速傳輸數據；舉例來說，一封從巴西里約熱內盧發往北部福塔萊薩的電子郵件，經由邁阿密的光纖傳輸，可能比沿著巴西國內銅線網路傳送來得更快。網際網路的路由器會自動選擇最快的路徑，這為美國提供了攔截和存取的機會。如果電子郵件通過美國的系統，且內容提到被國安局標記的姓名、電話號碼或電子郵件地址，就可能被攔截並儲存，以便後續分析。美國在這一領域的中心地位，部分是政策影響的結果。據一名前國安局員工透露，美國政府曾「暗中鼓勵電信業者增加通過美國交換機的國際流量」，[49]以便於對全球進行監控。

美國政府試圖讓Google、臉書、微軟和雅虎等電子商務與平台公司加入合作，但過程並不如對電信公司那般順利。這些公司不像電信業者那樣受到嚴格監管。然而，爭取它們配合的努力是值得的，尤其是在這些公司開始建立一種全新的網際網路基礎架構之際。從前，企業都必須自行維護伺服器並配置技術支援團隊；但隨著網際網路的普及，一般企業開始轉向使用Gmail及其競爭對手來確保電子郵件安全，而消費者則將自己的生活和人際網絡搬到像臉書這樣的服務上。一切都開始移往「雲端」（cloud），這個詞聽起來輕盈飄渺，但實際上，雲端是由阿什本等地空調機房中整齊排列的刀鋒伺服器（blade servers）架構而成的實體設施。美國政府可以通過「稜鏡計畫」，直接要求這些公司提供針對特定人員或主題的有用且具體的資訊，而無需在海量雜亂的數據中大海撈針。

起初，部分公司並不願配合。雅虎拒絕提供資料，認為政府的要求違憲。[50]然而，負責此案的兩個祕密法院——外國情報監控法院和外國情報監控複審法院——作出了不利於雅虎的裁決。這使美國政府得以祭出威脅：若雅虎不從，將處以每日二十五萬美元的罰款。最終，雅虎不得不屈服，其他平台公司也紛紛選擇妥協。

風暴釀造地圖僅揭示了美國對全球通訊系統「關鍵咽喉點」控制的其中一個面向。實際的控制範圍不僅涵蓋ＡＴ＆Ｔ，還包括其他大型電信供應商；不僅包括網路交換設備，更包括全球企業和一般民眾所依賴的各類平台公司。所有這些資訊都被壓縮成光脈衝，被捕獲並導入到龐大的鏡像系統中，通過對這些資料的分析，得以窺探世界的祕密。

地圖上的那些咽喉點代表著一個無法抗拒的機會。多年後，海登如此形容他的感覺：「對我們來說，這是我們的主場……這麼多資訊都經過華盛頓州的雷德蒙市，我們怎麼可能不利用這〔事實的〕優勢呢？」[51]在史諾登洩密事件之後，雷德蒙市最知名的公司微軟終於得以表達對此事件的不滿。正如時任微軟總法律顧問、現任微軟總裁布拉德・史密斯（Brad Smith）在二〇一四年所解釋的：「我們知道他們要求我們做什麼。我們知道他們強迫我們做什麼。但我們不知道他們背著我們做了什麼。即使到了今天，我們依然不知道他們究竟做了些什麼。」[52]

這麼多年過去，我們對此事的了解依然有限。調查記者派屈克・拉登・基夫（Patrick Radden Keefe）寫道，在「梯隊」計畫時代，「用約瑟夫・康拉德（Joseph Conrad）的話來說，全球竊聽的世界仍是地圖上的一片空白。」[53]在那道短暫的啟示閃光之後，一切又重回黑暗。

史諾登洩露的大部分資訊至今仍屬機密，而自他在二〇一三年披露這些訊息以來，情勢已有重大變化。美國在法律層面通過修法，限制了政府獲取美國公民資料的權限，並頒布總統政策指令，向盟邦保證不會過度侵犯其公民隱私。[54]Google 和微軟開始對自身的資料流進行加密，使美國及其他政府更難以暗中監聽骨幹網路。Google 更運用 Chrome 瀏覽器的影響力推動其他企業加密通訊。光纖電纜的全球布局也已改變，美國不再像過去般居於核心地位。

然而，國安局仍然堅持並擴大了對信號情報的關注。二〇一八年的《CLOUD 法案》〔即《澄清數據合法海外使用法案》（Clarifying Lawful Overseas Use of Data Act）〕等新法律，允許美國執法單位強制企業提供資訊，即使這些資訊儲存在境外伺服器上。穿越美國的光纖電纜所承載的數據，依然會被導入祕密設施，並由自動化系統進行解析和處理。

* * *

經過數十年和數兆美元的投入後，我們很容易看出二〇〇一年九月十一日的恐怖攻擊如何重塑了美國的軍事政策。然而，只有真正密切關注的人，才會發現九一一事件如何澈底改變了美國聯邦政府的非軍事部門。最重要的是，財政部從幾乎只是國家安全的一個旁觀者，蛻變為「歐巴馬最倚重的非戰鬥指揮部」。[55]如今，情報收集與經濟制裁已成為財政部核心使命的一部分。

這一切的轉變始於二〇〇一年九月十二日。美國政府在那天開始分析前一天發生的事情，以及為何未能阻止悲劇的原因。參與九一一劫機行動的恐怖分子不僅使用電子郵件與位於德國漢堡的首謀聯繫，他們還透過簡單的電匯進行跨境資金轉移，資金經由美元清算系統處理，並透過SWIFT報文通訊傳送。一位財政部高級官員形容：「九一一事件的一大諷刺在於，我們的敵人利用了……日益無國界的金融世界，並重創了它的核心。」[56]為找出問題而成立的九一一委員會哀嘆道：「美國情報界幾乎無法理解蓋達組織募集、轉移和儲存資金的手段，因為他們在收集政策制定者所要求的戰略金融情報方面，或是在可以為更大的反恐戰略提供參考的領域上投入的資源相對稀少。」[57]該委員會的結論是，在九一一之前，「恐怖（分子）融資並非反恐工作的優先事項。」[58]

當時，財政部對此並不感興趣。它樂於追查替販毒資金洗錢的銀行，但對美國的外交政策單位卻極度排斥。[59]財政部認為，國務院和情報界不僅是對全球市場的威脅，也是對其自主權的挑戰。一九九〇年代末期，當中央情報局建議監控並破壞賓拉登的資金流動系統時，財政部強烈反對，認為干預資金轉移「可能會損害（編按：原文為crumble）美國的信譽，並動搖國際社會對美國及全球金融體系的信心。」[60]

二〇〇一年九月十一日之後，美國政府各機關之間的地盤爭奪突然變得不再重要。恐怖攻擊發生時，財政部總法律顧問大衛・奧夫豪瑟（David Aufhauser）正在國外參加一場會議，當時各國官員正在為防制洗錢的進展互相祝賀。[61]然而，當消息傳來時，「我們意識到，也許我們一直用錯誤的方式看待這個世界，就像在用望遠鏡的另一端觀察。我們之前或許沒有適時將注意力放在該注意的地方：那些在世界各地流竄的乾淨資金，它們最終的目的是殺人。」

財政部曾多次資助戰爭，但從未直接參戰。九一一事件後，奧夫豪瑟開始相信，財政部必須親自投入「影子戰爭」。這意味著財政部需要找到阻斷資金流動的方法，而不是一如以往促進其流通。美國將剝奪那些外國銀行和金融中介機構的豁免權，這些機構一直「躲在善意疏忽和專業保密之後，而非保持警惕」。美國將收緊恐怖分子用來轉移資金的金融管道，把他們從便捷的電子金融轉帳世界中驅逐出去，迫使他們不得不走私「金條和寶石」，直至最終完全無法轉移資金。像奧夫豪瑟這樣的官員認為，雖然這場影子戰爭並非美國發起，但美國必將贏得勝利。勝利將體現在「那些過去為恐怖活動提供資金的人內心日益不安，因為他們所宣稱的無邊界戰爭的對稱性，如今意味著他們再也無處藏匿用於資助恐怖活動的資金。」

要贏得這場戰爭，首先需要繪製出錯綜複雜的全球金融地圖。這個金融世界在財政部和聯準會的善意扶持下，已經發展得龐大而難以掌控。在九一一事件之前，美國經濟官員認為，他們的責任是保護並擴展由華特・李斯頓及其競爭對手所創造的無監管國際交易領域——一個如同海盜世界般自由運作的領域。然而，他們未曾意識到，自己協助構建了一個難題：恐怖主義的威脅

「範圍遍及全球」，而美國經濟卻「刻意保持開放且充滿漏洞」。[62]正如奧夫豪瑟在美國參議院作證時所言：「我們試圖凍結的資產、希望減緩的現金流，以及希望審計的紀錄，絕大多數都在我們的海域之外。」那麼，美國該怎麼做？

如果仔細閱讀奧夫豪瑟的證詞，可以發現部分答案已隱含其中。在與參議員艾倫・史派克（Arlen Specter）的問答中，他強調：「我們所做的一切，都是以取得具行動性的情報為前提。」然而，他拒絕透露這些情報的來源，並建議稍後在「一個不會危及行動、情報來源或方法的適當場合」再討論這個問題。

大衛・奧夫豪瑟的祕密，或許在於財政部和中央情報局掌握了大量準確且精確的資訊，使他們能夠繪製出恐怖分子金融網絡的全貌，並將其作為摧毀目標。他們已經得到了SWIFT的紀錄。SWIFT是「全球銀行業的神經中樞」，[63]其數據提供了一幅近乎完美的地圖：顯示誰匯款、匯往何處以及匯款的時間。正如一位不願透露姓名的美國官員後來所形容的，SWIFT數據就像一塊「羅塞塔石碑」（Rosetta Stone），[64]讓美國得以將原本難以辨識的交易雜訊，轉化為可理解的資訊，進一步解析並搜尋不友善活動的蛛絲馬跡。

然而，SWIFT曾基於審慎政策，堅決抗拒美國取得其數據。[65]在一九九〇年代，由羅伯・

穆勒（Robert Mueller，聯邦調查局局長）率領的美國官員，還有一個國際反洗錢聯盟都曾嘗試取得 SWIFT 的數據，然而皆被婉拒。SWIFT 更警告說，若美國試圖以傳票強索數據，它就會乾脆將數據轉移到境外。[66]儘管如此，正如當時 SWIFT 執行長藍尼・施蘭克（Lenny Schrank）所言：「我們……開始思考那個不可想像的可能：也許我們確實掌握了當局想要的數據，SWIFT 的數據終將曝光。」[67]

SWIFT 調整了報文傳遞標準，要求銀行必須能識別匯兌交易的發起方。但除此之外，它拒絕進一步合作。正如施蘭克所說：「別以為傳票送達我們就會配合。」[68]

九一一事件後，SWIFT 很快發現，在別無選擇的情況下，它不得不「服從傳票的要求」。儘管 SWIFT 總部位於比利時，但在美國法律和政治壓力下仍顯得脆弱。其一座關鍵數據中心坐落於維吉尼亞州庫爾佩珀鎮郊外，左鄰右舍分別是啟田浸信會（Open Door Baptist Church）和易昆尼克斯的高安全設施。這座數據中心備份了 SWIFT 的全球資訊，雖然擁有「詹姆斯・龐德（James Bond）級的安全防護」[69]——包括約十英尺高的圍籬和防禦化學武器的設施——但仍無法輕易拒絕美國財政部的要求。如果 SWIFT 威脅要將數據移至海外，財政部則可能以監管行動威脅其由國際銀行組成的董事會成員。財政部早已不再是那個保護金融機構免受美國安全政策影響的角色；如今，它反而急於將這些機構徵用為美國的工具。

美國政府原本考慮讓中情局竊取 SWIFT 的資訊，但財政部官員說服了其他部門，改為直接向 SWIFT 請求存取權限。他們最終如願以償（儘管國安局似乎也自行駭入了 SWIFT 系統）。[70] 根據 SWIFT 的官方說法，他們是在被迫接受傳票後才勉強配合的。然而，前財政部官員胡安・薩拉特（Juan Zarate）和關注公民自由的記者艾瑞克・利希布勞（Eric Lichtblau）卻講述了截然不同的故事：當施蘭克得知財政部希望取得這些數據時，他的第一反應是：「你們怎麼現在才來？」[71]

即便如此，在接下來的幾年裡，SWIFT 有時對與美國財政部的合作方式顯得猶豫不決。他們的關係必須嚴格保密，因為 SWIFT 的總部位於布魯塞爾，而根據比利時的隱私法，共享未經披露的數據是非法的。每當 SWIFT 的管理層感到緊張時，美國的高層官員都會出面安撫，派出的不僅有財政部長，甚至包括副總統迪克・錢尼（Dick Cheney）、國家安全顧問康朵莉莎・萊斯（Condoleezza Rice）、聯邦調查局局長羅伯・穆勒以及中央情報局局長波特・戈斯（Porter Goss）。

結果證明這一切都是值得的。後來出任財政部首任負責恐怖主義和金融情報事務次長的史都華・李維（Stuart Levey），將SWIFT的資料形容為「一扇獨特且強大的窗，能夠深入瞭解恐怖分子網絡的運作」。[72]薩拉特則指出，它「為美國政府提供了一項工具，可以揭露先前從未掌握的金融聯繫。這些資訊不僅可能成為破解下一個陰謀的重要線索，更可能使整個支援網絡曝光並遭到瓦解。」[73]

雙方的合作安排多年來一直祕而不宣，部分原因是SWIFT的歐洲銀行業務主管不願了解超出他們必要知悉範圍的資訊。當美國財政部副部長肯・達姆（Ken Dam）試圖向一位中央銀行行長簡報該計畫時，該行長直接要求他「停下來」。另一位中央銀行行長則對一名美國財政部官員說：「剛才你告訴我的事情，我一點都不想知道。」隨即起身結束了會議。[74]一些歐洲安全官員或許知曉內情，但他們和美國同行一樣，對歐洲隱私法感到相當不耐煩。[75]

當該計畫最終由利希特布勞和詹姆斯・萊森（James Risen）在《紐約時報》（*New York Times*）的報導中曝光後，[76]一些歐洲官員私下表明，他們並不希望終止這項監控，因為他們的情報機關和國土安全部門同樣能從中受益。經過談判，歐洲和美國最終達成協議：[77]在增設保護措施的前提下，美國可以繼續從SWIFT獲取數據，並與歐洲各國政府共享這些資料。由於歐洲各國政府受限於嚴格的隱私法規而無法自行蒐集數據，最終在金融情報與分析領域高度依賴美國。

一方面，流行文化也逐漸與現實接軌。亞馬遜將湯姆・克蘭西（Tom Clancy）的「傑克・萊恩」（Jack Ryan）系列小說改編為電視驚悚劇，並對角色設定進行了更新。原著中作為歷史學家兼海軍情報分析師的萊恩，被改編為一名專注於分析 SWIFT 金融轉帳數據的「數據怪咖」，透過深入挖掘數據揭露恐怖分子的隱密陰謀。

SWIFT 已從一個政治獨立的組織，蛻變為美國政府無所不知的助手。這個原本應協助銀行抵禦政府監管的機關，如今憑藉其對國際金融交易的全面掌握，得以繪製出跨境金流的隱密版圖。施蘭克及其同事對傳票的恐懼確實有其道理——一旦 SWIFT 應政治要求敞開大門，就無法關上了。

＊　＊　＊

不僅是金融系統被重新劃定，美國對自身在新時代中能做什麼與不能做什麼的理解，也經歷了一次重塑。事後回顧，正如薩拉特所說：「金融戰爭的新時代……之所以誕生，是因為我們得以用不同於前輩的視角來審視局勢」，[78]進而洞察到「全球化以及美國金融實力的核心地位與影響力，為我們開創了全新的應對策略。」儘管如此，財政部仍然花了一段時間來勾勒這些新可能性。起初，一些官員強調與盟國合作的好處，而這些盟國似乎也熱切希望在恐怖攻擊之後協助美國打擊恐怖主義。然而，財政部逐漸發現，在大多數情況下，美國並不依賴盟國的幫助，甚至能夠從容地獨立行動。

小布希總統於二〇〇一年九月二十四日宣告，美國將動用「所有執法手段與一切金融影響力」，[79]以「斷絕恐怖分子的資金來源」。由財政部律師協助起草的布希「一三二二四號行政命令」明確警告各銀行，任何與恐怖分子有商業往來的人，將不再能與美國進行交易。不久之後，《美國愛國者法案》（USA PATRIOT Act）經小布希總統簽署成為法律，進一步強化了打擊洗錢的權限與能力。

要求財政部進入戰備狀態既費時又費力。財政部負責國際事務的次長約翰・泰勒（John Taylor）後來坦承，他「對於如何阻斷資金流動知之甚少」，[80]因為他「向來處理國際金融的方式就是促進資金流動」。然而，正如小布希總統明確指出的，美國政府的新使命是「切斷這些邪惡之人的資金……追蹤並凍結他們的資產」。[81]九月十七日，財政部副部長肯・達姆主持了一場高階會議，與包括泰勒和負責執法的次長吉米・古魯萊（Jimmy Gurulé）在內的部門主管共同商議，如何重組財政部以更有效地打擊恐怖主義。

然而，在具體執行方式上，財政部內部出現了分歧。泰勒傾向建立國際聯盟，與其他國家政府攜手合作以應對這個共同威脅。他成立了一個專責處理恐怖分子資金的工作小組，被稱為「戰情室」（War Room），其主要任務是說服其他國家凍結恐怖分子的資產。

表面上看，古魯萊的執法部門狀態似乎大不如前。財政部即將被剝奪其傳統的治安管轄職能，包括海關、菸酒槍砲爆裂物管理局以及特勤局。不過，它仍保有一個默默無聞的單位——外國資產控制辦公室（Office of Foreign Assets Control, OFAC）。在九一一恐攻前，OFAC僅是聯邦政府眾多部門之一（其前身成立於一九四〇年代，為防止納粹政府掠奪美國所轄資產）。當時的OFAC只專注於執行一些僅有圈內人關心的特定任務。如今，儘管可能得罪泰勒這類國際主義者，這個單位已準備接下更具分量的新角色。

九一一事件後，OFAC驟然成為一個備受矚目且舉足輕重的機關。它擁有單方面凍結資產的法定權力，並可「認定」美國想要切斷經濟往來的外國實體。小布希的新行政命令更擴大了OFAC的權力，使其能夠認定與恐怖主義有「關聯」的外國銀行和金融從業人士。在以信譽為根基的金融業中，一旦被認定即意味著該銀行成為禁忌對象。美國法律並未要求必須證實外國銀行確實支持恐怖主義——奧夫豪瑟所稱的「善意不作為」便足以構成充分理由。理論上，遭認定的銀行可向美國法院提起訴訟以推翻認定。但實務上，若這些銀行尚未因客戶和其他銀行的出走而破產，往往會發現，法官基於保護國家安全和打擊恐怖主義，多會遵循美國政府機關的決策。

多虧了ＯＦＡＣ，財政部在凍結海外資產時，通常無需耗費心力與其他國家進行繁複的國際金融外交。財政部可以直接單方面認定外國銀行、企業和機構與資恐活動相關，即便這些實體所在國不認同或認為證據不足。而當財政部確實需要某國政府採取新的反洗錢措施時，也可以藉由ＯＦＡＣ施加壓力。對於不太在意多邊主義的政府而言，ＯＦＡＣ作為一種政策工具箱，具有難以抗拒的吸引力。財政部次長泰勒麾下的國際主義者雖然能在「地盤爭奪戰」中暫時得勝，[82]但終將不可避免地屈服於ＯＦＡＣ執法者更為強硬的行事邏輯。

ＯＦＡＣ之所以如此令人畏懼，原因相當簡單：當ＯＦＡＣ認定一家外國銀行涉及資助恐怖主義時，不僅會禁止該銀行在美國運營，還可能阻止其與花旗銀行和摩根大通等接受美國監管並經營美元清算業務的銀行往來。一旦一家國際銀行被認定為資助恐怖主義，它就無法保有代理帳戶（correspondent account），也就無法為非美國客戶進行美元交易。更嚴重的是，其他需要美元業務的外國銀行也會刻意避免與其往來，深怕自己也會因此失去使用美元的機會。

被ＯＦＡＣ盯上的非金融企業或個人也將面臨類似的命運。一旦被列入名單，他們同樣會失去進入國際銀行體系的機會。不僅美國境內的銀行不得與其往來，他們也無法在國際市場上順利融資或與美國企業進行貿易。他們所面臨的威脅雖不如銀行般直接攸關生存，或許還能尋找非美國供應商或另闢融資管道；然而，但在這個建立在美國金融主導地位之上的全球經濟體系中營運，對他們而言仍然極為困難。

美國在追查澳門匯業銀行（Banco Delta Asia）時，意外發現「美元單邊主義」的驚人效力。[83]在該銀行總部設於中國管轄的澳門特別行政區，祕密為北韓政府提供進入全球金融市場的管道。在財政部介入前，國務院官員大衛・阿舍爾（David Asher）與威廉・紐科姆（William Newcomb）已著手「繪製北韓政權在全球的金融與商業網絡地圖」。[84]他們認定澳門匯業銀行是北韓的重要「金融樞紐」。

財政部官員胡安・薩拉特也委託繪製了一份「金融戰略地圖」，[85]該圖同樣突顯出匯業銀行的核心地位。當他獲准加入國務院的計畫，就建議根據財政部最具威力的《愛國者法案》第三一一條（也被稱為「中子彈」[86]），將匯業銀行列為「重大洗錢疑慮機構」。美國於二〇〇五年九月十五日正式作出此決定，禁止匯業銀行使用美國銀行的通匯帳戶。此舉向其他境外銀行傳達了明確訊息：任何與匯業銀行有業務往來者，都將面臨觸怒美國的嚴重風險。

結果令人震驚且立竿見影。存戶開始擠兌匯業銀行，澳門當局旋即關閉該行，並凍結了北韓相關實體總計兩千五百萬美元的資產。[87]北韓資金「有毒」的消息在金融圈內迅速傳開。時任美國國安會亞洲事務主任的車維德（Victor Cha）回憶：「這是打到嘴巴的一記重拳、一記響亮的耳光。他們起初以為這不過是又一次制裁，但四週後才真正明白打擊的力道。這確實讓北韓方面警醒起來，意識到這是他們從未見過的手段，老實說，他們都嚇破膽了。」[88]北韓當局破天荒地主動聯繫車維德，表示想進行對話。他們迫切想解凍這筆兩千五百萬美元的資金，不是因為金額可觀，而是要向銀行證明與北韓往來是安全的。然而，當國務院與北韓達成外交協議後，歸還這筆錢卻出乎意料地困難。即便美國已經點頭，國際銀行依然不願與北韓資金有任何瓜葛，因為風險實在太高。

像車維德這樣的官員們「完全沒料到此舉會產生如此重大的影響」。[89]儘管他們原本確實期望能產生某種效果，但他們絲毫未曾預見這項行動竟會對北韓、亞洲銀行，乃至全球銀行體系，造成如此劇烈的震盪。

美國此舉也是在向中國發出明確訊號。國務院與財政部官員刻意選擇匯業銀行作為標的，這是因為該行雖具重要性，但規模不足以對中國經濟造成重大威脅。這種做法很清楚是在告訴中國：若不嚴懲洗錢行為，澳門恐將面臨與全球金融體系隔絕的風險。從中國的後續行動可見，它完全理解且認真對待這個訊息。[90]

匯業銀行案為OFAC的後續行動奠定了行動範本。財政部的金融繪圖師隨即展開密集工作。財經記者安娜・烏卡納諾夫（Anna Yukhananov）解釋，OFAC「負責尋獲目標的專員會細密梳理機密情報、財務紀錄與公司登記資料，並繪製圖表，說明如何通過打擊某個金融節點來影響其他節點」。[91]薩拉特也強調，美國著重於找出「關鍵咽喉」或「樞紐銀行」。[92]接著，美國便會果斷展開行動。

美國政府的其他部門也開始效仿這套策略，有時與財政部合作，有時則與之競爭。司法部開始起訴違反美國制裁規定的外國銀行。[93]轄區涵蓋華爾街的紐約南區地方檢察署一向對備受矚目的重大案件特別敏銳，這時也將目標鎖定在外國銀行。與此同時，私人律師們開始在美國法院提起訴訟，指控外國金融機構協助恐怖分子，試圖爭取法院作出對這些機構不利的重大判決。

隨著時間的推移，美國的制裁執行策略從「釣魚式」的全面追查違規者，逐漸轉變為學者布萊恩・厄爾利（Bryan Early）和凱文・普雷布（Kevin Preble）所描述的「獵鯨式」行動，[94]即藉由對大型外國銀行施加巨額罰款，震懾其他所有金融機構。二〇一二年，匯豐銀行（HSBC，原香港上海匯豐銀行）因涉及洗錢被處以近二十億美元的罰款。二〇一四年，法國巴黎銀行（BNP Paribas）承認違反針對伊朗、古巴和蘇丹的制裁規定，被處以約九十億美元的罰款。[95]對這些銀行而言，他們幾乎別無選擇，只能接受處罰：在美國法院推翻這些裁決幾乎毫無希望，而且還面臨著可能失去美國銀行營運執照以及美元清算系統使用權的風險。甚至只要美方發出看來確實可能執行的撤銷清算權限威脅，就足以讓這些銀行迅速陷入崩潰。

銀行的法令遵循（Compliance）部門迅速崛起，成為新的權力核心。凡是被列入與恐怖分子相關的名單，無論是銀行、企業還是個人，幾乎無人敢與之往來，唯恐自身也受到當局關注。正如財政部副部長李維所說，即便是不受美國法律約束的銀行，也會主動評估風險，認為「為了保留幾個已被認定為恐怖分子或核武擴散中介的客戶，而冒著觸發監管行動的風險，實在得不償失……這類監管行動可能會影響他們未來與美國或負責任的國際金融體系進行業務的能力。」[96]即使僅僅是與恐怖分子或美國的敵對勢力存在間接聯繫，也足以徹底摧毀一家銀行的聲譽與業務。

維吉尼亞大學法學教授皮埃爾—修格・維迪爾（Pierre-Hugues Verdier）發現這項政策帶來了

幾項重要附加效益。[97]多數評論者只關注大銀行支付的天價罰款，鮮少人注意到美國要求法國巴黎銀行、滙豐銀行等建立全面性的內部監控系統，以確保日後合規。法國巴黎銀行必須在美國設立一個OFAC法遵辦公室，「直接受美國監管機關監督」，[98]以確保全球營運均符合規範。滙豐銀行也必須在紐約作出相同安排，同樣「在美國直接監管下」運作。這些曾幫助客戶規避美國制裁或洗錢規定的大型銀行，如今不得不自掏腰包建置並營運龐大的內部監控系統，而這些系統能為美國當局提供重要情報。正如中國電信巨擘華為後來所體會到的，這些要求可能帶來巨大且始料未及的影響。

* * *

美國在這些行動中的成功，讓它的野心越來越大。經過十多年的推進，它一步步接近一個曾經難以想像的構想：如果美國能利用自身的力量，將一個國家從全球版圖上抹除，會發生什麼？

伊朗成為了試驗的案例。數十年來，美國對這個伊斯蘭共和國實施了嚴厲的制裁，除非在少數限制極為嚴格的情況下，否則美國企業被禁止與伊朗經濟有任何往來。然而，這些制裁與其說是對伊朗的生存威脅，不如說更像一種擾人的麻煩。作為主要的石油生產國，伊朗擁有眾多渴望購買其產品的全球客戶。法學教授阿努・布雷佛德（Anu Bradford）和奧姆里・班—沙哈爾（Omri Ben-Shahar）認為，「如果其他國家繼續以接近的價格向伊朗提供類似產品」，美國對伊朗的貿易制裁就會顯得「徒勞無功」。[99]然而，政治學家彼得・菲耶（Peter Feaver）和艾瑞克・羅伯（Eric Lorber）指出，若將制裁與美元的影響力結合起來，便能澈底改變遊戲規則。[100]

小布希政府原本計劃入侵伊拉克，目的之一是藉此迅速推翻伊朗政權，但這項計畫未能如願。二〇〇六年一月，史都華・李維產生了一個新構想。他在巴林（Bahrain）旅行時，讀到一則瑞士大銀行切斷與伊朗往來關係的新聞報導，促使他思考美國財政部是否也能說服其他外國銀行採取同樣行動。[101]同年二月，李維在一架美國政府專機上向國務卿康朵莉莎・萊斯提出這個構想，並且獲得萊斯的認同。財政部早已了解，「若無法使用美元，大型企業根本無法正常運作」。[102]現在，他們即將見證切斷一個大國的美元使用管道會引發什麼後果。

李維首先封堵了伊朗銀行通過後門使用美元清算的途徑。[103]購買伊朗石油的國家必須支付款項，而由於石油以美元計價，當德國或法國的買家購買石油時，其銀行需要透過設在美國的代理銀行進行交易清算。此前，美國對伊朗的制裁措施特別允許伊朗公司進行所謂的「迴轉交易」

（U-turn transaction），[104]即透過美元清算系統，將資金從一家非美國銀行轉移到另一家非美國銀行。這一例外規定實際上承認了美元在全球金融交易中的核心地位，也反映了美國對美元清算若被政治化可能導致其他國家放棄使用的憂慮。然而，該例外措施並非不可改變，一旦局勢發生變化，它便可能被撤銷。

二〇〇六年，美國財政部禁止伊朗的大型銀行——薩德拉特銀行（Bank Saderat）使用迴轉交易，理由是該銀行向真主黨（Hezbollah）轉移資金。隨後，美國在接下來的兩年內陸續制裁其他伊朗銀行，到二〇〇八年底，已完全阻止伊朗銀行使用該系統。二〇一二年，國會通過新法，禁止美國銀行向與伊朗中央銀行或其他指定銀行有業務往來的外國銀行提供代理帳戶。即使是外國的中央銀行也不得擁有這類帳戶。根據新法律，財政部必須對任何協助伊朗能源、航運及造船業進行「重大」交易的外國銀行採取措施。[105]然而，其他國家並未像美國曾擔心的那樣反對此措施，這讓美國得以進一步加大壓力。到二〇一五年，由歐巴馬提名、負責恐怖主義與金融犯罪事務的國務次卿亞當・祖賓（Adam Szubin）向國會確認：「沒有任何伊朗銀行能夠進入美國金融體系……甚至無法完成在紐約清算銀行瞬間完成的任何美元交易。」[106]

這些法律措施與一種新型的國際外交方式並行推進。李維和其他財政部官員走訪世界各國，但他們的目標不在於與當地政府官員會談，而是直接拜訪銀行。[107]他們以委婉的語氣表達了堅定的立場：任何與伊朗有任何往來的銀行——即使這種關係在美國法律上名義合法——都可能面臨美國監管機關的嚴厲打擊。在一份內部備忘錄中，匯豐銀行的法令遵循主管大衛・巴格利（David Bagley）向其執行長描述了李維於二〇〇七年六月的一次會議中質疑匯豐銀行的情況。[108]李維指稱某個特定的匯豐客戶正在為伊朗提供資金管道。據巴格利描述：「李維實際上是在威脅，如果匯豐銀行不終止與[redacted]的關係（編按：塗黑處為原書寫明未通過審查而隱去），我們很可能會成為美國採取行動的目標。」一家美國律師事務所指出，規範與伊朗金融往來的法規「有時似乎刻意寫得模糊不清」。[109]正因為規則越模糊，外國銀行越擔心模糊的條款最終可能被解讀為對其不利，因此更加傾向於避免與伊朗有任何形式的接觸。

二〇〇九年初，歐巴馬接替小布希擔任總統，試圖與伊朗建立更為友好的關係。然而，同年伊朗對反政府的大規模示威活動進行殘酷鎮壓，同時在核武研發方面持續推進，導致這些努力付諸東流。包括祖賓在內的新一代財政部官員，開始在前任共和黨政府奠定的基礎上，運用制裁措施和美元影響力，迫使伊朗政權放棄核武計畫。

他們發現 SWIFT 也可以成為對付伊朗的武器。自二〇〇八年起，以大使理查・郝爾布魯克

（Richard Holbrooke）和丹尼斯・羅斯（Dennis Ross）為首的一批美國知名政策制定者，發起了名為「聯合反對核伊朗」（United Against Nuclear Iran, UANI）的民間行動，以加大對伊朗政權的壓力。該組織指控 SWIFT 是協助伊朗進入全球市場的幫兇。[110]根據 SWIFT 二〇一〇年的年度報告，當時共有十九家伊朗銀行和二十五家其他伊朗機構可以使用其金融報文系統。[111]

二〇一二年一月，UANI 致函 SWIFT，指出「伊朗正利用全球 SWIFT 系統為其核武計畫籌措資金，資助恐怖活動，並為其殘酷鎮壓人民提供財政支持。」[112]不久後，國會一致通過一項法案，強制要求 SWIFT 將伊朗銀行排除在系統之外，[113]此舉與行政部門的立場相左（因政府擔心此舉會引發國際反彈）。對此，歐盟在美國施壓下，加上其本身對伊朗核計畫的憂慮，通過了禁止 SWIFT 與受制裁機構往來的法規。[114]SWIFT 隨即遵從規定，實質上將伊朗銀行排除在全球支付系統之外，其執行長稱此為「一項非同尋常且史無前例的決定」。[115]

美國的制裁及切斷伊朗使用 SWIFT 的權限，對伊朗政權造成了嚴重的經濟衝擊。伊朗無法收取石油出口的貨款，[116]且因被迫直接以石油換取「印度的小麥和茶葉、烏拉圭的大米，以及中國的拉鍊和磚塊」，導致其原油出口量從每日近三百萬桶驟降至僅七十五萬桶。解除制裁與恢復 SWIFT 使用權，遂成為伊朗核計畫談判討價還價的關鍵點。[117]當美國與其他大國展開正式談判時，伊朗外交部長賈瓦德・扎里夫（Javad Zarif）明確表示：「協議的成敗完全取決於美國是願意解除制裁，還是選擇繼續維持。」[118]

如果美國沒有發現其新的超級能力——以美元清算系統為武器來對抗其敵手——伊朗幾乎不可能在其核武發展計畫上作出重大讓步。在《聯合全面行動計畫》（Joint Comprehensive Plan of Action, JCPOA）中，美國與其他主要大國同意停止對伊朗石油業和銀行的制裁，撤銷若干關鍵指控，並允許伊朗重新接入SWIFT，但並未同意取消其對伊朗的國內制裁。

然而，撤銷國際措施幾乎是不可能的。一種基於製造恐懼、敬畏和威懾的政策，無法像水龍頭一樣隨意開關。當歐巴馬政府官員敦促歐洲銀行向伊朗提供貸款，並鼓勵企業在伊朗進行投資時，他們發現幾乎無人響應。[119]銀行和企業擔心美國當局可能會再次改變立場，利用ＯＦＡＣ模糊的裁定和規則，指控他們違反制裁並施以嚴厲懲罰。

美國已經讓自身變得過於強大，以致於難以取信於人——它無法令人信服地保證，在不同的政府或對規則的不同解釋下，不會對企業失信。史都華・李維在離開政壇後擔任匯豐銀行的首席法務官，他在《華爾街日報》（*Wall Street Journal*）上撰文抱怨，歐巴馬政府正「推動非美國銀行去從事美國銀行仍然被禁止的行為」。[120]他還強烈暗示，目前或未來的美國監管機關可能會選擇懲罰進入伊朗市場的銀行。曾擔任北韓核計畫六方會談美國代表團團長的克里斯多夫・希爾（Christopher Hill）用直白的語言描述了這一問題：財政部啟動了一個「無法停止的制裁機器」。[121]

還有其他問題。小布希政府的一位官員芮秋・洛夫勒（Rachel Loeffler）在離職後警告說，新的金融武器如果被過度使用，可能會「失去效力」，[122]不僅損害美國的信譽，還會疏遠那些原本應該配合執行制裁的銀行。

歐巴馬的財政部長傑克・盧的見解更為深刻。二〇一六年三月，在即將卸任前的一次演講中，他深入思考了美國強大的金融力量，以及這種力量最終可能如何反噬自身。[123]盧認識到金融制裁已成為「為明確且協調的外交政策目標服務的強大工具」，他指出：「我們制裁的力量與我們在全球的領導地位密不可分。」如果美國不是「世界最大的經濟體」，如果美國金融體系沒有「在全球商貿中扮演主導角色」，美國的制裁就不會有效。然而，這種制裁手段既帶來誘惑，也埋下隱患。正因為制裁看似效果顯著，決策者在面對新的危機時可能會把它當作首選對策。

盧提出，這種做法不僅會隨時間推移削弱其效力，還可能動搖美國在全球經濟中的主導地位。過度擴張可能「最終導致商業活動遠離美國金融體系」。誠然，要重塑全球金融體系使美國不再居於核心地位，這是極其困難的，其他潛在的金融中心也都舉步維艱：倫敦金融城正在應對脫歐帶來的衝擊，而香港則因中國削弱其自治而實力受損。然而，盧後來警告說「金融管道正在被測試」以「逐步削弱」美國的「中心地位」，[124]這番話恰如其分地描述了俄羅斯和土耳其等國努力建立規避美國監控的金融紐帶，以及中國悄然但堅定地打造自己的替代性全球金融體系的種種作為。

＊　＊　＊

如同在其他領域，美國已成功地制定了世界運作的規則，從而重塑了整個世界。然而，隨著美國的權力愈發昭然，且愈願意運用這種權力，其他國家政府和企業也愈發有理由去建立自己的替代性規則體系。也許他們可以重新設計網絡，使其不再高度集中，也不再那麼容易受制於美國的權力；他們也可以隱身於複雜的系統運作之中，或建立自己的分支系統，與主體網絡若即若離；又或者，他們可以效仿美國的做法，建立自己的中央化網絡，作為另一個權力和權威的來源。

註釋

1 National Security Agency, "Special Source Operations: Corporate Partner Access," retrieved on November 7, 2022, from https://www.aclu.org/sites/default/files/fielddocument/Special%20Source%20Operations%20(Corporate%20Partners).pdf.

2 "AD 1493: The Pope Asserts Rights to Colonize, Convert, and Enslave," U.S. National Library of Medicine timeline, retrieved on July 28, 2021, from https://www.nlm.nih.gov/nativevoices/timeline/171.html.

3 China Miéville, Between Equal Rights: A Marxist Theory of International Law (London: Brill, 2005).

4 On the relationship between the pope's division of the world and John Dee's maps for Queen Elizabeth, see Christopher Whitby, "John Dee's Actions with Spirits, 22 December 1581 to 23 May 1583," (PhD diss., University of Birmingham, 1981), vol. 1, 388-89.

5 Glyn Parry, "John Dee and the Elizabethan British Empire in Its European Context," *Historical Journal* 49, no. 3 (2006): 643-75.

6 William H. Sherman, "Putting the British Seas on the Map: John Dee's Imperial Cartography," *Cartographica* 35, nos. 3-4 (1998): 1-10.

7 "The Origins of NSA," Center for Cryptologic History, National Security Agency, retrieved on November 29, 2021, from https://www.nsa.gov/portals/75/documents/about/cryptologic-heritage/historical-figures-publications/publications/NSACSS/originsofnsa.pdf?ver=2019-08-09-091926-677.

8 Julia Angwin, Charlie Savage, Jeff Larson, Henrik Moltke, Laura Poitras, and James Risen, "AT&T Helped U.S. Spy on Internet on a Vast Scale," *New York Times*, August 15, 2015.

9 "NSA Slides Explain the PRISM Data-Collection Program," *Washington Post*, July 10, 2013.

10 Michael V. Hayden, "Statement for the Record by Lt Gen Michael V. Hayden, USAF, Director before the House Permanent Select Committee on Intelligence," speech, April 12, 2000, retrieved on November 7, 2022, from https://www.nsa.gov/Press-Room/Speeches-Testimony/Article-View/Article/1620510/statement-for-the-record-by-lt-gen-michael-v-hayden-usaf-director-before-the-ho/.

11 Matthew M. Aid and William Burr, "'Disreputable If Not Outright Illegal': The National Security Agency Versus Martin Luther King, Muhammad Ali, Art Buchwald, Frank Church, et al.," National Security Archives, George Washington University, September 25, 2013.

12 Vernon Loeb, "Test of Strength," *Washington Post*, July 29, 2001.

13 *Statement for the Record of NSA Director Lt Gen Michael V. Hayden, USAF, House Permanent Select Committee on Intelligence*, 12 April 2000, retrieved on July 28, 2021, from https://fas.org/irp/congress/2000hr/hayden.html(checked July 28, 2021).

14 Michael V. Hayden, *Playing to the Edge: American Intelligence in the Age of Terror* (New York: Penguin, 2016), 4.

15 Loeb, "Test of Strength."

16 Duncan Campbell, "My Life Unmasking British Eavesdroppers," *Intercept*, August 3, 2015. For a broader history, see Patrick Radden Keefe, *Chatter: Dispatches from the Secret World of Global Eavesdropping* (New York: Random House, 2005).

17 Phil Edwards, "A Map of All the Underwater Cables That Connect the Internet," *Vox*, November 8, 2015.

18 Franco Piodi and Iolanda Mombelli, *The Echelon Affair: The EP and the Global Interception System*, Historical Archives Unit, European Parliamentary Research Service, November 2014.

19 Whitfield Diffie and Susan Landau, *Privacy on the Line: The Politics of Wiretapping and Encryption* (Cambridge, MA: MIT Press, 1998). The word "apparently" is used deliberately. It turned out later that the NSA used its influence over cryptographic standards to create at least one standard that it could easily compromise. See Nicole Perlroth, Jeff Larson, and Scott Shane, "N.S.A. Able to Foil Basic Safeguards of Privacy on Web," *New York Times*, September, 2013.

20 NSA*'s Key Role in Major Developments in Computer Science*, National Security Agency, July 19, 2017, retrieved on August 29, 2022, from https://www.nsa.gov/portals/75/documents/news-features/declassified-documents/nsa-early-computer-history/6586785-nsa-key-role-in-major-developments-in-computer-science.pdf.

21 Shane Harris, "The NSA's Patents, in One Searchable Database," *Foreign Policy*, July 30, 2014.

22 Hayden, *Playing to the Edge*, 1.

23 Jamie McIntyre and Pam Benson, "U.S. Intelligence Computer Crashes for Nearly 3 Days," CNN, January 29, 2000.

24 Hayden, *Playing to the Edge*, 12.

25 Loeb, "Test of Strength."

26 Loeb, "Test of Strength."

27 "Statement for the Record by Lieutenant General Michael V. Hayden, USAF Director, National Security Agency/Chief, Central Security Service, before the Joint Inquiry of the Senate Select Committee on Intelligence and the House Permanent Select Committee on Intelligence,"

October 17, 2002; "Remarks by General Michael V. Hayden: What American Intelligence and Especially the NSA Have Been Doing to Defend the Nation," National Press Club, January 23, 2006.

28 Bruce W. Don, David R. Frelinger, Scott Gerwehr, Eric Landree, and Brian A. Jackson, *Network Technologies for Networked Terrorists: Assessing the Value of Information and Communication Technologies to Modern Terrorist Organizations* (Santa Monica, CA: RAND, 2007).

29 John Roth, Douglas Greenburg, and Serena Wille, "Monograph on Terrorist Financing: Staff Report to the Commission," National Commission on Terrorist Attacks Upon the United States, Washington, DC, August 24, 2004, retrieved on November 29, 2021, from https://govinfo.library.unt.edu/911/staff_statements/911_TerrFin_Monograph.pdf.

30 Hayden, "Remarks by General Michael V. Hayden."

31 Hayden, *Playing to the Edge*, 405.

32 "Michael V. Hayden, who led the NSA on 9/11 and later took over the CIA, was fond of saying that in carrying out intelligence activities, 'I had a duty to play aggressively—right up to the line.' ... The catch was that the Bush legal team's secret memos defined what those legal limits were—and weren't." Charlie Savage, *Power Wars: Inside Obama's Post-9/11 Presidency* (New York: Little, Brown, 2017), 45-46.

33 Hayden, *Playing to the Edge*, 132.

34 Savage, *Power Wars; Laura K. Donohue, The Future of Foreign Intelligence: Privacy and Surveillance in a Digital Age* (New York: Oxford University Press, 2016); and Jennifer Stisa Granick, *American Spies: Modern Surveillance, Why You Should Care, and What to Do about It* (New York: Cambridge University Press, 2017).

35 Granick, *American Spies*.

36 Granick, *American Spies*.

37 Hayden, *Playing to the Edge*, 132.

38 Hayden, *Playing to the Edge*, 132.

39 Hayden, *Playing to the Edge*, 141-42.

40 Hayden, *Playing to the Edge*, 146.

41 Our account draws on Mark Klein, *Wiring Up the Big Brother Machine ... and Fighting It* (Charleston, SC: Booksurge, 2009), and our interview with Mark Klein, conducted on August 5, 2021.

42 Ryan Gallagher and Henrik Moltke, "The Wiretap Rooms: The NSA's Hidden Spy Hubs in Eight U.S. Cities," *Intercept*, June 25, 2018.

43 Klein, *Wiring Up the Big Brother Machine*, 42.

44 Gallagher and Moltke, "The Wiretap Rooms."

45 Quoted in an NSA slideshow, "SSO Corporate Portfolio Overview," retrieved on August 29, 2022, from https://www.eff.org/files/2015/08/15/20150815-nyt-att-fairview-stormbrew.pdf.

46 Craig Timberg and Barton Gellman, "NSA Paying U.S. Companies for Access to Communications Networks," *Washington Post*, August 29, 2013.

47 Craig Timberg and Ellen Nakashima, "Agreements with Private Companies Protect U.S. Access to Cables' Data for Surveillance," *Washington Post*, July 6, 2013.

48 National Security Agency, *PRISM/US-984-XN Overview*, retrieved on November 29, 2021, from https://nsa.gov1.info/dni/prism.html.

49 Eric Lichtblau and James Risen, "Spy Agency Mined Vast Data Trove, Officials Report," *New York Times*, December 24, 2005.

50 Craig Timberg, "U.S. Threatened Massive Fine to Force Yahoo to Release Data," *Washington Post*, September 11, 2014.

51 Michael Hirsh and National Journal, "Silicon Valley Doesn't Just Help the Surveillance State—It Built It," *Atlantic*, June 10, 2013.

52 Brad Smith, interviewed by Cameron Kerry, "The Future of Global Technology, Privacy, and Regulation," Brookings Institution, Washington, DC, June 24, 2014, retrieved on November 29, 2021, from https://news.microsoft.com/download/exec/smith/2014/06-24brookingsinstitution.pdf.

53 Keefe, *Chatter*, 238.

54 Henry Farrell and Abraham Newman, *Of Privacy and Power: The Transatlantic Struggle over Freedom and Security* (Princeton, NJ: Princeton University Press, 2019).

55 David E. Sanger, "Global Crises Put Obama's Strategy of Caution to the Test," *New York Times*, March 16, 2014.

56 David Aufhauser, "Testimony: Counterterror Initiatives in the Terror Finance Program," *Hearings before the Committee on Banking, Housing, and Urban Affairs, United States Senate, September 25, October 22, 2003, and April 29 and September 29, 2004*, retrieved on October 1, 2021, from https://www.govinfo.gov/content/pkg/CHRG-108shrg20396/html/CHRG-108shrg20396.htm.

57 Roth, Greenburg, and Wille, "Monograph on Terrorist Financing," 5.

58 Roth, Greenburg, and Wille, "Monograph on Terrorist Financing," 4.

59 John B. Taylor, *Global Financial Warriors: The Untold Story of International Finance in the Post-9/11 World* (New York: W. W. Norton, 2008),

xxv.

60 Juan Carlos Zarate, *Treasury's War: The Unleashing of a New Era of Financial Warfare* (New York: PublicAffairs, 2013), 60.

61 Quotes here and in next paragraph from David Aufhauser, "Testimony: An Assessment of the Tools Needed to Fight the Financing of Terrorism," *Hearing before the Committee on the Judiciary, United States Senate, November 20, 2002*, serial no. J-107-112.

62 Aufhauser, "Testimony: An Assessment of the Tools Needed to Fight the Financing of Terrorism."

63 Eric Lichtblau, *Bush's Law: The Remaking of American Justice* (New York: Pantheon, 2008), 253.

64 Lichtblau, *Bush's Law*, 253.

65 Zarate, *Treasury's War*, 50.

66 Lichtblau, *Bush's Law*, 242.

67 Scott and Zachariadis, *The Society for Worldwide Interbank Financial Telecommunication*, 128.

68 Scott and Zachariadis, *The Society for Worldwide Interbank Financial Telecommunication*, 128.

69 Katy Burne and Robin Sidel, "Hackers Ran Through Holes in Swift's Network," *Wall Street Journal*, April 30, 2017.

70 "NSA Spies on International Payments," *Der Spiegel*, September 15, 2013, retrieved on September 29, 2021, from https://www.spiegel.de/international/world/spiegel-exclusive-nsa-spies-on-international-bank-transactions-a-922276.html; Clare Baldwin, "Hackers Release Files Indicating NSA Monitored Global Bank Transfers," Reuters, April 14, 2017, retrieved on September 29, 2021, from https://www.reuters.com/article/us-usa-cyber-swift/hackers-release-files-indicating-nsa-monitored-global-bank-transfers-idUSKBN17G1HC.

71 Zarate, *Treasury's War*, 52. Eric Lichtblau reports Schrank using the same words in *Bush's Law*, though they differ over where the meeting took place (Washington, DC, or Brussels).

72 Eric Lichtblau and James Risen, "Bank Data Is Sifted in Secret to Block Terror," *New York Times*, June 23, 2006.

73 Zarate, *Treasury's War*, 50.

74 Zarate, *Treasury's War*, 58.

75 Farrell and Newman, *Of Privacy and Power*.

76 Lichtblau and Risen, "Bank Data Is Sifted in Secret to Block Terror."

77 We provide a detailed account of the negotiation of this deal in *Of Privacy and Power*.

78 Zarate, *Treasury's War*, xiii.

79 George W. Bush, "Address to a Joint Session of Congress and the American People," White House, September 20, 2001, available at https://georgewbush-whitehouse.archives.gov/news/releases/2001/09/20010920-8.html.

80 Taylor, *Global Financial Warriors*, 6.

81 George W. Bush, "Remarks to Federal Emergency Management Agency Employees Online by Gerhard Peters and John T. Woolley," American Presidency Project, October 1, 2001, available at https://www.presidency.ucsb.edu/documents/remarks-federal-emergency-management-agency-employees.

82 Taylor, *Global Financial Warriors*.

83 Suzanne Katzenstein, "Dollar Unilateralism: The New Frontline of National Security," *Indiana Law Journal* 90 (2015): 292-351.

84 David L. Asher, "Pressuring Kim Jong-Il: The North Korean Illicit Activities Initiative, 2001-2006," in David Asher, Patrick M. Cronin, and Victor Comras, eds., *Pressure: Coercive Economic Statecraft and U.S. National Security* (Washington, DC: Center for a New American Security, 2011), 34.

85 Zarate, *Treasury's War*, 219.

86 Joanna Caytas, "Weaponizing Finance: U.S. and European Options, Tools, and Policies," *Columbia Journal of European Law* 23, no. 2 (2017): 441-75.

87 Asher, "Pressuring Kim Jong-II," 44.

88 Zarate, *Treasury's War*, 245.

89 Authors' interview with Victor Cha, November 2, 2021.

90 Asher, "Pressuring Kim Jong-Il."

91 Anna Yukhananov, "After Success on Iran, US Treasury's Sanctions Team Faces New Challenges," Reuters, April 14, 2014.

92 Zarate, *Treasury's War*, 102.

93 Cornelia Woll, "Economic Lawfare: The Geopolitics of Corporate Justice," GRIPE: Global Research in International Political Economy, Webinar in IPE, March 3, 2021, retrieved on December 1, 2022 from https://s18798.pcdn.co/gripe/wp-content/uploads/sites/18249/2021/02/Woll-GRIPE-Corporate-Prosecutions.pdf.

94 Bryan Early and Kevin Preble, "Going Fishing Versus Hunting Whales: Explaining Changes in How the US Enforces Economic Sanctions," *Security Studies* 29, no. 2 (2020): 231-67.

95 Department of Justice, "BNP Paribas Agrees to Plead Guilty and to Pay $8.9 Billion for Illegally Processing Financial Transactions for Countries Subject to U.S. Economic Sanctions," press release, June 20, 2014, https://www.justice.gov/opa/pr/bnp-paribas-agrees-plead-guilty-and-pay-89-billion-illegally-processing-financial.

96 *Testimony of Stuart Levey, Under Secretary for Terrorism and Financial Intelligence before the Senate Committee on Banking, Housing and Urban Affairs, March 21, 2007*, retrieved on December 2, 2022, from https://web.archive.org/web/20140605060731/https://www.treasury.gov/press-center/press-releases/Pages/hp325.aspx.

97 Pierre-Hugues Verdier, *Global Banks on Trial: U.S. Prosecutions and the Remaking of International Finance* (New York: Oxford University Press, 2020).

98 Verdier, *Global Banks*, 137.

99 Anu Bradford and Omri Ben-Shahar, "Efficient Enforcement in International Law," *Chicago Journal of International Law* 12 (2012), 390.

100 Peter Feaver and Eric Lorber, *Coercive Diplomacy and the New Financial Levers: Evaluating the Intended and Unintended Consequences of Financial Sanctions* (London: Legatum Institute, 2010).

101 Robin Wright, "Stuart Levey's War," *New York Times*, October 31, 2008.

102 Jay Solomon, *The Iran Wars: Spy Games, Bank Battles and the Secret Deals That Reshaped the Middle East* (New York: Random House, 2016), 145.

103 Katzenstein, "Dollar Unilateralism."

104 Katzenstein, "Dollar Unilateralism," 316.

105 Iran Freedom and Counterproliferation, U.S. Code Ch. 95, Title 22 Foreign Relations and Intercourse (2013).

106 *Committee on Banking, Housing and Urban Affairs, United States Senate, Hearing on the Nomination of Adam J. Szubin to Be Under Secretary for Terrorism and Financial Crimes, Department of the Treasury, September 15, 2015*, retrieved on October 15, 2021, from https://www.congress.gov/114/chrg/shrg97884/CHRG-114shrg97884.htm.

107 Rachel L. Loeffler, "Bank Shots: How the Financial System Can Isolate Rogues," *Foreign Affairs* 88, no. 2 (March/April 2009): 101-10.

108 *U.S. Vulnerabilities to Money Laundering, Drugs, and Terrorist Financing: HSBC Case History, Majority and Minority Staff Report. Permanent Subcommittee on Investigations. United States Senate. Released in Conjunction with the Permanent Subcommittee on Investigations, July 17, 2012, Hearing, 165*, retrieved on October 10, 2021, from https://www.hsgac.senate.gov/imo/media/doc/PSI%20REPORT-HSBC%20CASE%20

HISTORY%20(9.6).pdf.

109 Sean M. Thornton, "Iran, Non-U. S. Banks and Secondary Sanctions: Understanding the Trends," Skadden, Arps, Slate, Meagher and Flom LLP, retrieved on October 10, 2021, from https://www.jdsupra.com/post/contentViewerEmbed.aspx?fid=1bb53e84-6c76-429d-ac09-4129c821ba8c.

110 United Against Nuclear Iran, *SWIFT Campaign* (Washington, DC: UANI, 2012).

111 *Annual Review 2010: Common Challenges, Unique Solutions*, SWIFT, Brussels, 2010.

112 Letter re: SWIFT and Iran, UANI, January 30, 2012, retrieved on August 29, 2022, from https://www.unitedagainstnucleariran.com/sites/default/files/IBR%20Correspondence /UANI_Letter_to_SWIFT_013012.pdf.

113 Sascha Lohmann, "The Convergence of Transatlantic Sanction Policy against Iran," *Cambridge Review of International Affairs* 29, no. 3 (2016): 930-51.

114 "US Presses EU to Close SWIFT Network to Iran," Agence France Presse, February 16, 2012; Samuel Rubenfeld, "SWIFT to Comply with EU Ban on Blacklisted Entities," *Wall Street Journal*, March 15, 2018.

115 Reuters staff, "Payments System SWIFT to Cut Off Iranian Banks," Reuters, March 15, 2012.

116 Jay Solomon, *The Iran Wars*, 201, 206.

117 Henry Farrell and Abraham Newman, "Weaponized Interdependence: How Global Economic Networks Shape State Coercion," *International Security* 44 (2019): 42-79.

118 Aaron Arnold, "The True Cost of Financial Sanctions," *Survival* 58 (2016), 85.

119 Laurence Norman, "U.S., EU Urge European Banks, Businesses to Invest in Iran," *Wall Street Journal*, May 19, 2016.

120 Stuart Levey, "Kerry's Peculiar Message about Iran for European Banks," *Wall Street Journal*, May 12, 2016.

121 Christopher Hill, *Outpost: A Diplomat at Work* (New York: Simon & Schuster, 2015), 248. See Hill more generally on the Six Party Talks.

122 Loeffler, "Bank Shots," 110.

123 Jack Lew, "Remarks of Secretary Lew on the Evolution of Sanctions and Lessons for the Future," delivered at the Carnegie Endowment for International Peace, Washington, DC, May 30, 2016.

124 David A. Wemer, "Buy-In from Allies Critical for Effective Sanctions, Says Former U.S. Treasury Secretary Lew," *Atlantic Council*, February 19, 2019, retrieved on December 1, 2022, from https://www.atlanticcouncil.org/blogs/new-atlanticist/buy-in-from-allies-critical-for-effective-sanctions-says-former-us-treasury-secretary-lew/.

第三章　沒有硝煙的戰爭

當孟晚舟終於返回公司深圳總部時，受到了一群激動不已的員工熱烈歡迎。他們揮舞拳頭，興奮地用手機拍攝影片，揮手致意，臉上洋溢著燦爛的笑容，並紛紛豎起大拇指以示歡迎。[1]不僅員工們情緒高漲，「孟晚舟重返工作崗位」更登上了中國主要社交媒體平台微博的熱搜榜首。[2]

孟晚舟是中國電信巨頭華為的財務長，也是公司創始人任正非之女。她因抗拒美國就銀行詐欺指控的引渡要求，在溫哥華豪宅中被軟禁，度過了「海外三年的煎熬」。[3]最終，她的律師團隊與美方達成協議，得以返回中國。當她的航班降落時，適逢中國國慶前夕，機場迎接的群眾揮舞著國旗，高唱〈祖國頌〉歡迎她歸來。[4]孟晚舟以一襲紅裝彰顯愛國之情，並深情表示：「如果信仰有顏色，那一定是中國紅。」[5]

華為絕非一家普通的中國企業。在創業初期的電信貿易展會上，華為的展位雖然冷清，卻始終飄揚著五星紅旗。[6]隨著華為的迅速崛起，中國也逐漸以華為的姿態示人，並以其形象為榮（譯註：華為的企業代表色同樣是紅色）。這是一家能與全球頂尖企業競爭並屢次擊敗對手的中國公司。

然而，機場的盛大歡迎背後卻掩藏著一個殘酷現實：孟晚舟此番歸來並非勝利凱旋。當初她離開時，華為不僅是全球最大的電信設備製造商，更有望躍居全球智慧型手機品牌之首。[7]最為關鍵的是，華為正在布局下一代網際網路的基礎建設。但在孟晚舟滯留加拿大期間，美國政府發動了一場前所未有的打擊行動，系統性地摧毀華為的全球布局。美方不僅切斷華為獲取先進晶片的管道，重創其手機業務，還以斷絕關鍵情報共享為要脅，迫使盟國放棄採用華為的電信設備。

事實上，華為如今已陷入困境，不得不奮力轉型，嘗試在智慧汽車、伺服器機房等新領域找到突破口。簡而言之，只要是不依賴最新一代晶片、不會直接觸怒美國的科技產品，華為都願意投入。回顧其早期歷程，華為曾是一家規模微小的貿易公司，致力於尋找所有可能帶來利潤的買賣。而如今，這個擁有近二十萬名員工的商業巨擘，卻被迫再次重拾初創時的靈活策略，四處尋求新的市場與商機。

孟晚舟的被捕標誌著美中關係發生重大轉折。在經歷了二十多年日益深化的經濟聯繫後，美國政府對中國企業——尤其是華為——的戒備與日俱增。最終，美方基於這些疑慮採取了行動。美國政府利用其在全球金融、資訊和科技領域的絕對優勢，全面遏制華為。它深恐若不採取行動，華為將協助中國構建一個以影響力和控制力為基礎的全球帝國。

金融領域為美國的反制措施提供了法律基礎。華為的違法行為牽涉一家國際銀行，孟晚舟因此捲入困境。而資訊則成為行動的契機。作為華為的往來銀行，匯豐被迫向美國提供數據，證明孟晚舟涉及非法活動。此外，美國利用自身對半導體供應鏈的控制權作為武器，進一步將華為排除在其主要營收來源的市場之外。

任正非將女兒形容為一場更大衝突中的無辜受害者，表示「在中美貿易戰的宏大背景下，孟晚舟不過是兩個大國碰撞中夾縫裡的一隻小螞蟻」。[8]然而，許多美國決策者卻持截然不同的看法。他們擔憂，華為可能通過建立一個由中國掌控的系統——涵蓋海底電纜、基站和路由交換設備——削弱美國在網際網路領域的霸權地位。美國的目標不僅僅是限制華為獲取軍事級技術或改變貿易流向，而是要防止華為動搖其既有的霸主地位。

華為的全球影響力並非源於中國的精心策劃（儘管許多美國政治人物深信不疑），不過美國從自身經驗深刻體會到：商業優勢能以驚人的速度轉化為帝國實力。中國和華為都認為自己是劣勢的一方，奮力對抗根基深厚的強大對手。中國政府將自身行動稱為一場「沒有硝煙的戰爭」，[9]以抵禦美國試圖改變中國政治和社會的種種企圖。中國的政治人物和國防專家則以「殺手鐧」等辛辣術語來形容其可用以重新平衡局勢的祕密戰術。同樣地，華為也將「追求市場主導地位」視為對抗主導強權的一場不平等鬥爭。該公司遵循毛澤東的游擊戰原則：先在農村建立根據地，以農村包圍城市、逐步奪取城市。[10]

圍繞華為的角力不僅是關於手機或通訊基站的經濟糾紛，而是一場新階段的殘酷鬥爭——一場在掌控全球經濟命脈的帝國與自視為受害者的崛起強權之間展開的對抗。美國的地下帝國部分源於歷史機緣，但既然已經建成，便將不惜一切代價加以維護。而中國，無論是為了抵禦美國帝國的侵略、為了建立自身帝國，還是兩者兼具，也將竭盡全力保全自身，並積累足夠實力以挑戰美國的主導地位。

＊　＊　＊

在風光時期，華為喜歡將自己比作一支軍隊，憑藉縝密策略和無情手段，征服了以慘烈競爭著稱的中國電信市場。正如任正非在一次內部講話中所警告，電信業是「最艱難、風險最大」的經濟領域，但「市場……只會尊重勇者。華為若要生存，就必須為自己殺出一條血路」。[11]

血腥的比喻未必就意味著現實真的如此殘酷。那些讓英語使用者感到陌生的詞彙，未必比足球評論員用「屠殺」或「血洗」來形容球隊的慘敗更具威脅性。然而，任正非似乎比大多數人更富有「血腥思維」。他於一九九八年創辦了華為大學，致力於向公司領導層灌輸「做生意就是打仗」的軍事化思維，將管理培訓視為「部隊思想教育」。這所大學的核心理念是「市場即戰場」。課程內容包括「戰爭法則的特殊性與本質」、「戰爭的指導方針與策略」[12]以及「重讀《孫子兵法》」，同時也融入了佛教哲學與西方藝術等多元化的內容。

任正非的商業戰略靈感來自毛澤東，毛澤東以非正規戰術贏得中國。他那條看似不可能的掌權之路，實際上是建立在二十世紀初一些非正規軍事領導人如愛爾蘭的麥可・柯林斯（Michael Collins）的經驗教訓上。從無人關注的鄉村和偏遠地區出發，積蓄力量，包圍城市，最終奪取城市。

華為同樣是從農村崛起的。任正非常提起自己在中國一個貧困且默默無聞的地區長大的經歷。文化大革命期間，他在重慶建築工程學院（現已併入重慶大學）求學。[13]那時，毛澤東的學生幹部試圖讓中國回歸革命傳統，將知識分子「下放到農村」，在惡劣的條件下與農民一同勞動。然而，任正非並不屬於知識分子之列。他保持低調，選擇加入人民解放軍工程兵部隊，在那裡服役了十年。

退伍幾年後，任正非在沿海小城深圳創業。此時毛澤東已去世，而他的繼任者鄧小平希望迅速推動現代中國經濟的發展，而深圳成為這場改革的試驗場。一九七八年，在鄧小平擊敗政敵、成為公認領導人之前，中國開始在一個特區試行新政策，這個特區後來發展為深圳經濟特區。[14]在鞏固權力的過程中，鄧小平採取謹慎態度，借鑑了更為市場導向的南斯拉夫共產主義模式，將其作為意識形態上更能接受的替代方案，來取代毛澤東粗暴而殘酷的馬克思主義版本。逐漸地，深圳特區成為共產主義國家實行市場經濟的先驅。

起初，任正非只是眾多想在新中國賺錢卻尚未找到明確方向的企業家之一。相比其他人，他或許擁有更深厚的政治背景——他曾是中國共產黨第十二次全國代表大會的代表。[15]然而，他也花了一段時間才捕捉到明確的商機。華為的起步極為簡單，只是一家從事兒童氣球和火災警報器買賣的貿易公司。當任正非的公司偶然涉足電話交換機業務時，他敏銳地看到了真正的機會：要擺脫農村貧困的困境，中國必須建設現代化的電話系統，這需要完善的網絡，而網絡建設則離不開交換機。華為從進口和銷售交換機起家，逐步掌握自主生產技術，最終邁向獨立創新之路。在接下來的幾年裡，華為成功轉型為電信設備製造商，與市場上的競爭者爭奪客戶，積極推動網絡建設。

華為以毛澤東的話來形容其早期戰略：「立足鄉村，包圍城市」。[16]它刻意迴避與更強大的對手正面交鋒，而是巧妙繞過大城市這一傳統競爭市場。任正非制定了「一系列精準且有針對性的作戰計畫」，[17]專注於那些被大公司忽略甚至輕視的鄉村市場。華為與鄉村客戶建立起穩固而深厚的合作關係，將他們逐步納入更廣泛的網絡體系中，持續積累資源和實力，最終在對手的核心市場站穩腳跟，並逐步展開競爭。

一本讚頌任正非的著作中提到：華為就像一群狼，[18]為了擊敗一頭大獅子，狼群會「運用各種非常規手段，從邊緣地帶逐步蠶食至核心區域……憑藉其無可匹敵的適應能力和對市場的深刻理解，化解獅子的技術優勢。」曾經主導中國電信市場的這些「獅子」——上海貝爾、巨龍資訊科技集團（Great Dragon）和美國製造商朗訊（Lucent）等行業巨頭——最終不是屈服，就是被併購，要麼被迫撤出中國市場。

其他中國企業同樣不得不在美國主導的世界秩序中艱難奮戰，力求爭得一席之地。這些新興公司迫切需要外國投資，而他們看重的，不僅是資金本身，更是隨之而來的技術與知識。矛盾的是，中國政府的協助方式卻是主動向外資敞開大門，邀請外國企業進入中國市場。最初，中國供應商往往僅為西方公司生產零部件，或試圖模仿其先進技術，但這些企業心懷更遠大的野心：效仿西方競爭者，甚至迎頭趕超。隨著實力的積累，中國企業開始採取靈活的競爭策略，從邊緣逐步突破，蠶食美國企業的技術優勢。中國國力的增強可能是這一過程中誰都沒有料想到的「副產品」——儘管許多企業領導者口口聲聲高喊愛國，他們真正關心的，往往還是如何獲利。

美國既是榜樣，也是競爭的目標。任正非與許多後來的科技企業家一樣，對美國充滿著憧憬與嚮往。[19]當被問及誰對他影響最深時，任正非提到了兩個人：毛澤東和ＩＢＭ執行長路易・葛士納（Lou Gerstner）。[20]對中國企業而言，要想在全球舞台上贏得應有的地位，就必須深入剖析美國科技公司的成功之道，並將這些經驗巧妙地轉化為符合中國實際情況的發展策略。

華為投入巨資向ＩＢＭ學習管理之道，融合了ＩＢＭ所強調的企業忠誠文化——暱稱「巨藍」（Big Blue）——與毛澤東式的自我批判會，建立起強大的內部文化。一九九五年創作的〈華為之歌〉作為企業頌歌，既唱出振興中華民族的宏願，又呼籲員工「向美國學習先進科技」。[21]

隨著華為的成長，任正非逐漸贏得了中國高層官員的青睞。一九九四年，他獲得與時任中國共產黨總書記江澤民會面的機會。回憶那次會面時，任正非使用的一番話在日後引發諸多敏感聯想：「我當時說，交換機技術攸關國家安全，一個沒有自主交換機設備的國家，就如同沒有自己的軍隊一樣。江總書記聽後回應道：說得好。」[22]

他的公司或許獲得了其他形式的援助。一位前華為高層主管曾對英國《金融時報》（*Financial Times*）表示：「公司業務在最初十年表現平平，隨後卻突然一飛沖天，增長得不可思議。有人懷疑背後一定有什麼力量在推動，但即便在公司內部，這依然是一個未解之謎。」[23]

千禧年初，全球電信業陷入低谷，華為一方面裁員，另一方面將業務多元化拓展至手機領域。值得一提的是，華為藉此危機全面進軍海外市場。如同在中國市場的策略，華為先從邊緣市場著手，逐步向核心市場推進。它瞄準了被國際電信巨頭忽視的東南亞、南美和南部非洲等地區，[24]迅速以提供可靠技術和極具競爭力的價格在業界打響了名號。

該公司的成功歸功於任正非的魄力和強硬的領導作風，但也受益於中國當時的工業發展模式。朱利安・葛維茲（Julian Gewirtz）在尚未出任拜登的國安會中國事務主任前（譯註：葛維茲於本書寫作時，任職白宮國家安全委員會中國事務主任，之後擔任國務院全球中國事務副協調員）曾撰文指出，鄧小平等人「對中美交流的開放程度，以及對這個資本主義超級大國的過度依賴設下了限制」。[25]中國領導人擔心，如果過度擁抱全球化，中共政權可能面臨顛覆的風險。他們對外國企業進入中國市場設下日益嚴苛的條件，要求外企與本地合作夥伴分享技術，同時也為華為等出口企業提供政策支持。

這是政府在全球化經濟中尋找機會，同時管控政治風險的一部分策略。中國的軍事駭客經常兼職為企業提供服務，向它們提供外國競爭對手核心技術的戰略情報。儘管美國一個世紀前曾制定寬鬆的智慧財產權法，允許本國企業從英國和德國竊取各種有價值的技術，[26]但如今，當中國依靠外國技術迅速崛起為製造業強國時，美國政界人士卻對此怒不可遏。

美國的政策制定者經常將中國經濟描繪成一個威脅性的極權主義巨獸（Leviathan），彷彿其一切行動都只為單一目標。然而，中國同樣受困於官僚內鬥、政府與企業之間的暗中角力，以及企業之間的激烈競爭。不過，他們的看法也不全然錯誤。與美國的情況相似，中國的商業野心與政治權力有時會相互促進，形成一種相輔相成的關係。

美國主要向外擴展並向下延伸，從全球經濟的制高點投射力量。中國則艱難而逐步地向上攀爬，從全球經濟的邊緣邁向核心。在太陽能板和電池製造等經濟戰略領域，中國企業大幅領先外國競爭者。然而，在其他領域，儘管政府投入巨資，仍處於落後局面。政府雄心勃勃地計劃建立一個能製造尖端晶片的國內半導體產業，[27]但由於缺乏足夠的工程知識與生產能力而遭遇挫折。

這種宏大抱負與實際能力之間的落差，讓一些不法商人藉口興建尖端半導體工廠，成功從地方政府騙取了數十億元人民幣。[28]

華為的成功雖然建立在借鑑他人理念的基礎上，但其成就是真實的。它在研發上投入了大量資金，儘管其中大部分用於對其他公司產品的逆向工程。一位曾與該公司合作的觀察者評論說，他們「從未見過他們製造的產品中有任何原創技術」。[29]華為最終被網路設備製造商思科（Cisco）控告竊取智慧財產，並於二〇〇七年被美國政府阻止收購網康公司（3Com）。然而，儘管面對這些指控與阻撓，華為依然持續壯大。

＊　＊　＊

二〇一二年，思科執行長約翰・錢伯斯（John Chambers）對華為發起攻勢，指控該公司在智慧財產權方面並非總是「遵守規則」。[30]他的指控促使美國官員開始採取行動。然而，美國政界人士不僅擔心華為竊取美國技術，更認為其與中國政府關係密切，對美國安全構成威脅。

隨著華為試圖進入美國市場，外界的擔憂不斷升溫。一些小型農村電信業者已購買華為設備，但當華為競標升級斯普林特（Sprint Nextel）的電話網絡時，亞利桑那州共和黨參議員喬恩・凱爾（Jon Kyl）強烈反對。他與其他參議員聯署致信警告，華為和中興通訊（ZTE）接受中國政府的資助（透過出口貸款和補貼），可能在美國網絡中嵌入交換機、路由器或軟體，從而讓中國軍方能切斷、攔截、篡改通訊，甚至故意更改訊息的傳輸路線或目的地。[31]

為了平息批評，華為邀請眾議院情報委員會少數黨資深議員C・A・「杜奇」・魯普斯伯格（C. A. "Dutch" Ruppersberger）前往香港會見任正非。然而，此舉適得其反，形同一場災難。魯普斯伯格與情報委員會主席麥克・羅傑斯（Mike Rogers）共同撰寫了一份報告，將華為和中興通訊形容為美國國家安全的威脅。[32]他們認為，中國可能利用華為和中興通訊的設備進行「惡意操作」，並指出技術防護措施無法完全消除這種威脅。兩位國會議員獨立得出的結論，與二十年前江澤民的觀點如出一轍：電信交換機就如同軍隊——若無法掌控它們，就無法掌控國家安全。

一位前電信高層人士告訴我們，他的公司曾邀請華為參與合約競標，但從未打算與他們真正合作。[33]華為的低價策略確實幫助該公司對愛立信（Ericsson）和諾基亞（Nokia）施加了壓力，但高層心知肚明，若真的與華為有實質業務關係，帶來的麻煩遠比它的價值更多。美國絕不會讓華為打入本國市場。

美國官員對於華為在其他地區的行動也愈發擔憂。華為已經從它們在發展中國家的基地擴展，開始為包括美國許多盟友在內的較富裕國家提供服務。而美國無法提供能替代華為設備的解決方案。所有美國的大型電信設備製造商要麼已經倒閉，要麼已被出售，成為全球競爭的犧牲品。目前全球只有三家主要的電信設備供應商——愛立信、諾基亞和華為——各自占據全球市場約百分之十五至三十的份額。[34]

美國官員擔憂華為玩弄兩面手法。據華為高層透露，任正非對員工下令：「在中國境內，必須表明華為堅定支持中國共產黨；在海外，則要強調華為始終遵循國際主流趨勢。」[35]據《華盛頓郵報》獲得的華為機密行銷文件顯示，該公司為中國國安和國防部門研發了一系列精密的監控產品，能夠全面監控網際網路和移動設備，並配備聲紋識別和位置追蹤功能。[36]對於中國政府而言，邁克爾・海登劃定的底線根本不存在。在國內維護安全與在國外追捕政權對手的界限早已模糊不清。

美國擔心，華為可能會幫助中國對美國做出正如美國過去曾對中國和世界所做的事情。從外圍進軍的策略已經顯現成效。愛立信和諾基亞等歐洲公司難以在美國以外的地方贏得合約，因為華為的基地台和網路產品價格實在過於低廉。隨著全球紛紛轉向部署5G這一新型寬頻行動網路標準，華為似乎已準備好重塑世界電信系統。

美國官員將此視為對國家安全的重大威脅。在5G時代之前，手機基地台僅作為外接元件連接底層通訊網絡，並非其一部分。然而，隨著5G的全面實施，基地台將深度整合進全球通訊基礎設施，成為不可或缺的組成部分。5G的倡導者預測，萬物都將彼此連接，實現「對話」。這意味著冰箱、汽車、安全攝影機、心律調節器和機器人等設備，都可能透過華為建造的基地台，形成一個多層次且無形的互聯網絡。華為將成為全球核心通訊系統的關鍵一環，不斷在各類設備間傳輸與接收更新資訊。無論是資訊、資金還是物流，一切都將通過中國製造的設備運行。

美國官員關切迫在眉睫的間諜風險，但真正令人憂慮的是，華為通過建設全球5G網絡的基礎設施，可能協助中國對抗並逐步吞併美國所構建的地下帝國，且將其轉化為服務中國自身目的的工具。華為的行銷資料甚至特別強調其追蹤「政治敏感人物」的能力。[37]該公司積極試圖重塑網際網路架構，提出的新全球標準將使威權國家能更輕易地監控其公民的行為。[38]設想華為協助打造一個以中國而非美國價值觀為基礎的網際網路，這並非天方夜譚。若利害關係重大，華為不僅可能追蹤和監視對手，甚至能夠因某國採取了中國不樂見的行動，就將該國的整個通訊系統癱瘓。

歐巴馬時期負責技術出口管制的官員凱文・沃爾夫（Kevin Wolf）表示：「中國人總是指責我試圖包圍中國，（說）我們在經濟上歧視他們，並（試圖）壓制他們。」[39]然而，他強調自己的工作完全關乎國家安全，與經濟考量無關。[40]在他看來，華為並非僅僅是一家銷售手機和交換機的普通中國公司。華為的「規模、無處不在，以及與中國政府的密切關係」意味著，問題的核心在於它的「巨大影響力及未來可能帶來的風險」，而非其當前的具體行為。

美國在這件事上與盟友的溝通並不容易，因為盟友有時對廉價的基礎設施比對看似只是理論上的安全威脅更感興趣。川普政府開始敦促盟友不要使用華為設備。一些國家，例如澳大利亞，對華為早有疑慮，因此較容易被說服；而英國等其他國家，則持較為懷疑的態度。

在英國國家安全委員會一次劍拔弩張的會議上，英國財政大臣菲利普・哈蒙德（Philip Hammond）說服他的同事允許華為繼續向英國提供5G技術，[41]此舉可能為英國節省數十億英鎊。他的同事、國防部長蓋文・威廉森（Gavin Williamson）則強烈反對，但因涉嫌向媒體洩露會議的關鍵細節而被解職。[42]美國官員對此決定深感震驚，認為英國此舉等同於遞給華為「一把上膛的槍」，[43]讓「中國掌控未來的網際網路」。[44]

英國曾向美國表示，中國的監控威脅是可控的，因為華為的技術漏洞百出，英國的情報系統已成功滲透這些系統。然而，美國官員對此說法並不以為然。他們真正擔心的是，華為可能協助中國建立一個全球性的網路帝國，將美國推向邊緣。如果中國能在全球範圍內建設5G網路，那麼是否禁止華為進入美國本土已變得無足輕重。美國，這個世界權力的核心，將逐步且無情地被包圍，最終不得不屈服。於是，美國官員開始思考：如何趁著仍掌握制高點之際，對華為發起致命一擊？

＊　＊　＊

當史蒂夫・斯特克洛（Steve Stecklow）著手調查中國與伊朗的商業關係時，他完全沒料到這會引發一場國際危機。當時他是《華爾街日報》監控技術調查小組的成員之一，曾撰文揭發華為向伊朗最大的電信營運商出售一套系統，讓警方得以透過個人手機來追蹤民眾的行蹤。[45]斯特克洛顯然擁有可靠的消息來源。後來他轉職至路透社，發表了一篇深度報導，揭露華為的中國競爭對手「中興通訊」為伊朗國營電信業者安裝網路監控系統的內幕。[46]一份外洩的產品清單更顯示，中興通訊所提供的部分基礎設備竟是在美國製造。

九個月後，斯特克洛又發表了一篇報導，揭露一家名為星通（Skycom）的公司——表面上聲稱與華為無關——將美國製造的設備轉售給伊朗。[47]值得注意的是，許多星通員工在LinkedIn（領英）上將自己的職位標註為「Huawei-Skycom（編按：原文如此）」，並在個人檔案中顯示華為的身分標識。幾週後，斯特克洛發表了第三篇調查報導，揭示華為如何利用層層疊套的公司結構掩蓋其與星通的實際關係，並指出孟晚舟曾擔任一家完全控股星空的控股公司祕書。[48]

斯特克洛的文章給孟晚舟帶來了麻煩。然而，美國之所以能對這則新聞採取行動，正是因為美國已經將自身的金融主導地位轉化為施壓的工具。

斯特克洛關於中興通訊的文章，促使美國司法部和商務部展開調查，結果發現問題重重。中興通訊並未將美國的出口管制視為不可逾越的法律規範，而是將其看作一項令人頭痛的阻礙。對中興而言，伊朗市場充滿吸引力：作為一個中等收入國家，伊朗急需建設新型通訊網絡，而多數西方企業都無法進入這個市場。問題在於，中興的核心產品嚴重依賴美國零組件，且通常需要與美國設備配合才能達到最佳性能。如果中興違反美國技術出口管制規定，將面臨巨額罰款，甚至可能被永久禁止獲取美國技術。

對於一家大型跨國公司來說，扮演詹姆斯・龐德電影中的反派角色，並詳細闡述其背信棄義的陰謀，實屬罕見。然而，這正是中興通訊的作為。在一份標記為「最高機密」[49]和「高度保密」的內部文件中，中興通訊坦言，它正在與美國認定為「支持恐怖主義的國家」進行大量業務往來。這種行為帶來了「巨大的法律風險」，因為中興通訊「幾乎不可能」獲得美國的許可，將產品出口至這些國家。

中興通訊找到了規避方案。這份「最高機密」文件詳細說明如何繞過繁瑣的美國規定。首先，要在北京、香港和杜拜建立一個由中國公民經營的空殼公司網絡。然後，由其中一家空殼公司購入美國技術，轉售給第二家公司，再轉交給第三家公司，而這第三家公司則與目標國家的當地子公司簽約。通過這種精心設計的迂迴交易方式，使中興通訊看起來似乎並未與伊朗或其他被美國封鎖的國家開展被禁止的業務。根據中興通訊的操作指南所述，這個空殼公司網絡能「讓美國政府更難追查……或調查受管制商品的實際流向」。

結果，這項野心勃勃的密謀計畫出了一個大紕漏。二〇一四年，中興通訊的首席財務官在波士頓羅根機場過關時被攔截。據報導，他助理的筆記型電腦中發現了一批「價值連城」的文件，[50]詳細記載了中興通訊在伊朗的非法業務，其中包括那份「絕密」文件。[51]美國商務部指控中興通訊違反了至少三百八十項出口規定，並引用這些文件作為公司高層蓄意違規的證據。[52]中興通訊被迫支付四億三千萬美元罰款（另有三億美元緩期執行的罰款），接受一個獨立第三方監管機構的監督，並承諾對涉案員工進行處分。後來美方還發現中興通訊未能履行這些承諾，中興差點再次遭到美國制裁，那樣將可能導致公司澈底瓦解。

但中興通訊並非主要目標。正如凱文・沃爾夫所說：「追查中興通訊的部分動機是為了獲取我們無法直接掌握的關於華為的資訊。」那名助理的筆記型電腦中還存有另一份中興通訊的祕密文件，該文件僅供高層主管和法務部總監查閱。[53]文件簡要描述了一家代號為「F7」的公司，聲稱其提供了向伊朗祕密出售美國技術的範本。任何熟悉電信市場的人都知道，F7指的正是華為。

F7文件僅屬傳聞，它並未提供確鑿證據證明華為違反美國法律。斯特克洛的報導同樣如此。他坦承：「我從未證實華為違反美國制裁。」[54]僅僅幾年後，斯特克洛就「幾乎完全忘記了」這篇報導。然而，正是這篇報導與F7文件，成為引發一連串事件的導火線——最終導致孟晚舟被捕，也使華為從巔峰滑落。

＊　＊　＊

孟晚舟於一九九〇年代初在華為展開職涯，當時是任正非創辦的新創電信公司中三名祕書之一。隨著華為茁壯成長，她的角色也不斷提升。儘管任正非強調不打算讓家人接班，還特地建立了複雜的輪流領導制度，但外界普遍視孟晚舟為接班人選。她最終晉升為財務長，[55]這個職位使她必須與其他高層一同深入思考：華為該如何因應、是否遵守美國對使用其技術的外國企業所設下的重重規範。

聯邦眾議員魯普斯伯格與情報委員會主席羅傑斯的報告，尖銳地質疑華為是否遵守美國對伊朗的制裁規定。孟晚舟和任正非似乎對遵守這些制裁規定持有矛盾且複雜的態度。據《南華早報》報導，他們在一次內部問答會上告訴員工：「在某些情況下，公司可以權衡代價，並接受不遵守制裁規定所帶來的風險。」[56]

二〇一八年十二月一日，孟晚舟從香港前往墨西哥市參加商務會議，途中過境加拿大英屬哥倫比亞省的溫哥華。孟晚舟〔她的加拿大朋友稱她為薩賓娜（Sabrina）或凱西（Cathy）〕和她的丈夫早已把溫哥華當作他們的第二個家。她的孩子在此地就學，而她的丈夫卡洛斯（Carlos）則在當地一所大學攻讀碩士學位。十年前，他們買了一棟價值四百萬美元的房子。他們非常喜歡溫哥華，因而又搬進了一處價值超過一千兩百萬美元的豪宅。[57]

孟晚舟下機後，既未能返家，也無法搭乘預定前往墨西哥城的航班。當她在溫哥華國際機場65

號登機口下機時，一群加拿大邊境執法官員攔截了她，並將她帶往審訊室。[58]官員將她的電子設備放入一個專門阻斷通訊的特製袋中，並要求她提供密碼。在經過將近三小時的審問後，約在當天下午兩點，加拿大皇家騎警根據美國提出的引渡令正式逮捕了孟晚舟，罪名是涉嫌銀行詐欺。

以銀行詐欺罪起訴一名涉嫌向伊朗輸出禁制技術的嫌疑人，看似有些突兀，但其中自有深意。美國國安局的駭客雖然掌握了大量華為的機密情報，[59]卻無法輕易在法庭上運用，因為美方不願曝光其情報來源和手段。更為重要的是，美國迫切希望將孟晚舟從加拿大引渡至美國。違反美國制裁在加拿大並不構成犯罪，但銀行詐欺則明確觸法。為了確保引渡成功，美國檢方必須提供孟晚舟欺騙銀行的初步證據。而恰好，他們找到了華為的國際往來銀行匯豐——一家早已與「地下帝國」糾纏不清的金融機構。

就在幾年前，美國司法部指控匯豐銀行協助錫那羅亞（Sinaloa）販毒集團，透過美國金融系統洗錢，涉及金額高達八點八一億美元的毒品販運利潤。[60]匯豐銀行同意支付十九億美元的罰款，[61]並簽署了一項為期多年的「延緩起訴協議」（Deferred Prosecution Agreement）。根據該協議，只要匯豐與獨立監督機構合作，就能避免刑事起訴（以及可能面臨的倒閉命運）。該獨立監督機構負責審查匯豐與可疑客戶的交易，並確保其遵守洗錢防制相關法律的規定。[62]

匯豐銀行的高層主管對接受監督顯然深感排斥。根據一份由監督機構提交的限閱報告指出，當審計人員試圖審查匯豐的帳簿，以查明可能涉及不當行為的交易時，匯豐高層採取了「抹黑、否認、轉移和拖延」[63]的策略，意圖打擊審計人員的士氣。不久後事態明朗化，匯豐的外匯交易部門確實存在不當交易行為，而銀行管理層卻拒絕對相關交易員採取處分。此事引起美國檢察官的關注，他們開始考慮以刑事罪起訴該銀行相關部門。[64]此舉可能導致延緩起訴協議被撤銷，甚至讓匯豐面臨倒閉的風險。[65]

根據路透社報導，匯豐銀行試圖通過提供其與華為往來的資訊，說服美國政府放棄對其提出起訴的威脅。[66]為此，匯豐銀行聘請了一家知名律師事務所，調查其過去與華為的交易，進行了超過一百次面談，並細緻審查數十萬封電子郵件和多年的金融交易記錄。在二〇一七年的一系列會議中，匯豐將這項調查結果提交給美國司法部。匯豐的目的是透過這些會議向美國檢察官證明它正在整頓內部，並坦誠交代過往的不當行為。然而，無論是否出於本意，匯豐的做法也宛如將華為擺在鍍金盤子中，拱手交給美國檢方任其處置，還在旁邊配上鋒利的刀叉。

斯特克洛的新聞刊出後，匯豐銀行要求孟晚舟解釋其中的真相。根據美方說法，孟晚舟曾以PowerPoint向匯豐進行簡報，聲稱星通僅是華為的業務合作夥伴，並向銀行高層保證華為嚴格遵守美國的法律與規範。這份簡報正好為美國司法部檢察官提供了所需的證據。如果孟晚舟的陳述不實，那麼她便涉嫌蓄意誤導華為的往來銀行，以維持「包括美元清算在內的國際銀行服務」。[67]這種行為可能被視為詐欺。檢察官進一步指出，滙豐銀行（在華為起訴書中代稱為「金融機構1」）曾「透過美國清算超過一億美元的星通相關交易」，[68]因此可能面臨「民事或刑事懲罰」的風險。然而，美國始終信守其暗中達成的協議：被起訴的對象是孟晚舟，而非滙豐銀行。

孟晚舟被指控後，她的律師聲稱她並無潛逃風險。儘管如此，法官威廉・埃爾克（William Ehrcke）仍要求她支付超過七百萬美元的保釋金，方可換取有限的自由。保釋後，她需接受安全人員的全程監控，並佩戴電子腳鐐，以強制遵守晚間十一點至早晨六點的宵禁規定。[69]這些限制並未阻礙她享受富人生活的諸多特權，例如奢侈品購物和高級餐廳用餐，但的確有效地禁止了她離開加拿大。[70]

美國的全球金融帝國不僅是逮捕孟晚舟的理由，更是實現這一行動的手段。若沒有這個帝國的存在，滙豐等外國銀行不會如此甘願服從美國的要求。但在這個帝國之下，銀行若要生存，就必須仰賴美元清算系統。當滙豐銀行面臨存亡危機時，它不得不竭盡所能地討好美國檢察官。在一個美國不具備或不曾行使這種權力的世界裡，孟晚舟本可以安然享受旅途中的短暫停留，繼而前往下一個目的地，從未料想到美國竟敢貿然打斷她的行程。

＊　＊　＊

孟晚舟被捕後，中國媒體指稱，這是匯豐銀行與美國司法部刻意聯手策劃的一場「密謀」，意圖對華為設下「陷阱」。[71]政府報紙的報導指出，孟晚舟的起訴是美國與匯豐銀行醞釀已久的陰謀計畫，如今終於揭露真相。據稱，美國和匯豐早在二〇一二年就開始合作部署，企圖誘捕中國最重要的電信企業。

即使他們誤判了匯豐的意圖，但對美國的真實意圖卻無疑正確掌握。美國高層官員確實試圖打倒華為。然而，他們對於美方「精心策劃長期戰略」的假設則完全錯誤。事實上，由於不得不應對自身政府核心深處的混沌無序，美國官員比以往更加仰賴隨機應變與見招拆招。唐納・J・川普擔任總統期間，對中國的態度完全取決於三個因素：他的突發奇想、是否有人讓他惱火，以及他最近與誰交談過。耐人尋味的是，身處這樣一個混亂且不可預測的政府，官員們於倉促拼湊的應對中，竟意外催生出了一種全新的帝國武器。智慧財產權——這個曾被李斯頓寄望用以解放企業免受政府束縛的工具——如今卻被重新鍛造成了枷鎖與桎梏。

只要川普願意，他可以毫不留情地捍衛美國的安全利益。二〇二〇年二月，川普在一次與英國首相鮑里斯・強生（Boris Johnson）的電話對談中，因強生拒絕阻止英國電信公司購買華為設備而勃然大怒，對強生大發雷霆。[72]然而，川普的憤怒並不僅止於言辭。他在歐洲的非官方「打手」——美國駐德國大使理查德・格雷內爾（Richard Grenell）隨後在推特（twitter）上透露，川普「剛剛從空軍一號（AF1）打電話給我，指示我要明確告知，任何選擇使用不可信賴5G供應商的國家，都將危及我們在最高層共享情報（編按：原文為Intelligence）和資訊的能力。」[73]這句話直白地說就是：如果英國堅持購買華為設備，它將被踢出美國願意與其餘四國分享最高機密情報的專屬俱樂部「五眼聯盟」（Five Eyes，譯註：「五眼聯盟」由美國、英國、加拿大、澳洲及紐西蘭五國組成，是一個起源於二次大戰期間的國際情報合作同盟）。）

然而，川普的表現始終反覆無常。一方面，他一心想懲罰中國；另一方面，他又急於與中國達成一項貿易協定，以向美國選民證明他確實精通所謂交易的藝術。川普的國家安全顧問、強硬的鷹派人物約翰・波頓（John Bolton）後來形容，川普對達成這項貿易協定的執著就像一個「黑洞」，「扭曲了所有周遭議題」，其中也包括華為問題。[74]

川普不斷暗示，美國對華為採取的措施在他眼中也可以作為交換貿易讓步的籌碼。[75]然而，他又不願在公開場合被視為傻瓜。當英國等盟友未能跟隨美國路線時，即便領導者是他個人欣賞的人物——例如強生——他也會作出激烈的報復。川普脾氣暴躁、愛炫耀且衝動易怒，這讓波頓等鷹派人士一方面能藉此操縱他，推動那些旨在摧毀華為、維護美國國家安全利益的政策，但同時也讓他們難以讓川普專注於既定目標。

川普在得知孟晚舟被捕的消息時，並未表現出完全滿意。在二〇一八年白宮聖誕晚宴上，他向波頓抱怨華為是中國最大的電信公司，並將孟晚舟比作「中國版的伊凡卡・川普（Ivanka Trump）」。[76]據波頓透露，川普一再暗示，華為案或可成為貿易談判中的重要籌碼。

二〇一九年五月，美國商務部「工業與安全局」（Commerce's Bureau of Industry and Security, BIS）採取了一項嚴厲措施，將華為及其多家附屬公司列入所謂的實體清單（Entity List）。[77]凱文・沃爾夫透露，這一決定「在與中國的貿易談判期間……發生」，是因為「川普想要有更多籌碼來對中國施加壓力，要求他們購買內布拉斯加州或其他地區的穀物」。[78]將華為列入實體清單帶來了更廣泛的影響。被列入實體清單，意味著這些企業被美國認定為具有國家安全風險的外國企業。美國企業只有獲得政府頒發的特殊許可，才能向這些公司出售美國製造的技術或產品。

這項規定可能會對華為造成嚴重打擊，因為該公司在製造手機時高度依賴美國的智慧財產。川普的商務部長威爾伯・羅斯（Wilbur Ross）在新聞聲明中解釋，他們的目標是「防止外資實體以可能損害美國國家安全或外交政策利益的方式使用美國科技」。[79]這一切讓老闆川普非常滿意。據波頓回憶，川普對幕僚表示，這份新聞聲明「他媽的太棒了，簡直完美」。[80]

然而，川普仍不死心，試圖與中國達成協議。在日本大阪舉行的二十國集團（G20）峰會期間，他與中國國家主席習近平會面，雙方似乎在華為問題上達成了某種妥協。川普宣布推遲對中國商品加徵新一輪關稅，並在推特發文表示，他「同意允許中國公司華為從我們的高科技公司購買產品，這不會影響我們的國家安全」。[81]然而，由於川普維持注意力的時間很短，最終讓羅斯和波頓等官員得以在很大程度上「逆轉」了川普這番「隨口承諾」。[82]

當鷹派試圖將實體清單作為武器來對抗華為時，他們卻屢屢碰壁，發現這一工具的效用具有侷限性。該清單僅適用於美國的產品和智慧財產。內布拉斯加州參議員本・薩斯（Ben Sasse）曾試圖主張，商務部的清單能夠「有效打擊我們的對手」，[83]因為「華為的供應鏈依賴與美國企業的合約」。然而，問題在於，華為可能會找到可替代的外國供應商。

正如沃爾夫所描述的，川普政府「試圖……引入出口管制體系，將其作為針對個別公司的制裁工具，而川普政府幾乎未曾說明這些做法背後的目的」。[84]二級制裁之所以如此有效，是因為它們能在美國境外發揮作用，而這得益於美元的全球影響力。相比之下，出口管制「對在美國境外製造的產品不具法律效力，即便這些產品由美國技術或美國公司生產」。其結果是「一套對美國公司競爭對手『有利』、對華為毫無影響的制度」。

正如我們後來發現的，我們自己的想法無意間為解決方案指明了方向。二〇一九年，我們寫了一篇關於「相互依存關係的武器化」（Weaponized Interdependence）的學術文章，[85]解釋美國如何將全球金融的相互依存網絡轉變為脅迫工具。撰寫那篇文章幫助我們發展、完善想法，最終促成了這本書的誕生。而後來的發展也證明，這篇文章同樣幫助其他人充實了他們的想法。

當我們即將完成這本書時，另一位學者、塔夫茨大學歷史學家克里斯・米勒（Chris Miller）出版了一部關於半導體與美國權力的權威著作《晶片戰爭》（*Chip War*）。[86]我們其中一人在該書發行當天購買並開始閱讀時，驚訝地發現，我們竟成了書中故事的一部分——就是我們自己正在講述的這個故事。米勒描述了我們的文章如何試圖警告美國，將全球經濟武器化可能帶來的危險後果。然而，他同時也提到，一位川普政府高層官員對這篇文章的意涵卻作出了截然不同的解讀。

當美國想進一步加強限制措施時，它採用了我們文章中的核心觀點：利用單一的咽喉點來對抗對手。正如米勒在電子郵件中向我們提到的：「當我的採訪對象提到他們研讀過你們關於相互依存武器化的文章，還認為這是個極佳的行動方案時，我驚訝得差點從椅子上摔下來。」[87]他在書中描述了那位高層官員的感慨：「將相互依存關係武器化，這真是太精妙的做法了。」[88]

即使沒有我們的文章，川普政府官員也很可能會察覺到咽喉點的戰略價值。然而，更重要的是他們發現了一個特殊的咽喉點：一個源自出口管制初期的、鮮為人知的先例。這一先例使他們能夠將美國的智慧財產權轉化為全球性工具，類似於美元清算系統，從而將半導體供應鏈武器化以對抗華為。數十年來，美國一直聲稱對涉及美元交易的外國銀行具有管轄權，並通過控制美元清算系統來加以規範。現在，它更進一步主張，對於那些實質運用美國智慧財產（即便是間接使用）的外國科技公司，它同樣擁有管轄權。

美國商務部已經規定，如果有超過百分之二十五的智慧財產來自美國，就可以阻止該外國產品出口。[89]二〇二〇年，該部門運用了一項名為「外國製造的直接產品」（foreign-produced direct product, FPDP）的繁瑣規則，進一步擴大這些限制。根據這項規則，美國聲稱其不僅對包含美國智慧財產的產品擁有管轄權，而且對依賴美國智慧財產或製造流程的產品都擁有管轄權。如沃爾夫所言：「這項規則影響了數以兆計的交易額——是用大寫『T』表示的兆——而它竟只是藏在一份三百二十頁的實體清單底部，以9號字體印製的一則註腳。」[90]

這項看似晦澀難懂的腳註規定，對半導體產業帶來了非常具體的影響。儘管美國的半導體製造規模已不及一九九〇年代的盛況，它仍然掌控著外國企業和跨國公司生產半導體所需的關鍵智慧財產。由於楷登電子等美國控制的公司主導了半導體設計，而美國科技在製造半導體方面扮演了關鍵角色，因此，沒有美國政府的許可，華為要獲得現代化的半導體幾乎是不可能的。

川普政府官員的創意，使美國在川普混亂無序的政策運作中意外催生了一項全新的經濟武器。然而，這也使該武器的運用變得更加複雜。川普在會見習近平後發布的推文，本質上即為美國政府的官方政策。商務部官員因此需釐清如何授權美國技術給華為，最終核發了總額達數十億美元的許可證。企業只要獲得美國政府的批准，且不助長華為在5G與雲端運算領域的野心，便能繼續向其出售產品。這使華為得以存續，但無法壯大，更無法藉由打造覆蓋全球的替代性網絡，登上全球科技經濟的制高點。

華為已經採取防禦措施，在禁令生效前囤積了大量的半導體庫存。該公司甚至包租了一架專用貨機，於最後期限的前幾天將最後一批晶片空運回國。[91] 然而，隨著新晶片逐漸耗盡，華為的手機逐漸在市場上落後於競爭對手。到二〇二一年第一季度，華為的全球手機市占率從高峰時的百分之二十驟降至僅百分之四。[92]

華為可以購買高通等公司設計的較低階晶片，前提是美國政府得「勉予同意」。新規定也讓台積電陷入困境。美國政府在二〇一九年耗費大量時間努力遊說台灣阻止台積電出售半導體給華為，[93] 而新規定使得美國能夠直接對台積電施加壓力。台積電在全球半導體市場的市場占有率超過百分之五十，並在製程技術上領先其最接近的競爭對手——韓國的三星公司——整整一代。[94] 該公司在最先進的晶片（十奈米以下）製造方面幾乎壟斷全球市場，產量占全球百分之九十以上。[95] 二〇一九年，華為的採購占台積電營收五十四億美元，成為僅次於蘋果的第二大客戶。[96] 然而，在美國宣布新規定後，台積電不得不作出抉擇：是繼續向華為供應最先進晶片，還是保有取得開發和生產這些晶片所需的美國技術。這個選擇雖然痛苦，卻並不困難。

台積電就範後，英國政府隨即找到理由將華為排除在合約之外。英國國家網路安全中心技術總監伊恩・利維（Ian Levy）警告說：「我們認為，為了符合（美國商務部）規定進行調整的華為產品，可能會面臨更多安全和可靠性問題。這是因為他們將遭遇重大的工程技術挑戰，而這也使我們更難以信任其產品。」[97]

孟晚舟被捕近三年後，美國司法部宣布與其律師達成協議。[98]孟晚舟承認華為確實控制了星通，該公司曾試圖向伊朗出售「禁運」設備，並承認她向滙豐銀行作出了「不實陳述」。[99]作為交換條件，美國同意暫緩起訴，並承諾如果她在未來四年內繼續遵守法律，將撤銷所有指控。

美國既未對華為處以數億美元的罰款，也未要求華為簽訂長期監督協議。因為這樣做已經失去意義。當孟晚舟抵達深圳時，華為早已面臨嚴厲的限制。除非發生技術上的突破，或者美國緩和壓力，不然華為在全球市場的擴張計畫，將不可避免地停滯甚至終結。

華為認為，與其寄望美國改變立場，不如期待奇蹟，因為前者的可能性更低。在二〇二一年八月與華為研究人員的一次對話中，任正非強調需要「更多理論上的突破，尤其是在化合物半導體和材料科學領域」。[100]中國也啟動了一項新的研究計畫，旨在開發新型半導體材料，希望藉此顛覆整個產業格局，並超越美國及其盟國的領先地位。[101]這是一個風險極高的策略，但正如任正非所言：「如果我們只追求實用的技術，那我們可能永遠會落在人後。」[102]

華為仍然可以向邊陲市場銷售產品，並加倍努力開拓那些被西方忽視的新興市場。[103]不像英國那樣與美國緊密聯繫的國家，依然願意向華為購買基站，甚至有些國家更傾向於這樣做。正如一位俄羅斯「政府內部人士」所說：「我們要麼被美國監聽，要麼被中國監聽，因此我們需要選擇傷害較小的一方。」[104]然而，華為找不到有效的途徑來增強自身在這些市場的實力，而這正是其進一步拓展至核心市場所需的關鍵。與此同時，隨著歐洲競爭對手諾基亞和愛立信贏得越來越多的5G合約，華為接連遭遇挫敗。[105]

一九八〇年代，華特・李斯頓曾寄望全球智慧財產權的擴散能打破將企業囿限於國界的藩籬。然而，美國的智慧財產權卻化作一條近乎無形的漁線，線上閃亮的誘餌與鋒利的魚鉤，引誘外國企業上鉤吞食。待美國開始收線之際，華為和中國才驚覺：他們的命運早已落入這個日益敵對的強權手中。此時，獅王突然調轉身形，主動發起攻勢，將狼群逐步逼退至疆域的邊陲。

* * *

幾年前，華為還是中國實現全球科技雄心的核心力量。而如今，它卻成為揭示中國脆弱處境的警世故事。美國憑藉其對全球通訊、金融和技術命脈的掌控，展現出其即便是最強大的中國企業也能挾持的實力。

中國同樣認為自己正面臨圍困與威脅。習近平主席在二〇一八年的一場演講中指出：「我們關鍵核心技術受制於人的局面沒有得到根本性改變。」[106]他呼籲展開新的長征，「重新開始」，[107]積蓄中國所需的力量，以應對盤踞於新經濟制高點的舊帝國。中國政府致力於識別那些可能被用來扼殺中國企業的技術上「卡脖子的地方」（choke points）。[108]中國商務部隨後發布了「不可靠實體清單」（Unreliable Entity List），[109]限制那些威脅中國國家安全的企業進入市場。同時，一個祕密委員會開始審查外國技術，尋找用國產商品取代美國出口的機會。[110]習近平批准了一項重建中國科技體系、推動「科技自給自足與自主創新」的三年計畫，[111]以及一個將科技自力更生提升為核心目標的五年經濟計畫，[112]承諾為關鍵技術「打硬仗」。政府大幅加強對半導體製造業的支持力度，宣布追加一系列總計一千一百八十億美元的投資。[113]

然而，中國能否實現自力更生仍是未知數，遑論建立自己的技術帝國。以上海的中芯國際（SMIC）為代表的中國半導體企業，至今仍無法大規模生產先進晶片。隨著美國及其盟國不斷收緊對西方設計軟體和設備的管制，中國掌握核心製造技術的難度與日俱增。本土供應商同樣難以突破技術瓶頸。《日經亞洲》引述中國最大本土設計工具開發商之一華大九天科技（Empyrean Technology）的一位經理感嘆：「要求我們完全替代『新思』和『楷登』，無異於要求汽車製造商去造火箭。」[114]儘管如此，中國並未因此卻步。習近平主席委派其親信顧問，當時的副總理劉鶴負責推動自力更生戰略。正如劉鶴所言：「科技創新對我國來說，不僅是發展問題，更是生存問題。」[115]

中國同樣面臨間諜活動與顛覆的威脅。[116]史諾登洩密事件揭示，美國正憑藉其在全球通訊網絡中的核心地位，收集具戰略價值的情報。這一事件促使中國領導層更加深入審視外國科技所帶來的安全隱患。隨著媒體逐步消化史諾登披露的監控計畫，「資訊安全」等措辭在官方媒體上的出現頻率顯著上升。同時，《政府採購資訊》（*Government Procurement Information*）等專業期刊則呼籲，中國各機構必須「徹底擺脫外國企業與外國勢力的影響」，並「以自主可控的國產硬體和軟體服務替代進口產品，……確保國家與軍事核心利益的安全。」[117]

習近平面臨的更深層問題在於，中國缺乏類似美國用以脅迫滙豐銀行的金融結構。更糟糕的是，儘管中國極易受到美國施壓的影響，但美國卻幾乎不會受到中國的同等反制。

當美國以侵犯人權為由制裁香港時任行政長官林鄭月娥——這位在當時治理香港並成為反

民主鎮壓象徵的官員——時，發現她竟無法在中國的銀行開設帳戶。[118]由於美國擁有將個人、企業和機構列為制裁對象的權力，中國的銀行為避免違反制裁規定，皆拒絕為她提供服務。林鄭只得以現金支薪，在其官邸——一座殖民時期遺留、配有雙泳池的總督府——四處堆積著成疊的鈔票。相比之下，當中國以制裁時任美國國際宗教自由委員會主席蓋兒・曼欽（Gayle Manchin）作為報復時，美國銀行卻完全不以為意。曼欽更是輕描淡寫地表示，中國的「關注」讓她感到「受寵若驚」，[119]但由於她本就無意訪華，這項制裁對她的生活毫無實質影響。

這就是為什麼中國政府試圖將自己與全球金融基礎設施隔離開來。前財政部長樓繼偉在北京一場工業論壇上警告說，美國民族主義的抬頭和美元主導地位的加強，可能將中美推向一場新的「金融戰爭」。[120]分析人士和前金融官員呼籲中國政府為「核選項」做好準備——也就是「美國可能將中國逐出美元結算系統」。[121]

一些中國學者希望中國能夠建立自己的金融網絡，既可在未來用於自保，也能用於報復。俄羅斯企業在入侵烏克蘭後，為了規避制裁，開始使用人民幣而非美元進行支付與收款。[122]二〇一五年，中國建立了「人民幣跨境支付系統」（Cross-Border Interbank Payment System, CIPS），作為類似於 SWIFT 的國際支付系統。[123]根據官方數據，截至二〇二一年，CIPS 處理的交易總額達到十二點六八兆美元。[124]儘管這些數據可能有所誇大，且交易量仍不足SWIFT的十分之一，但中國銀行的一個部門仍建議中資銀行將結算服務從SWIFT轉移至CIPS，並警告稱：「給敵人狠狠一拳，可以避免自己挨敵人的數百拳……我們需要提前在心理上和實務上作好準備。」[125]

儘管中國無法掌控全球經濟的關鍵管道，它依然握有一項可供運用的武器：進入中國市場的門票。隨著數億消費者逐步躋身全球中產階級，各國企業無不渴望打入這片龐大市場，而製造商對工具機、原材料、石油、煤炭等各類商品的需求也依然強勁。中國為了控制全球化所建立的政策工具，同樣可以被用來選擇性地懲罰那些讓中國不滿的企業，甚至國家，儘管這樣做必然會付出一定的代價。

當挪威議會將諾貝爾和平獎頒給中國異議人士劉曉波時，中國立即限制挪威鮭魚的進口。[126]而當歐巴馬政府起訴五名涉嫌網路間諜活動的中國軍方官員後，中國政府則禁止政府機關的電腦使用最新版Windows作業系統。[127]

中國面臨的問題在於，這些報復工具往往具有自我設限的特性。限制挪威鮭魚進口，對中國本身影響不大，但只要其他國家仍在購買鮭魚，對挪威的傷害也極為有限。而更嚴厲的報復措施，則可能導致中國自身受損，甚至與目標國兩敗俱傷。當澳洲呼籲對新冠病毒起源進行全球調查時，中國以貿易制裁作為報復，限制或阻止澳洲的重要商品進口。[128]然而，中國卻沒有禁止最關鍵的澳洲鐵礦石，因為中國企業對其需求迫切。此外，儘管中國曾禁止國有發電集團購買澳洲煤，但幾個月後，在能源短缺衝擊經濟的情況下，這些煤炭又悄悄恢復進口。[129]至於其他制裁措施，對澳洲的影響有限，因為澳洲出口商很容易找到替代市場。中國想要傷害其他國家，往往必須付出自身代價；有時候即便付出了代價，中國也難以真正對其他國家造成多大的傷害。

然而，將市場武器化依然有其效用。中等規模的國家可能更傾向於避免觸怒中國的行為，例如接待達賴喇嘛。[130]而企業，特別是那些依賴中國市場的企業，比政府更容易受到中國不滿的影響。例如，一家倫敦律師事務所因就中國在新疆的人權侵害問題向國會提供法律建議，成為中國報復的對象後，其他英國大律師選擇保持沉默，擔心自己會成為下一個目標。[131]此外，當中國因為要報復一名球隊經理在推特上支持香港民主抗議活動的言論，而在中國電視台停止轉播美國職業籃球聯盟（The National Basketball Association, NBA）的籃球比賽，NBA蒙受了「重大」損失，根據總裁亞當・蕭華（Adam Silver）的估算，這筆損失約為四億美元。[132]

儘管如此，中國就算想要打擊像澳洲這樣的中等規模國家的經濟，也必然會傷及自身。與美國不同的是，中國並未掌控世界經濟運行的地下機制中任何「卡脖子的地方」。在一九九〇年代末期，當網際網路和全球金融迅速崛起時，中國才剛開始重新與世界接軌，根本沒有足夠時間去影響全球基礎設施的演進方向。

從經濟規模來看，中國已是全球強權；但若論其對全球經濟網絡的影響力，中國充其量只是個陪跑者。美國則憑藉其「地下帝國」，將施壓的沉重代價轉嫁給盟友與對手。當美國試圖將伊朗排除在全球金融體系之外時，真正付出代價的並非美國本身，而是那些非美國的銀行：它們若不遵守美國法律，便要面臨巨額罰款，甚至陷入生存危機。同樣，當美國切斷華為取得半導體的管道時，華為與中國所能做的，只能是緊縮開支，並寄望於透過自主研發來克服美國的技術優勢。

於是，華為和中國都必須再次借鑑毛澤東對抗強大對手的游擊戰略。正如華為一位供應商對《日經亞洲》所說：「如果美國的打壓猶如最先進戰機的轟炸，那麼華為的反制就是一場典型的游擊戰。」[133]

註釋

1 (video) "Huawei CFO Meng Wanzhou Welcomed by Employees in Shenzhen Headquarters After Extradition Drama," *Standard* (Hong Kong), October 25, 2021, retrieved on October 29, 2021, from https://www.thestandard.com.hk/breaking-news/section/3/181960/(Video)-

Huawei-CFO-Meng-Wanzhou-welcomed-by-employees-in-Shenzhen-headquarters-after-extradition-drama.

2 Iris Deng, "Huawei CFO Meng Wanzhou Returns to Hero's Welcome at Company Headquarters After 21-Day Quarantine," *South China Morning Post*, October 25, 2021.

3 James Griffiths, "Meng Wanzhou Lands in China with Fanfare After Release from Canadian Custody," *Globe and Mail*, September 25, 2021.

4 Griffiths, "Meng Wanzhou Lands in China with Fanfare."

5 Xu Zihe and Yang Ruoyu, "If Faith Has a Color, It Must Be China Red," *Global Times*, September 2021.

6 Yang Shaolong, *The Huawei Way* (New York: McGraw-Hill Education, 2017), 24.

7 Sherisse Pham, "Samsung Slump Makes Huawei the World's Biggest Smartphone Brand for the First Time, Report Says," CNN, July 30, 2020.

8 (video) "Huawei CEO Says His Daughter Should Be Proud She Became a 'Bargaining Chip' in the Trade War," CNN Business, December 1, 2019, retrieved on October 29, 2021, from https://www.cnn.com/2019/12/01/tech/huawei-ceo-ren-zhengfei-daughter/index.html.

9 Rush Doshi, *The Long Game: China's Grand Strategy to Displace American Order* (New York: Oxford University Press, 2021), 52 and 74.

10 Yang, *The Huawei Way*, 29.

11 Yang, *The Huawei Way*, 29.

12 Tian Tao, David De Cremer, and Wu Chunbo, *Huawei: Leadership, Culture and Connectivity* (Thousand Oaks, CA: SAGE, 2017), 197.

13 Yang, *The Huawei Way*, 11.

14 Ezra F. Vogel, *Deng Xiaoping and the Transformation of China* (Cambridge, MA: Belknap Press, 2011), 219.

15 Tian Tao with Wu Chunbo, *The Huawei Story* (Thousand Oaks, CA: SAGE, 2015).

16 Yang, *The Huawei Way*, 29.

17 Yang, *The Huawei Way*, 29.

18 Tian, De Cremer, and Chunbo, *Huawei*, 40.

19 *Yang, The Huawei Way. On Alibaba founder Jack Ma's fascination, see The Alibaba Story—Crocodile in the Yangtze* (2012 documentary film directed by Porter Erisman).

20 Dan Steinbock, *The Case for Huawei in America* (The Difference Group, 2012), 23.

21 Zhi-Xue Zhang and Jianjun Zhang, eds., *Understanding Chinese Firms from Multiple Perspectives* (New York: Springer Verlag, 2014), 42.

22 Eric Harwit, "Building China's Telecommunications Network: Industrial Policy and the Role of Chinese State-Owned, Foreign and Private

Domestic Enterprises," *China Quarterly* 190 (2007): 311-32. Quote on p. 327.
23 Kathrin Hille, "Ren Zhengfei: Huawei's General Musters for a Fight," *Financial Times*, December 14, 2018.
24 Steinbock, *The Case for Huawei*.
25 Julian Gewirtz, "The Chinese Reassessment of Interdependence," *China Leadership Monitor*, June 1, 2020.
26 Susan Sell, "Intellectual Property and Public Policy in Historical Perspective: Contestation and Settlement," *Loyola of Los Angeles Law Review* 38 (2004), retrieved on December 1, 2022, from https://digitalcommons.lmu.edu/llr/vol38/iss1/6/.
27 John VerWey, "Chinese Semiconductor Industrial Policy: Past and Present," *Journal of International Commerce and Economics*, July 2019.
28 Hua Tse Gan, "Semiconductor Fraud in China Highlights Lack of Accountability," *Nikkei Asia*, February 12, 2021.
29 Alexandra Harney, "Huawei: The Challenger from China," *Financial Times*, January 10, 2005.
30 Don Clark, "Cisco CEO Wary of Huawei," *Wall Street Journal*, April 6, 2012.
31 U.S. Senate Committee on Homeland Security and Governmental Affairs, *Congressional Leaders Cite Telecommunications Concerns with Firms That Have Ties with Chinese Government*, October 19, 2010.
32 *Investigative Report on the U.S. National Security Issues Posed by Chinese Telecommunications Companies Huawei and ZTE. A Report by Chairman Mike Rogers and Ranking Member C.A. Dutch Ruppersberger of the Permanent Select Committee on Intelligence*, U.S. House of Representatives, 112th Cong., October 8, 2012.
33 undated conversation on background.
34 Dell'Oro Group, "Total Telecom Equipment Market Share," Reuters, https://graphics.reuters.com/HUAWEI-USA-CAMPAIGN/0100924N31D/index.html.
35 Kathrin Hille, "How Huawei Lost Its PR Battle in the West," *Financial Times*, February 20, 2019.
36 Eva Dou, "Documents Link Huawei to China's Surveillance Programs," *Washington Post*, December 14, 2021.
37 Eva Dou, "Documents Link Huawei to China's Surveillance Programs."
38 Stacie Hoffmann, Dominique Lazanski, and Emily Taylor, "Standardising the Splinternet: How China's Technical Standards Could Fragment the Internet," *Journal of Cyber Policy* 5 (2020): 239-64.
39 Authors' interview with Kevin Wolf, September 3, 2022.
40 Authors' interview with Kevin Wolf. A Biden administration official who we talked to provided indirect support for Wolf's claim, highlighting

the limits of policy regulations that focused on national security, with no real consideration of economic security.

41 David Bond, George Parker, Sebastian Payne, and Nic Fildes, "US Cyber Chief Warns UK against Giving Huawei 'Loaded Gun,'" *Financial Times*, April 24, 2019.

42 "Defence Secretary Gavin Williamson Sacked over Huawei Leak," BBC, May 1, 2019, https://www.bbc.com/news/uk-politics-48126974 (checked December11, 2021).

43 Bond, Parker, Payne, and Fildes, "US Cyber Chief Warns UK against Giving Huawei 'Loaded Gun.'"

44 Guy Faulconbridge, Kylie MacLellan, and Andrew MacAskill, "No Time to Go 'Wobbly': Pompeo Scolds Britain over China and Huawei," Reuters, May 8, 2019.

45 Steve Stecklow, Farnaz Fassihi, and Loretta Chao, "Chinese Tech Giant Aids Iran," *Wall Street Journal*, October 27, 2011.

46 Steve Stecklow, *Chinese Firm Helps Iran Spy on Citizens*, Reuters Special Report, March 22, 2012, retrieved on September 18, 2022, from http://graphics.thomsonreuters.com/12/03/IranChina.pdf.

47 Steve Stecklow, "Exclusive: Huawei Partner Offered Embargoed HP Gear to Iran," Reuters, December 30, 2012.

48 Steve Stecklow, "Exclusive: Huawei CFO Linked to Firm That Offered HP Gear to Iran," Reuters, January 31, 2013.

49 ZTE (undated), "Proposal for Import and Export Control Risk Avoidance—YL as an Example," available at https://www.bis.doc.gov/index.php/documents/about-bis/newsroom/1436-proposal-for-english/file.

50 Karen Freifeld, "Exclusive: U.S. Probe of China's Huawei Includes Bank Fraud Accusations: Sources," Reuters, December 6, 2018.

51 Karen Freifeld, "INSIGHT: Long Before Trump's Trade War with China, Huawei's Activities Were Secretly Tracked," Reuters, March 6, 2019.

52 Bureau of Industry and Security, U.S. Department of Commerce, "Proposed Charging Letter," https://www.bis.doc.gov/index.php/documents/about-bis/newsroom/1658-zte-final-pcl/file.

53 "ZTE Corporation Document Submitted for Ratification (Review) Form," ZTE, August 25, 2011, available at https://www.bis.doc.gov/index.php/documents/about-bis/newsroom/1438-report-regarding-english/file.

54 USC US-China Institute, "Steve Stecklow Talks about Reporting on Huaiwei [*sic*] ," retrieved on September 22, 2022, from https://www.youtube.com/watch?v=GfpLY10YtPo.

55 *Huawei Annual Report Details Directors, Supervisory Board for the First Time*, Open Source Center, October 5, 2011.

56 Li Tao, "Huawei CFO Sabrina Meng Wanzhou Comments about Compliance in Internal Meeting Before Her Arrest in Canada," *South China*

Morning Post, December 6, 2018.

57 Michael Bristow, "Meng Wanzhou: The Huawei Exec Trapped in a Gilded Cage," BBC, January 24, 2019.

58 Gordon Corera, "Meng Wanzhou: Questions over Huawei Executive's Arrest as Legal Battle Continues," BBC, October 31, 2020.

59 David E. Sanger and Nicole Perlroth, "N.S.A. Breached Chinese Servers Seen as Security Threat," *New York Times*, March 22, 2014.

60 "HSBC Holdings Plc. and HSBC Bank USA N.A. Admit to Anti-Money Laundering and Sanctions Violations, Forfeit $1.256 Billion in Deferred Prosecution Agreement," Department of Justice, December 11, 2012.

61 Aruna Viswanatha and Brett Wolf, "HSBC to Pay $1.9 Billion U.S. Fine in Money-Laundering Case," Reuters, December 11, 2012.

62 Karen Freifeld and Steve Stecklow, "Exclusive: HSBC Probe Helped Lead to U.S. Charges against Huawei CFO," Reuters, February 26, 2019.

63 Greg Farrell, "Sealed HSBC Report Shows U.S. Managers Battling Cleanup Squad," Bloomberg, July 7, 2015.

64 Greg Farrell and Keri Geiger, "U.S. Considers HSBC Charge That Could Upend 2012 Settlement," Bloomberg, September 11, 2016.

65 George Osborne, Britain's chancellor of the Exchequer, had warned earlier that a criminal conviction might prevent HSBC from being able to clear U.S. dollars, risking "destabilizing the bank globally, with very serious implications for financial and economic stability, particularly in Europe and Asia." Quoted in Verdier, *Global Banks on Trial*, 132.

66 Freifeld and Stecklow, "Exclusive: HSBC Probe Helped Lead to U.S. Charges against Huawei CFO."

67 U.S. Department of Justice, "Huawei CFO Wanzhou Meng Admits to Misleading Global Financial Institution," Office of Public Affairs press release, September 24, 2021, retrieved on November 13, 2022 from https://www.justice.gov/opa/pr/huawei-cfo-wanzhou-meng-admits-misleading-global-financial-institution.

68 "Chinese Telecommunications Conglomerate Huawei and Huawei CFO Wanzhou Meng Charged with Financial Fraud," Department of Justice, January 28, 2019.

69 "Huawei Executive Meng Wanzhou Released on Bail in Canada," BBC, December 12, 2018.

70 Natalie Obiko Pearson, "Huawei CFO Meng Wanzhou's Life on Bail: Private Dining, Shopping Sprees and More," *Financial Post*, January 12, 2021.

71 Shen Weiduo and Chen Qingqing, "Update: HSBC Could Face Dead End for Conspiring with US against Huawei," *Global Times*, July 24, 2020. See also Reuters Staff, "HSBC Denies Chinese Media Reports That It 'Framed' Huawei," Reuters, July 25, 2020.

72 Sebastian Payne and Katrina Manson, "Donald Trump 'Apoplectic' in Call with Boris Johnson over Huawei," *Financial Times*, February 6,

2020.

73 Richard Grenell (@Richard Grenell), Twitter, February 16, 2020, 2:03 p.m., retrieved on December 1, 2022, from https://web.archive.org/web/20200320194951/https://twitter.com/RichardGrenell/status/1229164331738312706.

74 John Bolton, *The Room Where It Happened* (New York: Simon & Schuster, 2020), 263 and 277.

75 Sherisse Pham and Abby Philip, "Trump Suggests Using Huawei as a Bargaining Chip in US-China Trade Deal," *CNN Business*, May 24, 2019, retrieved on December 1, 2022, from https://www.cnn.com/2019/05/24/tech/donald-trump-huawei-ban.

76 Bolton, *The Room Where It Happened*, 276.

77 *Entity List*, Bureau of Industry and Security, U.S. Department of Commerce, 2020, retrieved on November 11, 2022, from https://www.bis.doc.gov/index.php/policy-guidance/lists-of-parties-of-concern/entity-list.

78 Authors' interview with Kevin Wolf.

79 U.S. Department of Commerce, "Department of Commerce Announces the Addition of Huawei Technologies Co. Ltd. To the Entity List," press release, May 15, 2019.

80 Bolton, *The Room Where It Happened*, 279.

81 Donald Trump, June 29, Twitter .com. Reported in Colin Lecher, "Trump Says He'll Ease Huawei Restrictions, But No One's Sure How," *Verge*, July 3, 2019.

82 Bolton, *The Room Where It Happened*, 280.

83 Ben Sasse, "Sasse Statement on Executive Order and Huawei," Office of Senator Ben Sasse, May 15, 2019, https://www.sasse.senate.gov/public/index.cfm/2019/5/sasse-statement-on-executive-order-and-huawei (checked November 22, 2021).

84 Interview with Kevin Wolf.

85 Farrell and Newman, "Weaponized Interdependence."

86 Chris Miller, *Chip War: The Fight for the World's Most Critical Technology* (New York: PublicAffairs, 2022).

87 Personal communication from Chris Miller, October 7, 2022. Miller emphasized that "playbook" was his own term, rather than a term used by his interviewee.

88 Chris Miller, *Chip War*, 317.

89 Ian F. Ferguson and Paul K. Kerr, "The U.S. Export Control System and the Export Control Reform Initiative," *Congressional Research Service*,

January 28, 2020.
90 Interview with Kevin Wolf.
91 Phate Zhang, "Huawei Reportedly Chartered a Plane to Bring Back All the Kirin Chips," *CnTechPost*, September 12, 2020.
92 "Global Smartphone Market Share," Counterpoint, retrieved on November 29, 2021, from https://www.counterpointresearch.com/global-smartphone-share/.
93 Kathrin Hille, "U.S. Urges Taiwan to Curb Chip Exports to China," *Financial Times*, November 3, 2019.
94 "Silicon Foundries Surge to New Revenue Records, but Texas Cold Snap Sent Samsung Backwards; TSMC Is Well on Truly on Top with 55 Percent Market Share," *Register*, June 1, 2021.
95 "From TSMC to Tungsten: Semiconductor Supply Chain Risks," Semi-Literate, May 2, 2021, https://semiliterate.substack.com/p/from-tsmc-to-tungsten-semiconductor.
96 Iain Morris, "Huawei Chips Crisis Shortens Odds on China-US Conflict," Light Reading, March 25, 2021.
97 Ian Levy, "A Different Future for Telecoms in the UK," NCSC blogpost, July 14, 2020, retrieved on October 2, 2022, from https://www.ncsc.gov.uk/blog-post/a-different-future-for-telecoms-in-the-uk.
98 *Huawei CFO Wanzhou Meng Admits to Misleading Global Financial Institution*, U.S. Department of Justice, September 24, 2021.
99 United States of America v. Wanzhou Meng, Deferred Prosecution Agreement, Cr. No. 18-457 (S-3) (AMD). United States District Court, Eastern Division of New York, 2021, retrieved on December 15, 2021, from https:// www.justice.gov/opa/press-release/file/1436211/download.
100 Ren Zhengfei, *Conversation with Scientists, Experts, and Interns at the Academia Sinica Innovation Pioneer Symposium*, retrieved on October 2, 2022, from https://xinsheng.huawei.com/cn/index.php?app=forum&mod=Detail&act=index&id=6228877.
101 Dave Yin, "China's Plan to Leapfrog Foreign Chipmakers: Wave Goodbye to Silicon," *Protocol*, November 8, 2021.
102 Yin, "China's Plan to Leapfrog Foreign Chipmakers."
103 Takashi Kawakami and Yusuke Hinata, "Huawei Focuses on Emerging Markets as Outlook in West Remains Dim," *Nikkei Asia*, August 19, 2021.
104 Alexander Gabulev, "Huawei's Courtship of Moscow Leaves West in the Cold," *Financial Times*, June 21, 2020.
105 Matt Walker, "Ericsson, Nokia Benefit Most from First-Half 2021 Telco Network Spend," *FierceTelecom*, September 9, 2021.

106 Elizabeth Chen, "Semiconductor Scandal a Concerning Backdrop to Xi's Pursuit of 'Core Technologies,'" Jamestown Foundation, March 26, 2021.

107 Meng Jing and Zen Soo, "Tech Cold War: How Trump's Assault on Huawei Is Forcing the World to Contemplate a Digital Iron Curtain," *South China Morning Post*, May 26, 2019.

108 "Ministry of Industry and Information Technology: Closely Focus on Technological Self-Reliance and Strive to Solve the Problem of 'Chokepoint'", China News Service, March 1, 2021, https://www.chinanews.com/cj/2021/03-01/9421391.shtml.

109 Adrianna Zhang, "China Releases Details on Its Own Unreliable Entity List," Voice of America, September 2020.

110 "Secretive Chinese Committee Draws Up List to Replace U.S. Tech," Bloomberg, November 16, 2021.

111 Xinmei Shen, "US-China Tech War: Beijing Draws Up Three-Year Plan to Revamp State Technology System," *South China Morning Post*, November 25, 2021.

112 *Outline of the People's Republic of China 14th Five-Year Plan for National Economic and Social Development and Long-Range Objectives for 2035*, Xinhua News Agency (translation by CSET, Georgetown University), available at https://cset.georgetown.edu/wp-content/uploads/t0284_14th_Five_Year_Plan_EN.pdf (checked December 15, 2021).

113 James Lewis, "Learning the Superior Techniques of the Barbarians: China's Pursuit of Semiconductor Independence," Center for Strategic and International Studies, January 2019.

114 Cheng Ting-Fang and Lauly Li, "US-China Tech War: Beijing's Secret Chipmaking Champions," *Nikkei Asia*, May 5, 2021.

115 "Xi Jinping Picks Top Lieutenant to Lead China's Chip Battle against U.S.," Bloomberg, June 17, 2021.

116 This paragraph draws on Yeling Tan, Mark P. Dallas, Henry Farrell, and Abraham Newman, "Driven to Self-Reliance: Coercion and the US-China Innovation Ecosystem," unpublished paper.

117 "Be Alert to 'Prism Gate' and Advance the Localization of Core Technology," Government Procurement Information, July 5, 2013, on file with author.

118 Carrie Lam, from her interview at https://www.facebook.com/hkibcnews/videos/484173425894280/?ref=sharing.

119 Michael Martina, "US Religious-Rights Official Gayle Manchin 'Flattered' by China's Sanctions in Dispute over Uygurs," Reuters, March 29, 2021.

120 Orange Wang, "China-US Rivalry on Brink of Becoming a 'Financial War,' Former Minister Says," *South China Morning Post*, November 9,

2019.

121 Samuel Shen, Winni Zhou, and Kevin Yao, "In China, Fears of Financial Iron Curtain as U.S. Tensions Rise," Reuters, August 13, 2020.

122 "Russia Gives China's Yuan a Boost as Firms Cope with Sanctions," Bloomberg, September 14, 2022.

123 Michelle Chen, "China's International Yuan Payment System Pursues World Finance," Reuters, October 8, 2015.

124 Emily Jin, "Under the Radar: Alternative Payment Systems and the National Security Impacts of Their Growth," Testimony before the House Financial Services Subcommittee on National Security, International Development, and Monetary Policy, September 20, 2022, retrieved on December 1, 2022, from https://financialservices.house.gov/uploadedfiles/hhrg-117-ba10-wstate-jine-20220920.pdf.

125 "Chinese Banks Urged to Switch Away from SWIFT as U.S. Sanctions Loom," Reuters, July 29, 2020.

126 Bjornar Sverdrup-Thygeson, "The Flexible Cost of Insulting China: Trade Politics and the 'Dalai Lama Effect,'" *Asian Perspective* 39, no. 1 (2015): 101-23. See also Xianwen Chen and Roberto Javier Garcia, "Economic Sanctions and Trade Diplomacy: Sanction-Busting Strategies, Market Distortion and Efficacy of China's Restrictions on Norwegian Salmon Imports," *China Information* 30, no. 1 (2016).

127 Robert Blackwill and Jennifer Harris, *War by Other Means: Geoeconomics and Statecraft* (Cambridge, MA: Belknap Press, 2016), 136.

128 Paulina Duran and Kirsty Needham, "Australia and China Spat Over Coronavirus Inquiry Deepens'" *Reuters*, May 18, 2020.

129 Primrose Riordan and Neil Hume, "China Unloads Australian Coal Despite Import Ban amid Power Shortage," *Financial Times*, October 4, 2021.

130 Outlook Web Bureau, "Meeting Dalai Lama Major Offence, China Warns World Leaders," *Outlook*, October 21, 2017.

131 Primrose Riordan, Tabby Kinder, and Jane Croft, "UK Lawyers Feel Ripples of Chinese Sanctions on Essex Court Chambers," *Financial Times*, April 4, 2021.

132 Ross Dellenger, "NBA Responds to U.S. Senator's Letter about League's Relationship with China," *Sports Illustrated*, July 21, 2020.

133 Cheng Ting-Fang and Shunsuke Tabeta, "China's Chip Industry Fights to Survive U.S. Tech Crackdown" *Nikkei Asia*, November 30, 2022.

第四章 甦醒入冬

二〇二二年三月一日，一件意想不到的事情發生了。歐盟執委會（European Commission）主席發表了一次具有歷史意義的演說。

歐盟執委會位於比利時布魯塞爾，是歐盟（European Union, EU）的行政機關。在一九八〇和一九九〇年代，新歐洲在它的協助下逐步建立，它也引導爭吵不休的各國政府進入單一市場，並打破了國與國之間的經濟障礙。幾年後，愛爾蘭鎊（Irish punts）、葡萄牙埃斯庫多（Portuguese escudos）、德國馬克（German deutsche marks）和法國法郎（French francs）全數轉換為單一貨幣——歐元（euro）。這正是美國記者湯馬斯・佛里曼筆下全球化的縮影：商業與國際法的勝利使自由市場與開放邊界取代了尖銳的國家敵意，而這一切都由執委會的技術官僚主導。

到了二〇二二年，這個願景已然成為難以想像的往事。如今，主導議程的已不是歐盟執委會，而是德國和法國這樣的大國。無論如何，歐洲早已不再投身於劇烈的轉型變革。

當俄羅斯入侵烏克蘭時，就如同童話故事裡的午夜鐘聲敲響。歐洲藉由商業換取安全的美好幻想，隨著硝煙瀰漫的瞬間煙消雲散。眼看烏克蘭在隔壁遭受殘酷肢解與吞併，評論家們預測，歐洲將繼續陷入無關緊要的境地，只會徒然發表憤怒的譴責聲明，頂多再宣布幾項無濟於事的經濟制裁措施。

然而，情況並非如評論家所預測的那樣。歐盟執委會現任主席、前德國總理安格拉・梅克爾（Angela Merkel）的得意門生烏蘇拉・馮德萊恩（Ursula von der Leyen）[1]宣布了一個聽起來像是歐洲新開端的計畫。[2]歐盟「以光速」對俄羅斯的「金融體系、高科技產業和腐敗菁英」推出了「三波嚴厲制裁」。歐洲禁止俄羅斯主要銀行接入 SWIFT 網路，切斷空中巴士（Airbus）對俄羅斯航空公司的零件供應，並凍結俄羅斯寡頭的資產。最令人震驚的是，歐盟阻止俄羅斯央行動用其存放於歐洲的資金，使莫斯科原以為不受政治干預的「數十億外匯儲備」陷入癱瘓。在接下來的幾天裡，歐洲與美國陸續追加措施，將俄羅斯排除在全球經濟的關鍵領域之外。數十年來，歐盟一直沉睡，夢想著一個沒有強權政治的世界。而現在，它終於醒來了。

夢醒是一回事，發動經濟戰卻是完全不同的另一回事。歐盟的初衷是開放市場，而非把市場變成一種可利用的武器。然而，歐盟本身既脆弱又分裂。歐洲或許已感受到北方之熊的利爪正掐住它的要害，但德國經濟對俄羅斯天然氣的依賴卻是無法迴避的現實。匈牙利的情況同樣如此——更何況，匈牙利總統還是普丁的忠實擁護者。

儘管如此，歐洲這次能夠對俄羅斯入侵作出反應，實際上得益於數年前已經開始的變革。而推動歐洲轉型的動力卻出人意料：最初讓歐洲從長期的蟄伏中甦醒的，既不是對俄羅斯的恐懼，也不是對中國的憂慮，而是來自美國的威脅。

* * *

不過數年之前，沒有任何歐洲主流官員會認為美國是一個威脅。歐盟與美國之間的關係牢不可破，根本不容質疑。雙方偶爾在政策上有分歧，或出現一些短暫的摩擦——這在朋友之間再正常不過。但彼此絕不會威脅到彼此的根本利益。

事實上，現代歐洲在某種程度上是美國建構的。第二次世界大戰後，歐洲聯邦主義者希望建立一個統一的歐洲，他們的宏大抱負與美國希望其盟友合作重建經濟的務實目標不謀而合。然而，這並未如某些聯邦主義者所期望的那樣促成一個歐洲超級國家的誕生，而是形成了一系列首字母縮寫令人困惑的組織，這些組織如同聖經中難以記住的族長一般，彼此相繼出現：歐洲煤鋼共同體（European Coal and Steel Community, ECSC）、[3]歐洲經濟共同體（European Economic Community, EEC）、歐洲共同體（European Community, EC），最終演變為歐盟（European Union, EU）。

縮寫雖然隨著時間不斷變化，但夢想始終未曾改變：透過經濟合作，取代長期困擾歐洲的衝突與戰爭。德國和法國——這兩個歐盟最大的創始國——在過去近一個世紀中曾是勢不兩立的敵人，在殘酷的戰爭與戒慎的和平之間反覆輪迴。而如今，兩國共同成為歐盟成員，這一身分理應使戰爭成為不可想像的事情。他們與其他創始國一同承諾建立一個「更緊密的聯盟」，[4]矢志將這片飽經戰火蹂躪的大陸轉變為一個以市場關係為基礎的和平區域。

歐盟建立在「透過市場實現和平」的理念之上。它毋須過於擔憂戰爭，因為其重要成員國同時也是北約（North Atlantic Treaty Organization, NATO）成員，能夠依賴美國的核子保護傘。此外，貿易本身便構成一種安全保障：有哪個國家會選擇對自己的貿易夥伴發動戰爭，從而損害自身經濟利益？

美國的保護意願有時會與歐洲的貿易熱情相矛盾。冷戰期間，雷根（Ronald Reagan）政府試圖阻止蘇聯獲得強勢貨幣。然而，德國等歐洲國家則需要穩定的能源供應，並希望從蘇聯購買天然氣和石油。[5]他們甚至願意協助蘇聯的天然氣生產商俄羅斯天然氣工業股份公司（Gazprom）建造一條管道，將西伯利亞的天然氣輸送到西歐。

早慧的哈佛大學生安東尼．布林肯（Antony（Tony）J. Blinken）撰寫了一篇畢業論文，隨後迅速將其改編成一本書，闡述為何美國認為該輸氣管是在資助敵人，而歐洲則聲稱這是促進和平的機會。美國希望通過「經濟戰」摧毀蘇聯，而歐洲的重要人士則更傾向於改造蘇聯。[6]他們相信，協助建造那條輸氣管將幫助俄羅斯融入全球經濟體系，進而改變其政治體制並緩和其行為模式。

雷根政府對參與建設俄羅斯天然氣管道的歐洲企業實施經濟制裁，甚至暗示，如果歐洲不配合，美國將「重新考慮對西歐的軍事承諾」。[7]然而，歐洲人立場堅定，公然藐視美國的制裁，挑戰美國採取報復行動。他們對美國干預「歐洲擁有、經營，甚至是國有的企業」感到憤怒。[8]最終，雷根讓步了，因為他擔心制裁對美國企業的傷害，將遠大於對抗制裁的歐洲企業。結果，這條管道只比原定計畫延後幾個月就完工了。

冷戰結束後，這一切都被拋諸腦後。歐盟熱情擁抱開放貿易的全球經濟新秩序，依靠經濟相互依賴來維繫和平，並將美國對歐洲的持續保護視為理所當然。同時，歐洲深信自身利益與全球經濟的開放是密不可分的。正如德國人所說的，這一策略的核心就是「透過貿易促進變革」（Wandel durch Handel）。

冠冕堂皇的理想與商業利益攜手並進。表面上，貿易讓中國經濟更接近西方模式，實際上卻讓德國汽車製造商和機械生產商的錢包更加鼓脹。Gazprom 的輸氣管道也在某種程度上拉近了俄羅斯與西方的距離，同時為德國化工巨頭巴斯夫（BASF）等製造商提供了廉價的能源和原材料。作為歐盟的兩個主導國家，德國和法國認為，將部分歐洲能源基礎設施的所有權交給Gazprom 和俄羅斯石油公司（Rosneft）是完全合理的，儘管波蘭和烏克蘭提出了抗議。他們相信，共同利益必然會讓俄羅斯與歐洲的關係更加糾纏難解。儘管歐洲依賴俄羅斯的天然氣，俄羅斯也同樣仰賴歐洲提供資金。如果俄羅斯停止向歐洲供應天然氣，損失的將是自身利益，不僅失去利潤，還得放棄已建成的昂貴基礎設施。

或許商業的魔力，確實能將一頭粗野凶猛的野獸改造成一位彬彬有禮的侍臣。然而，在這個童話故事背後，卻潛藏著一個不那麼光彩的現實版本——對黃金的貪婪追求。冷戰時期的「東方政策」（Ostpolitik）[9]本旨在透過貿易與政治聯繫，逐步改變俄羅斯和東歐，然而在實際執行中，它往往淪為一團充滿私利糾葛的網絡，讓一些人脈深厚的歐洲政客藉機謀取暴利。德國前社會民主黨總理格哈特・施羅德（Gerhard Schröder）因積極協助俄羅斯公司建設歐洲能源基礎設施而臭名昭彰。[10]在卸任前一年，他曾對傳記作者坦言，自己離開政壇後想要「賺些錢」。[11]俄羅斯能源巨頭如 Gazprom 和 Rosneft 也樂於助他一臂之力，以豐厚的報酬回饋他的人脈資源，幫助他實現這一目標。

歐盟在安全上依賴美國，在能源上依賴俄羅斯，在貿易上依賴中國。而這些依賴並未給它帶來顯著的困擾。歐洲官員的視野中，所見的只是和平商業交流如廣袤平原般在二維空間上無盡延展。然而，在這片表面之下所發生的一切——如美國地下帝國的崛起、俄羅斯領土野心的暗中復甦，以及中國日益增長的威權主義——則彷彿存在於另一個平行世界中，完全不為人所見。

當歐洲政治人物憂慮矽谷的主導地位時，無非是因為歐盟企業正被市場排擠。歐洲政界雖然寄望歐元最終能取代美元，但從未將美元結算系統視為重大的戰略威脅。畢竟，美國怎會用它來對付歐洲？當歐洲人擔憂全球貿易與供應鏈時，關注的僅是經濟層面，而非安全風險。歐盟官員對於仰賴俄羅斯天然氣所帶來的地緣政治風險毫不在意，反倒擔心能源供應商的市場集中可能損害經濟競爭。而如何管理能源企業之間的競爭，自然是歐盟執委會的分內事。這個曾經肩負塑造新歐洲使命的機關，如今卻淪為在米白色牆面、懸掛著單調而略顯詭異的官方藝術品的辦公室中，頒布晦澀難懂的植物檢疫法規（你不會想知道細節）的單位。[12]誠然，執委會仍掌握重權——畢竟能源市場舉足輕重——但它處理的事務，大多是在布魯塞爾之外少有人關心的枯燥瑣事。

歐盟對集體安全利益這種事，連認真思考都覺得麻煩。所謂的「共同外交與安全政策」，說白了，只是各成員國各自利益與政策一種敷衍的事後補充。[13]歐盟執委會執著於將其管轄範圍——如貿易和單一市場——與那些可能讓法國等成員國藉機干預經濟的危險外交政策議題劃清界限。每當安全問題浮現，比如千禧年之交有關國家安全局的「梯隊」監控系統醜聞，歐盟官員大多只是聳聳肩、一笑置之。正如奧地利隱私權倡議者馬克斯・施雷姆斯（Max Schrems）在二〇一六年所言：「根本問題在於，歐盟對國家安全毫無管轄權。」[14]歐盟並未設立類似美國外國資產控制辦公室（OFAC）的機關。制裁決議必須經二十七個成員國一致同意，且由各成員國的國家官僚機關部門執行，而這些機關往往缺乏妥善執行的資源。[15]當其他國家動用貿易武器或供應鏈攻擊破壞歐盟安全時，歐盟的本能反應既非反擊，也非自衛，而是向WTO提起訴願，尋求其主持公道。

在最壞的情況下，歐盟對全球化的堅信讓它忽視了攸關生存的威脅。但在最好的時候，這種信念也能催生出化解頑疾的方案，化干戈為玉帛。二〇一三年，歐盟斡旋促成伊朗限制核計畫的協議，就是一個典範。歐洲官員希望這份協議能治癒美伊關係這道久治不癒的傷口。如此一來，歐洲企業便能在伊朗開展業務，而不必再擔心美國的制裁，甚至可能為美伊之間的初步和解奠定基礎。歐盟既能從中獲利，也能造福各方。歐洲的角色絕非僅止於旁觀助力。正如時任美國國務卿約翰・凱瑞（John Kerry）所言，歐盟外交事務高級代表凱瑟琳・艾希頓（Catherine Ashton）是一位「執著而頑強」的談判者，[16]在推動最終達成《聯合全面行動計畫》（JCPOA）的過程中扮演了決定性的要角。[17]（譯註：JCPOA又簡稱為伊朗核協議，達成協議時，艾希頓已經卸任。）

JCPOA是透過貿易促進和平的最後一次重要嘗試。根據該協議，伊朗得以重返SWIFT系統，聯合國也取消了對伊朗施加的相關限制。儘管美國依舊禁止自家企業進入伊朗市場，但同意放棄針對外國企業的「二級制裁」。作為交換條件，伊朗承諾限制其核燃料濃縮活動，然而它堅持納入「落日條款」（sunset clauses），規定這些限制將在若干年後逐步放寬。[18]

歐盟希望透過簽訂JCPOA促進美國與伊朗之間建立更健康的關係。若伊朗感受到來自敵對勢力的威脅減弱，便可能減少發展核武計畫的動機。這項協議成為歐洲外交實力及其新興全球影響力的象徵。[19]正如歐盟的經驗所證明，貿易與相互依賴可以成為構建和平與友誼的基石。

* * *

當唐納・川普當選為美國第四十五任總統時，沉睡中的歐洲開始不安地躁動。然而，根據德國駐美大使彼得・威悌（Peter Wittig）的說法，人們最初並未過於憂慮。[20]他們認為總統的職位會改變這個人。川普雖然性格反覆無常，但也容易受奉承影響。在川普政府執政的最初幾個月，歐洲各國領導人紛紛造訪華盛頓表達敬意。

歐洲人確實預料到JCPOA會引發麻煩。在二〇一五年的一次茶黨集會上，川普與他的共和黨提名對手、參議員泰德・克魯茲（Ted Cruz）為誰更討厭JCPOA而爭論不休。[21]克魯茲宣稱，任何未來的總統都應該「撕碎這項災難性的協議」，而川普則在不同場合中，用「最糟糕的」、「可怕的」、「惡劣的」、「恐怖的」和「可笑的」等詞語來形容這份協議。[22]

不過，當川普就任總統後，他並沒有立即退出JCPOA。與克魯茲和其他共和黨人不同，川普並非基於原則反對與伊朗達成協議，他的反感主要源於個人情緒。[23]川普並未親自參與JCPOA的談判，但他深信憑藉自己在「談判藝術」[24]上的絕對優勢，必能達成一份更好的協議。二〇一八年一月，川普延長了美國二級制裁的豁免期，然而他警告說，如果歐洲不同意「修復該協議的災難性缺陷」，他將在一百二十天內終止協議。[25]

歐洲和美國之間的非正式談判，因為雙方無法解決協議的落日條款爭議而破裂了，該條款允許伊朗在大約十年後可以重新提煉濃縮燃料。美國國務院首席伊朗談判代表布萊恩•胡克（Brian Hook）告訴我們，他的歐洲同行一致認為該協議存在缺陷，但是他們「身為創始者的尊嚴」阻止他們無法解決問題。[26]胡克的歐洲同行尊重胡克甚於尊重某些川普政府的其他官員，但是他們並不同意胡克的分析。對歐洲官員來說，達成一項可行的協議簡直就是奇蹟，他們無法置信，美國居然如此理所當然地棄之不顧。二〇一八年四月，法國總統馬克宏訪問華府，希望說服川普接受一個更全面、但細節尚模糊不清的新安排。[27]川普沒有接受。

幾週後，川普政府單方面毀棄了伊朗核協議，美國隨即重啟對伊朗的經濟制裁。[28]雖然制裁的主要對象是伊朗，但歐洲企業也在打擊範圍之內。通過重新對外國企業實施制裁，美國實際上是在迫使其盟友停止執行一份美國自己曾經參與談判並且簽署的協議。馬克宏曾警告說，如果美國退出JCPOA，就會打開「潘朵拉的盒子」。[29]隨後的幾年中，恐懼與危機不斷湧現，而希望卻依然遙不可及。

這一次，美國沒有理由退縮。自雷根總統任內以來，美國對全球金融的控制力顯著增強，這使得美國能將自身出口商的壓力轉嫁到歐洲公司身上。儘管歐洲展開了積極的遊說活動，但仍無法說服美國為其公司提供豁免，最終導致法國能源巨頭道達爾公司（Total Energies）退出了一項價值四十八億美元、開發伊朗南帕爾斯（South Pars）油田的協議。[30]其他歐洲公司也紛紛撤出。法國前國民議會議員卡琳・伯傑（Karine Berger）指出，歐洲面臨一個「重大問題」：「從經濟角度來看，這個問題沒有解決方案。」[31]他們只能在放棄伊朗還有切斷與美元及美國業務的聯繫之間作出選擇。對許多公司來說，這並不是一個艱難的抉擇。丹麥物流巨頭馬士基（Maersk）的負責人直言：「鑑於美國即將實施制裁，如果你在美國也有業務，你就無法在伊朗做生意；更何況我們和美國的業務規模很大。」[32]

理論上，歐盟法律禁止歐洲公司遵守美國的制裁。但實際上，歐洲公司能輕易繞過這項法律。只要他們宣稱停止在伊朗的業務與制裁無關，監管機關就不願花力氣去證明其中的關聯。一位歐盟官員強調，這項阻止歐洲配合美國制裁的法規，其意義在於發揮「示警作用」，[33]但也承認最終還是由企業自行決定該怎麼做。

二〇一八年八月，川普政府在克魯茲等共和黨參議員及保衛民主基金會（Foundation for Defense of Democracies）等反伊朗遊說團體的壓力下，再次將把伊朗踢出 SWIFT 的議題提上檯面。[34]財政部長史蒂芬・姆努欽（Steven Mnuchin）不願在未獲歐洲同意的情況下推進此事，但國家安全顧問約翰・波頓等官員則積極推動所謂的對伊朗「最大壓力」行動。一位不願透露姓名的政府官員開始洩密，對姆努欽進行攻擊，聲稱他正在「把川普變成歐巴馬」；同時指責「歐洲人像小丑般嘲弄美國人」，甚至與伊朗「公開幸災樂禍」，[35]對姆努欽的猶豫態度進行譏諷。波頓後來在其回憶錄中批評姆努欽，很可能只是巧合。[36]最終，姆努欽「建議」SWIFT 切斷與受制裁的伊朗機構的聯繫；同年十一月，SWIFT 宣布中斷與伊朗銀行的往來，並以履行其「支持全球金融體系的彈性和完整性，作為全球和中立服務提供商的使命」為由，製造一個虛應故事的法律說詞，[37]試圖掩飾這個決策實際上是在回應美國的要求。

歐洲爭先恐後地為伊朗建立能抵禦美國壓力的新金融管道。最終，三個歐洲大國同意共同設立一個全新的金融機構，唯一目的是在伊朗面臨生死存亡時，為其維持最低限度的經濟往來。德國、法國和英國（當時正準備退出歐盟）成立了「支持貿易往來工具」（Instrument in Support of Trade Exchanges, INSTEX），這是一個專為支持與伊朗貿易而設的平台，透過一套複雜的交換系統運作，避免與美元產生任何直接聯繫。

美國曾暗示可能會對負責 INSTEX 的歐洲政府官員實施制裁，[38]但事實證明，這樣的威脅毫無必要。INSTEX於二〇二〇年三月完成了首筆交易，[39]協助向伊朗出口醫療用品。然而在此之後，它幾乎陷入停滯。一位金融業人士在二〇二一年底告訴我們，INSTEX內部「氣氛十分糟糕」，充斥著「相互指責」，而實質性進展寥寥無幾。一些歐洲官員將INSTEX比作「一個實驗室，可以在那裡嘗試一些奇特的方案」，確實，它為金融系統的不同環節開發出了一些「非常規解決方案」。[40]然而，INSTEX自身能力有限，而歐盟也不願採取澈底的變革來建立一個真正可行的美元霸權替代方案。時任歐盟外交與安全政策高級代表費德麗卡・莫格里尼（Federica Mogherini）曾無奈表示，要對抗「美國在全球經濟和金融體系中的影響力」實在太難。[41]對歐洲產業界而言，「伊朗的慘痛經驗」成為了歐盟無力作為的象徵。[42]

慢慢地，歐洲人開始明白，川普的敵意遠不止於伊朗，也並非像其他政府一樣僅僅為了迫使歐洲讓步而討價還價。在川普心情好的時候，他將歐洲視為一個需要打罵才能馴服的奴僕；而在他心情不好的時候，歐洲則是一個必須澈底壓垮的對手。

二〇一八年夏天，當被問及美國最大的敵人是誰時，川普回答：「你們可能想不到歐盟，但他們確實是我們的敵人。」[43]在《會見新聞界》（*Meet the Press*）節目的採訪中，當川普被問到歐洲對伊朗協議的憂慮時，他毫不客氣地回應說他「根本不在乎歐洲人怎麼想」。[44]川普還曾私下表示，他想讓美國退出北約，因為他認為北約只是一個讓歐洲從美國身上撈取好處的騙局。[45]

這個新興的美國令人恐懼，充滿潛在的敵意，而歐洲卻對此束手無策。數十年前，當歐洲各國的根本經濟利益受到威脅時，各國政府尚能聯合起來迫使美國退讓。如今，他們卻淪落到只能懇求與無力抱怨的地步。歐洲在覺醒時驚覺，自己在沉睡之間，已經從一位盟友，變成了一個更大帝國的邊陲行省。它的金融體系與企業，早已被一個日漸失控的美國強行徵調，投入為其效勞的行列。

* * *

歐洲官員已經醒悟，但仍然苦於找不到合適的詞彙來描述自己的遭遇。他們獨特的全球化語言體系，只適合用來表達歐洲在開放全球經濟中的自私需求與慾望。現在，這個經濟體的主人正在驅趕它的盟友，如同用尖頭棒趕牛一般。那麼，在美國不再提供支持的世界裡，歐洲究竟能做些什麼？最初的答案——如歐盟慣常的風格——帶著德爾菲神諭（Delphic oracle）般的模糊與曖昧，彷彿阿波羅（Apollo）駕著一團充滿官僚口號的迷霧降臨，令人費解。

「地緣戰略歐洲」、「戰略自主」與「戰略主權」等流行詞彙，如同傳染病般在布魯塞爾、巴黎和柏林迅速蔓延，通過智庫政策簡報和政客演說，不斷交換「DNA」並快速變異。德國綠黨（The Greens）新崛起的外交政策思想家布蘭特納（Franziska Brantner）指出，這些圍繞用詞的爭論並非如他人所描述的「有毒的狡辯」，[46]而是「政治行動者試圖掩蓋深刻的、實質性的差異，與差異帶來的結果」的一種手段。各種官方白皮書本身就是不同版本的敘事，而官員們則為確定哪一種才是正確的故事爭論不休。這場角力的關鍵在於歐洲的意義、歐洲與美國的關係，以及歐洲究竟應該堅守其對開放市場的承諾，還是將之作為一種脅迫工具。

「戰略自主」（strategic autonomy）這個看似無害的流行詞，[47]激起了極為激烈的分歧。這一口號由歐盟對外行動署（European External Action Service, EEAS）於二〇一六年提出，當時該署仍處於發展初期（譯註：EEAS於二〇一一年成立，其名稱雖然專注於外交，但實際負責整合外交與安全事務，相當於外交與部分防務的結合）。這一術語旨在暗示，歐盟應該發展自身的軍事能力，而非完全依賴美國。在JCPOA瓦解之後，歐洲官員進一步將「戰略自主」的概念擴展至經濟領域，用以反思一系列問題：歐盟是否應繼續堅守其自由市場的理念？如果美國突然變得不再可靠，歐盟該如何獨立行動？倘若歐洲的利益需求與美國產生衝突，歐盟又可能如何採取反制措施？

法國總統馬克宏主張，歐洲需要在經濟和軍事事務上都追求戰略自主。然而，德國前總理梅克爾對此詞頗為反感，她本能地致力於與美國維持穩固的關係。一位梅克爾同黨的前國防官員解釋道：「德國的安全與國防機關對『戰略自主』這個詞毫無好感。」[48]德國擔心，馬克宏和法國政府的目標是建立一個「即使沒有美國，歐洲也能保障自身安全」的世界。在二〇一七年索邦大學的一場演講中，馬克宏刻意避開這一具有挑釁意味的流行語，[49]但除此之外，他幾乎未採取其他行動來緩解德國的疑慮。他指出，歐盟長期以來將自身與世界其他國家隔離開來，其基本假設是「安全不是歐盟的責任；這是美國的事」。如果歐盟想要保護其公民並維持與其公民的聯繫，就必須發展「歐洲主權」，[50]需要能夠自衛，同時「與北約相輔相成」。

即使在德國，情勢也在悄然發生變化。馬克宏的經濟與財政部長布魯諾・勒梅爾（Bruno Le Maire）希望歐盟發展其「經濟主權」，避免淪為「一個唯命是從、引人喝令的附庸」，[51]這並不令人意外。真正引人注目的是，梅克爾的一位重要部長也公開表示同意。德國聯邦外交部長海科・馬斯（Heiko Maas）在德國一家知名報紙上發表文章，[52]指出美國和歐洲早在川普上任之前便已逐漸疏遠。他認為，現在正是時候建立一個更為獨立的歐盟，擁有「獨立於美國之外的支付管道與 SWIFT 系統」。歐洲可以成為美國的「制衡力量」，以及新國際秩序的「支柱」。

對梅克爾而言，這類想法過於激進。她迅速將馬斯的文章貶為純粹的「個人意見表述」，[53] 並指出馬斯事前並未與她商議，而且她對這些提議深表反對，特別是關於重組 SWIFT 的部分。[54]

然而，馬斯的言論絕非臨時起意。他的提議反映了德國外交部內部一個悄然成立的任務小組的工作成果。該小組正在起草德意志聯邦共和國有史以來第一份「美國戰略」。戰後的德國從未需要這樣的戰略規劃，因為此前從未有任何一位美國總統將德國視為敵人。正如一位德國高層外交官所言，這個工作組的任務實質上是「澈底重構德國的外交政策，因為我們過去完全依賴美國友誼，如今這一核心前提正受到質疑。」[55]

即便梅克爾對此議題作出不友善回應，德國外交部仍持續探討這個看似不可思議的可能性，但必須謹慎行事以避免引人注目。在法國外交部的支持下，德國外交部委託著名智庫歐洲外交關係委員會（European Council on Foreign Relations）撰寫一份報告，為歐洲該如何應對美國的金融施壓提供建議。[56] 該報告由兩位年輕的政策專家艾莉・葛蘭梅耶（Ellie Geranmayeh）和曼努埃爾・拉豐・拉普努伊（Manuel Lafont Rapnouil）共同撰寫，後者隨後離開該委員會，轉任法國外交部政策規劃辦公室主管。一位前德國高級官員向我們透露，這兩個部門「不想讓人看出他們的參與」，但希望能將歐洲自主性這個議題「推上檯面」。[57]

該報告的標題雖然平淡無奇——「迎接二級制裁的挑戰」——但其內容卻具有爆炸性的影響力。葛蘭梅耶和拉普努伊指出，美國很可能持續採取經濟侵略行為，對歐洲利益造成損害。因此，歐洲必須積極準備，建立自己的強制性工具來制衡美國的金融實力。歐盟不僅需要理解美國在全球金融網絡中的主導地位，還必須採取行動，降低自身脆弱性，同時「展現運用自身力量為歐洲謀求利益的決心」。INSTEX 被視為有潛力成為「歐洲貿易體系的基石，與傳統的美國主導路徑並行運作」，從而保護歐洲企業免受美國干預。

區塊鏈（Blockchain）技術和歐元的走強或許能幫助歐盟更有效地對抗來自美國的壓力。更重要的是，歐盟應該裝備好自己，透過凍結美國銀行和企業的資產，或拒絕發放在歐盟地區經營的許可，來反制美國的脅迫手段。這些建議無疑相當激進，但葛蘭梅耶和拉普努伊希望，它們的存在本身就足以威懾美國的過度行為，從而使這些提議的方案不必真正付諸實施。

這份報告促使歐盟執委會重新審視自身的角色定位。長期以來，執委會一直將自己定位為自由市場交易的守護者。歐盟創始條約中承諾的「四大自由」——商品、服務、資金和人員的自由流動——就如同基因中的腺嘌呤、胸腺嘧啶、鳥嘌呤和胞嘧啶，這些基本構件的組合構築了這個更大有機體的運行法則。[58]然而，在葛蘭梅耶和拉普努伊的報告發表後幾個月，烏蘇拉・馮德萊恩成為歐盟執委會的新任主席。與她的前任不同，馮德萊恩希望歐盟持續進化，在堅守開放貿易承諾的同時，加強對國家安全的關注，甚至著手開發自己的經濟武器。

馮德萊恩在擔任德國國防部長（該部向來有「德國部長的政治墳場」[59]的惡名）期間並未有突出表現。然而，她已深切體認到歐洲需要一套真正的安全戰略。馮德萊恩生於布魯塞爾，其父曾是歐盟執委會高級官員。擔任國防部長期間，她走訪歐洲各國首都，倡議加強歐洲安全合作，並推動組建一支統一的歐洲軍隊。馬克宏認為她是出任執委會主席的理想人選。[60]他同樣期待歐盟能夠認真對待防務議題，並希望馮德萊恩能爭取德國支持，打造一個更強大且在政治上更具自主性的執委會。梅克爾（作為馮德萊恩在德國政壇的導師）同意提名她，讓她有機會重返布魯塞爾，重塑歐洲的同時也重塑自己的職業生涯。

當馮德萊恩上任時，她宣告需要打造一個「地緣政治型的執委會」。[61]然而，她並未清楚闡釋「地緣政治」的具體含義，也迴避了與執委會內其他官員的爭論——這些官員數十年來專注於維護貿易和單一市場的核心職責，並努力將其與其他政策領域嚴格區隔開來，以確保自身的專業領域不受外界干擾。

法國政治學家皮埃爾・哈羅奇（Pierre Haroche）指出，歐盟執委會內部一些官員擔憂，有關地緣政治和戰略自主的言論恰如特洛伊木馬（Trojan horse），暗藏著他們數十年來一直抵制的經濟保護主義和國家干預等勢力。[62]任何獲准突破他們防線的政策建構，都可能在內部潰決，讓潛伏的敵對力量傾巢而出，摧毀防線。這些官員竭盡全力抵禦這個老對手。歐盟貿易事務委員菲爾・霍根（Phil Hogan）在一次廣受關注的演說中宣布，歐盟的貿易政策將以「開放的戰略自主」為指導原則。[63]據此，歐盟將在全球貿易體系的規範內採取更為強勢且堅定的行動，盡可能抵禦來自川普的攻擊。霍根巧妙地加入一個形容詞，稀釋了戰略自主的原意，使國家安全反而從屬於貿易，而非讓貿易服務於國家安全。這個充滿弔詭的標語立即招致嘲諷。《金融時報》貿易記者艾倫・貝堤（Alan Beattie）迅速開發出一個貿易政策術語產生器，讓讀者可以任意組合各種政策流行語。[64]儘管如此，這個口號仍然成為一面旗幟，讓支持自由貿易的力量得以集結，共同對抗敵人。

修辭之爭演變成政策之爭。要嚴肅地宣稱開放貿易是解決歐洲所有問題的萬能解方，變得越來越困難。當新冠疫情爆發時，歐盟成員國赫然發現他們的個人防護裝備（personal protective equipment, PPE）嚴重依賴中國製造商，而疫苗則完全仰賴美國製藥公司的供應。歐洲一直以來依賴的即時供應鏈，如今已成為威脅其生存的致命弱點。[65]各國紛紛開始囤積物資，歐盟成員國為了搶奪醫用口罩和呼吸器等稀缺資源而相互對立。經過數週的混亂與相互指責之後，成員國終於達成共識：不再阻撓彼此購買個人防護裝備。取而代之的是，各國將遵從歐盟執委會的決策，而執委會則保留阻止向世界其他地區出口的最終權力。

戰略自主性逐漸成為歐洲官員分析歐洲脆弱性的討論框架。不久，他們關注的已不僅是美國。一位歐盟執委會高層官員表示：「從經濟層面來看，戰略自主性……指的是我們在個人防護裝備、關鍵原料以及整個供應鏈上的依賴問題，這些依賴……幾乎都來自中國。」[66]

對川普的積累憂慮和對中國的新興疑慮，促使歐盟執委會官員開始更務實地探討一個具地緣政治思維的委員會能發揮何種作用。按照歐洲外交關係委員會的建議，他們著手制定所謂的反脅迫工具——這是一個新的法律框架，授權歐盟針對外部威脅採取「反制措施」（countermeasures），無論這些威脅來自美國、中國，抑或其他國家。

即使是最堅守自由貿易立場的人士，也不得不承認歐盟執委會需要獲得新的權力。執委會已無法再仰賴WTO，因為川普癱瘓了世貿組織的法律上訴機制。[67]作為歐盟執委會最高層貿易官員之一的薩賓・韋恩德（Sabine Weyand），對貿易如何勝過戰爭有著深刻且個人的體悟。她在德法邊境的一個小鎮成長。經歷川普時期後，她坦然指出：「每個人都在重新審視自身的依賴關係：這些依賴是脆弱點，而非單純的貿易連結。」[68]這顯示歐洲必須作出改變：「我們不能坐視他國將貿易武器化。我們必須具備回應的能力。」[69]

韋恩德和其他官員期望，只要做好充分準備就能再次恢復平衡：「如果這個工具能夠發揮作用，我們就不需要真正動用它。」[70]另一位執委會官員向我們表示，人們期待的是「擁有足夠強大的力量來遏阻衝突。」[71]如同葛蘭梅耶和拉普努伊，這些官員希望威懾力量的存在本身，就足以化解外部威脅，甚至可能有助於重振那個長期讓歐洲受益的舊有多邊貿易體系。

馬斯提出建立獨立歐洲金融系統的方案，以及葛蘭梅耶和拉普努伊更為激進的建議，最終都被悄然擱置；倘若局勢進一步惡化，這些方案或許才會重新被提上議程。一如既往，歐洲希望盡可能延後作出抉擇的時機。模糊的措辭在此發揮了作用，讓仍然堅持自由貿易理念的人士與主張歐洲推行更激進地緣政治轉型的陣營，得以找到妥協的空間。

但這不僅是語言文字的博弈。在川普之前，歐洲官員從未想像有人會像韋恩德那樣公開宣告：歐盟執委會不僅要盤點歐洲受制於其他強權的弱點，還著手研究「反向依賴關係……即其他國家如何依賴我們」。[72]一小群歐盟執委會官員已悄然受命，專門尋找其他強權經濟體的薄弱環節，以便歐盟在必要時加以利用。[73]

歐洲已經開始思考並討論戰略問題。它能清楚看到美國制裁帶來的緊迫性和醫療供應鏈的脆弱性，但還存在一個龐大到幾乎難以察覺的隱憂。以德國為代表的歐洲國家，不僅依賴美國的金融體系和中國的出口市場，更無法脫離對俄羅斯能源供應的依賴。本應作為拉近俄歐關係橋梁的Gazprom天然氣管道，若反被用作扼制歐洲經濟的武器，後果將會如何？

* * *

綠黨歐洲發言人弗蘭齊斯卡・布蘭特納——日後擔任德國聯邦經濟事務和氣候行動部國會國務祕書（譯註：Parliamentary State Secretary，國會國務祕書一職，在內閣制國家約略等同副部長級職位）——在歷經多年政治生涯後，仍清晰記得在冷戰後德國政治體系中成長的那種「令人窒息」的感受。這種氛圍不僅源於沒有人願意挑戰現狀，更在於德國兩大主要政黨——中間偏右的基督教民主黨（Christian Democrats）和中間偏左的社會民主黨（Social Democrats）——之間的共識，壓制了真正的辯論空間。在布蘭特納看來，德國人其實不乏有趣的想法，但這些想法大多無緣進入主流討論。這也部分解釋了為什麼德國會如同夢遊般地陷入對俄羅斯天然氣和石油的依賴。

現代德國經濟的基礎建立在俄羅斯能源供應之上。冷戰結束後，德國和其他北歐國家不斷尋求獲取俄羅斯天然氣的新途徑，而 Gazprom 則致力於為輸氣管道尋找繞過烏克蘭的替代路線，因為烏克蘭試圖從連接西伯利亞與西歐的管道中廉價攫取部分氣源。最早建成的是「北溪一號」（Nord Stream 1）管道，這條管道沿著波羅的海海底連接俄羅斯和歐洲。接著是計劃中的「南溪」（South Stream）管道，原本打算穿過黑海海底，但最終未能建成。歐盟執委會於二〇一四年以擔心破壞市場競爭為由阻止了這一計畫。據報導，這徹底激怒了普丁，他在一次歐盟—俄羅斯峰會上暴怒道：「要是我再聽到一個字提到競爭，我就把你們全都凍個半死。」[74]

普丁的威脅被忽視了。德國製造業需要廉價天然氣作為能源，德國家庭同樣如此。對大多數人來說，這點認知就足夠了。德國的中間派政治共識建立在一種普遍的自願性視而不見之上：無視支撐德國製造業經濟的能源來源，以及這些能源變成敵人手中利刃的可能。就連普丁的美國崇拜者川普也曾輕蔑地表示，德國的天然氣問題就是德國「完全被俄羅斯控制」[75]的典型例證。

德國綠黨吸引了社會運動人士與有志投身政治的人，因為綠黨敢於挑戰現實中的種種幻想。

他們不僅在能源議題上持續施壓，也在環境政治、性別平等及其他核心價值議題上積極推動。創黨初期，綠黨內部因此爆發激烈鬥爭：[76]一派主張從外部挑戰既有共識，另一派則希望在體制內推動變革。然而，隨著綠黨逐步贏得政治職位，情勢開始轉變。一九九〇年代，德國綠黨作為社會民主黨的聯合政府夥伴參與執政，之後更成為巴登—符騰堡邦政府的主導政黨。在這一過程中，綠黨的溫和派逐漸掌控了黨內主導地位。他們依然堅守綠黨的諸多創黨理念，例如推動去核化，但同時願意與其他政黨合作，逐步實現這些目標。

德國的主流政治人物將俄羅斯天然氣視為解決方案，但綠黨卻認為這正是問題的根源。天然氣讓德國對化石能源產生依賴，拖延了邁向零碳經濟的轉型進程。它使德國和其他少數北歐富國受益，卻是以犧牲歐洲夥伴的利益作為代價。最終，它更使德國依附於一個日趨殘暴的專制政權。綠黨對「以貿易促變革」這類口號完全不以為然，認為這不過是為追逐利潤而便宜行事、漠視人權與民主問題的藉口。

只要綠黨不在政府中執政，他們就幾乎沒有改變現狀的能力。二〇一五年，Gazprom與幾家歐洲大型能源公司組成財團，[77]著手興建「北溪二號」（Nord Stream 2, NS2）輸氣管道，這是第二條穿越波羅的海海底輸送天然氣的管道。從當時的情勢來看，一切似乎已經塵埃落定。西格瑪・加布里爾（Sigmar Gabriel）——前總理施若德的長期親信——當時擔任德國經濟事務和能源部長。他在公開場合辯稱北溪二號將有助於與俄羅斯建立「不同且更穩定的關係」。[78]然而，私下裡，他卻向普丁保證，「南溪潰敗事件」不會重演。這一次，加布里爾將阻止歐盟當局對管道工程「多加干涉」。此外，北溪二號的合約設計也刻意避免歐盟執委會有任何干預的空間，確保管道建設不受外部政治力量的阻擾。

梅克爾聲稱北溪二號純粹是一個「商業計畫」，[79]她所屬的基督教民主黨與加布里爾等社會民主黨人士合作，推動該計畫順利通過。然而，當著名的俄羅斯反對派政治人物阿列克謝・納瓦尼（Alexei Navalny）神祕中毒後，綠黨隨即向議會提出動議，呼籲政府停止北溪二號工程。所有其他政黨卻聯合起來投票反對綠黨的提案。《金融時報》指出，反對綠黨動議是「梅克爾的基民盟／基社盟、社會民主黨、極左的德國左翼黨（Die Linke）和極右的德國另類選擇黨（Alternative for Germany）幾乎從未在任何議題上達成共識的極少數情況之一」。[80]當綠黨指出北溪二號正在「分裂歐洲」，並疏遠波蘭和烏克蘭等國家時，德國其他政黨根本不願意傾聽這些警告。

歐洲對烏克蘭的抱怨充耳不聞。《華爾街日報》指出，烏克蘭最終在美國國會找到了更熱切的支持者。[81]起初，烏克蘭國有能源公司納夫托加斯（Naftogaz）的瓦迪姆・格拉馬茲丁（Vadym

Glamazdin）試圖遊說川普政府官員，但連回信都要不到。於是，格拉馬茲丁轉向國會，與一名遊說者合作，試圖找出「俄羅斯要建造北溪二號還缺少什麼關鍵要素？」一名智庫研究員意外發現了一個隱藏的弱點：一位俄羅斯能源專家曾在網路論壇上承認，俄羅斯的船隻難以鋪設北溪二號的管道。

烏克蘭人找到了他們的關鍵制衡點。他們能向美國參議員提出具體的行動建議，而這些參議員不僅痛恨Gazprom，還希望扶持美國能源企業。得益於「水力壓裂」（fracking）技術革命，美國天然氣產量在短短幾年間增長了近百分之七十，[82]使美國躍升為全球最大的天然氣生產國。來自德克薩斯州的參議員泰德・克魯茲與川普有著相似的立場：一方面讚揚俄羅斯所謂的「文化陽剛性」，另一方面卻對歐洲的對俄政策抱持敵意與懷疑。[83]此外，克魯茲代表的德克薩斯州是美國天然氣產業重鎮，這使他更有動機支持美國能源產業的利益。克魯茲對格拉馬茲丁的構想深感興趣，隨即著手建立一個政治聯盟，旨在阻止俄羅斯建造更多通往歐洲的天然氣管道。他希望歐洲改買美國生產的「自由天然氣」（freedom gas）[84]——這些天然氣將經過冷卻液化後，由油輪運往大西洋彼岸。

當克魯茲介入時，輸氣管道工程已將近完工。然而，海底管道的最後幾英里必須穿越丹麥海岸附近的一處海盆。這片海域在二戰和冷戰期間曾經棄置大量化學製品和傳統彈藥。[85]這意味著在放置管道時必須非常小心。瑞士—荷蘭合資的工程公司 Allseas 開發出獨特專利技術，使其船隻即便在如此危險的環境下，也能保持每日三至五公里（約兩至三英里）的管道鋪設速度。

克魯茲及其同僚在立法草案中瞄準了管道鋪設公司 Allseas，呼籲美國國務院和財政部「針對北溪二號管道工程」，追查任何「在海深一百呎或以上進行管道鋪設作業的船隻」。[86]這項草案後來被納入美國二〇二〇年國防授權法案。正如克魯茲和參議員羅恩・強生（Ron Johnson）帶著幸災樂禍的語氣告訴 Allseas 執行長愛德華・赫雷瑪（Edward Heerema）的一樣，任何被發現違反法律的公司都可能面臨「嚴厲且可能致命的法律和經濟制裁」。[87]Allseas 很快收到訊息，隨即命令其作業船隻返回母港。克魯茲及其參議院同僚則迅速將目光轉向其他目標，包括保險公司、管道認證機構，以及為管道供應材料的德國穆克蘭（Mukran）港的員工。

就連那些反對北溪二號的人也認為，美國政客以類似「嚴厲的法律和經濟制裁」[88]威脅一群陷入困境的德東小鎮港口裝卸工人，[89]實在「太過分」。儘管梅克爾的回應一如既往地低調，僅表示「我們不贊成這種域外制裁的做法」，[90]但綠黨的外交政策發言人卻將這封信形容為「經濟宣戰」，[91]並呼籲保護德國企業免受「華盛頓荒野西部式的行徑」侵害。德國外長海科・馬斯則強調，德國堅信「歐洲的能源政策應由歐洲而非美國來決定」，[92]但他隻字未提該計畫的設計本就旨在規避歐洲的監管。他還進一步警告，「這種過河拆橋的策略只會把俄羅斯推向中國」。[93]

美國的貪婪和威脅反而可能適得其反。布蘭特納表示，「在川普決定反對這個計畫之前很久，我就已經反對北溪二號了」，因為從「氣候目標、歐洲的整體利益和團結精神來看，這個計畫根本說不通。」[94]她接著說：「可惜川普後來也強烈反對北溪，這反而讓我們陷入困境。人們就會說『噢，你們不過是附和川普』，或指控我們只想要美國的液化天然氣。我想，如果川普沒有表現得這麼強硬，我們反對北溪二號的理由會更容易被接受。」[95]

川普下台後，拜登政府依然擔憂俄羅斯天然氣問題，但同時也必須兼顧與盟友之間的關係。多年以前曾撰寫過有關歐洲能源政治文章的布林肯，早已不再是當年那位年輕的哈佛天才，現在他已獲得國會確認，正式擔任拜登政府的國務卿。儘管參議員克魯茲持續施壓，甚至阻撓中央情報局局長及其他關鍵官員的確認聽證會，美國最終還是同意擱置對北溪輸氣管的制裁，以換取德國作出兩項承諾：向烏克蘭提供一點七五億美元的綠色技術援助，以及若俄羅斯試圖將輸氣管線作為威脅烏克蘭或歐洲的工具，將對俄羅斯採取懲罰性措施。[96]

北溪二號輸氣管於二〇二一年九月完工，但德國官員延後了最終的核可程序。[97]梅克爾即將告別政壇，而她領導的基督教民主黨在德國大選中失去執政權。新政府由社會民主黨主導，並與綠黨及規模較小、親市場派的自由民主黨共同組成聯合政府。

新政府中的多位綠黨部長將這條輸氣管形容為「地緣政治上的錯誤」，[98]並警告，如果俄羅斯加劇對烏克蘭的敵對行動，這條管道可能永遠無法投入營運。這些言論加劇了俄羅斯的擔憂，即德國和歐盟將阻止北溪二號工程通過審核。

事實上，俄羅斯早在夏季便開始將其天然氣供應武器化，阻撓德國在異常寒冷的冬季過後完整補充其天然氣儲備。面對那些過於遲鈍而未能領會個中玄機的人，俄羅斯國有通訊社直白地道出了弦外之音：「在評估該公司在歐洲市場的任何舉動時，務必謹記一個關鍵事實：Gazprom 必須完成北溪二號管道的建設工程。」[99] Gazprom 暫緩供應，就是要讓西方夥伴「適應」這個殘酷現實：他們的能源安全完全仰賴俄羅斯的合作。[100]

即使俄羅斯準備入侵烏克蘭，許多德國政治人物仍緊抱自己的幻想。社會民主黨籍的總理奧拉夫・蕭茲（Olaf Scholz）雖然警告俄羅斯德國將對其實施懲罰，但他始終拒絕明確表態是否會中斷北溪二號，而他的國防部長則聲稱「我們不應該將北溪二號捲入這場衝突」。[101]外洩的政府內部文件顯示，德國希望能源領域能在針對俄羅斯的任何制裁中獲得豁免。[102]

美國則堅持相反立場。在一次峰會上，拜登總統明確警告：「如果俄羅斯入侵……北溪二號將不復存在。我們會終結它。」[103]幾天後，德國綠黨經濟部長羅伯特・哈柏克（Robert Habeck）重申，如果俄羅斯入侵烏克蘭，北溪二號將不會獲得批准，[104]並強調：「如今，能源政策始終與地緣政治密不可分。」俄羅斯入侵烏克蘭後僅數小時，哈柏克便宣布暫停北溪二號的認證，使該計畫徹底擱置。[105]

我們無法確知，如果俄羅斯沒有入侵烏克蘭，這些管道會有什麼結果。不過，這些管道以及歐洲與俄羅斯的關係，或許終究還是會陷入困境。

一位在歐洲能源政治領域擁有數十年經驗的外交官告訴我們，在此前的對抗中，歐盟並不真的擔心俄羅斯會切斷天然氣供應。畢竟，俄羅斯有理由期待，自己能因為與歐洲的關係，獲得持續數十年的穩定利潤。然而，到了二〇二二年，即便沒有戰爭威脅，這段關係也已經瀕臨破裂。

歐盟已經啟動了一項極具野心的計畫，旨在邁向後碳經濟。[106]如果這項計畫成功，歐洲將不再那麼依賴俄羅斯的化石燃料。在這位外交官的描述中，歐洲透過與俄羅斯的貿易來維持和平，其運作建立在一個「重複賽局」（repeated game）之上：歐洲有購買天然氣的長期利益，而俄羅斯則有出售天然氣的長期利益。如今，這個運作模式似乎即將瓦解。

這就是俄羅斯堅持完成北溪二號的原因。俄羅斯急切地想要讓歐洲陷入依賴，希望迫在眉睫的商業需求能壓倒為了應對「長期氣候變遷」這種模糊願景而採取的行動。一位外交官認為，將入侵烏克蘭稱為「第一次氣候戰爭」有些言過其實。普丁的動機遠不止於能源。他曾撰寫過一篇冗長且妄想色彩濃厚的文章，[107]闡述關於包括烏克蘭在內的一個「更大的俄羅斯」，並將烏克蘭與西歐之間搖搖欲墜的整合進程，視為對自身權力的威脅。如果烏克蘭成功轉型為一個民主國家，俄羅斯人可能會開始質疑他們自己的領導人。

但是，即使氣候變遷並非戰爭的起因，它卻讓俄羅斯能以更低的成本、更便利的方式，將天然氣用作武器。如果歐洲無論如何都要擺脫對天然氣和煤炭的依賴，那麼為什麼不趁著歐洲在天然氣供應上還存在弱點時拿這個來對付他們？未來，任何需要顧慮的長期持續性利潤都不復存在了。無論歐洲是否意識到這一點，那條通過相互依賴維繫和平的關係鏈已經徹底斷裂了。

但是，誰又能確定呢？也許當歐洲人被迫直面自己對俄羅斯天然氣的高度依賴時，他們會選擇妥協。舊有的共識已經瓦解，再也沒有人相信俄羅斯的天然氣僅僅是滿足歐洲能源需求的商業解決方案而已。關鍵在於，誰會最終勝出：是綠黨所描繪的未來——一個不再依賴威權國家化石燃料的歐洲——得以實現，還是歐洲會如普丁所期望的那樣，被迫接受其依賴，並進一步陷入俄羅斯的影響之中？

＊　＊　＊

俄羅斯入侵烏克蘭後的幾天裡，這些令人不安的問題的答案依然撲朔迷離。起初，似乎任何行動都為時已晚；評論家們普遍認為，俄羅斯將贏得這場戰爭。

烏克蘭的抵抗原本會迅速崩潰，俄羅斯的坦克則將開進基輔。歐洲的經濟應對措施頂多只是一場小插曲，在最糟的情況下，甚至可能演變為一場澈底的失敗。然而，烏克蘭挺住了，而歐洲與美國的經濟應對措施也遠超任何人的預期，前所未見地發揮鋪天蓋地的作用。某種程度上，這還得「歸功於」川普——四年前，他並非以親吻，而是以一記重擊，將歐洲從夢境中驚醒。

在宣戰前，美國國務卿安東尼・布林肯曾警告，美國將採取「一系列我們過去迴避使用的高衝擊經濟措施」，[108]並讚揚美國盟友展現的團結。然而，這種團結的深度仍然不明朗。據德國主要財經報紙《商報》（*Handelsblatt*）報導，德國政府拒絕考慮將俄羅斯排除在SWIFT系統之外。[109]

二〇二二年二月二十四日，當超過十萬名俄羅斯軍隊入侵烏克蘭時，歐盟必須面對一個關鍵抉擇：它是否要認真看待地緣政治？歐盟雖然沒有軍事力量，但擁有強大的經濟實力。它會實施真正有效的制裁嗎？如果德國不挺身而出領頭，其他歐盟成員國恐怕也不會跟進。歐盟的制裁措施需要全體二十七個成員國一致同意。正如一位匿名官員在入侵前所警告的，最大的風險在於最終結果可能不是體現「最高共識」，而是妥協於「成員國最低能夠容忍的底線」。[110]

後來事態的發展證明，自從二〇二一年十一月以來，美國一直在與歐盟私下合作，協調可能採取的制裁措施。據一位美國國務院官員後來向《金融時報》透露，美國高層官員「平均每週花十到十五個小時與歐盟進行加密通話或視訊會議」。[111]在這過程中，歐盟執委會扮演了關鍵的協調角色，在美國和歐洲各國首府之間來回斡旋，透過漫長而艱辛的過程，逐步建立共識。當制裁措施最終公布時，美國反常地願意讓歐洲擔任領頭羊，多次等待歐方先行宣布措施後才跟進。」[112]

馮德萊恩在三月的演說之所以具有歷史意義，正是在於此。這次制裁的規模遠超歐盟過往所構想的任何制裁措施。德國願意「犧牲」北溪二號天然氣管線，顯示其他成員國也必須挺身而出。[113]這次沒有出現慣常的條件交換與討價還價。當義大利表明不會否決使用 SWIFT 系統的決議時，德國也隨之放棄原本的反對立場。那些在入侵發生前數週仍備受爭議的措施迅速獲得通過，但很快就被更為嚴厲的制裁手段所掩蓋。

有時候，歐美彷彿在競相較勁，看誰能更快認定要制裁哪一家俄羅斯銀行以及哪一位掌握政經大權的寡頭。普丁的密友羅曼・阿布拉莫維奇（Roman Abramovich）在俄羅斯從共產轉型時期積累了一百二十億美元的財富，如今被迫出售其擁有的英國切爾西足球俱樂部（Club Chelsea）。[114]俄羅斯石油公司的擁有者伊戈・謝欽（Igor Sechin）曾在一月將其長達八十八公尺的遊艇真愛號（Amore Vero）駛入法國拉西奧塔港（La Ciotat）維修。然而，到了三月二日，船員試圖「採取緊急措施啟航，儘管維修尚未完成」，[115]最終該遊艇被扣押。到了五月，義大利當局更是扣押了一艘據稱屬於普丁本人的遊艇。[116]

一些較溫和的制裁措施雖在預料之中，但沒有人預料到最激進的措施會是全面攻擊俄羅斯央行的儲備。這項措施僅用七十二小時便完成了規劃、協商並付諸執行。[117]過去十年間，俄羅斯央行積累了約六千億美元的儲備金，以防範美國的制裁。[118]然而，當歐盟和美國聯手採取行動時，俄羅斯央行猝不及防地發現，這筆龐大儲備金的大部分竟已無法動用。

除了少量金條外，這些儲備大多以美元、歐元和英鎊計價。它們並非以實體形式存在，而是以帳面紀錄的方式存於其他中央銀行和國際結算銀行等國際機構的帳冊中。只要美國和歐盟行動迅速，就能阻止俄羅斯動用這些資金。馮德萊恩的歐盟執委會幕僚再次發揮了關鍵作用。她的辦公室主任（首席副手）比約恩・賽伯特（Bjoern Seibert）與美國財政部長珍妮特・葉倫（Janet Yellen）、歐洲央行前行長馬里奧・德拉吉（Mario Draghi），以及其他歐洲官員進行了一系列長時間的加密通話，商討如何阻止俄羅斯取得資金的細節，[119]務必在週一市場開市前確保所有安排到位。

歐洲政治人物高調宣稱，歐洲終於成為一股地緣政治力量。[120]接替前義大利外交部長莫蓋里尼（Federica Mogherini）和歐盟外交與安全政策高級代表艾希頓（Catherine Ashton）的歐盟外交與安全政策高級代表何塞普・博雷利（Josep Borrell）於二〇二二年五月表示：「此刻，歐盟正以地緣政治行為者的姿態行事……運用權力的語言。」在同一場合，芬蘭前總理亞歷山大・斯圖布（Alex Stubb）談及歐盟如何學會快速且果斷地採取行動：「歐盟很快從一個……監管超級大國轉變為一個行動者。在歐元危機中，歐盟扮演這個角色花了數年，在新冠疫情中則花了幾個月，而當戰爭來臨時，實際上只用了幾天。」[121]他補充說：「如今，在何塞普和歐盟執委會主席烏蘇拉・馮德萊恩的領導下……歐盟執委會確實如承諾所言，成為了一個地緣政治型的執委會。」

* * *

馮德萊恩的演講所帶來的振奮情緒並未持續太久。隨著歐盟及其執委會努力落實那些倉促間達成的措施，地緣政治的閃電戰迅速淪為消耗性的壕溝戰。歐盟執委會雖仍在為新一輪制裁進行談判，但隨著歐洲對俄羅斯採取的行動愈多，其對美國力量的依賴，以及在全球貿易上的脆弱性，也愈發明顯。

歐洲仍無法掌控自己的命運。儘管歐洲人並不擔心拜登會轉頭把歐盟對美國力量的依賴拿來對付自己，但這種依賴始終存在。隨著歐盟試圖對俄羅斯發動經濟戰，這種依賴愈加暴露無遺。

歐盟在應對此類衝突時顯得準備不足，仍處於摸索如何運用經濟脅迫並攻擊對手弱點的階段。在實施制裁時，歐盟各成員國不得不依賴美國的情報，因為他們既無法確知哪些人持有特定銀行帳戶，也無法掌握哪些船隻正在規避管制。歐盟越是努力建立自身的力量與權威，便越深刻意識到，它所欠缺的關鍵資源正是美國所擁有的：情報、機關、技術專業，以及對全球市場的掌控力。前丹麥首相兼北約祕書長安諾斯・福格・拉斯穆森（Anders Fogh Rasmussen）坦言，這些正是歐盟的致命弱點。他建議在北約的安全保障清單中增列一項「免於經濟脅迫」（protection from economic coercion）的條款，藉此「在民主國家的經濟領域，實現與北約在安全領域同樣的威懾力與團結精神」。[122]歐洲雖然能協助美國，但仍無法真正實現自主。

歐盟執委會金融服務負責人瑪麗艾德・麥吉尼斯（Mairead McGuinness）在接受《金融時報》訪問時表示，她對建立一個歐盟版的外國資產控制辦公室持開放態度，該機關可以監督制裁的執行並協調成員國之間的政策。她委婉地指出目前需要協調的問題，提到「有些國家在制裁執行方面擁有強大的基礎設施，而另一些國家則相形見絀。」[123]德國總理蕭茲也承認，「如果我們希望在大國競爭的世界中擁有話語權」，歐洲在外交政策上「已經無法再承受國家否決權的存在」。[124]然而，其他歐洲國家仍不願放棄否決權，藉此阻止它們不認可的外交政策措施。

即使歐洲建立了這些機關，其他國家仍能利用依賴關係對付它。政界人士私下憂心二〇二四年美國大選可能帶來的劇變。一位歐洲人借用阿諾・史瓦辛格（Arnold Schwarzenegger）主演的《魔鬼終結者》（"*Terminator*" movies）系列中的台詞告訴我們，第二次川普政府將是「T2」：比第一次執政更強大、更致命、更縝密。如果川普或與他理念相近的人當選，歐洲將不得不適應一個驟然變得寒冷且陰暗的世界。

俄羅斯企圖以一個嚴寒徹骨的冬季來威脅歐洲。二〇二二年夏季，俄羅斯以「維護」為由關閉北溪一號天然氣管道。[125]南歐國家原本就不依賴北溪，而且在二〇一〇年至二〇一二年歐洲經濟危機期間已經飽受債務問題的訓斥，此時面對德國呼籲團結的要求自然不以為然。西班牙能源轉型部長特雷莎‧里韋拉（Teresa Ribera）也直言不諱地表示：「與其他國家不同，西班牙在能源運用上一向量力而為。」[126]

俄羅斯試圖進一步加劇這些緊張局勢。在二〇二二年七月的一次電視演說中，普丁強硬宣稱，制裁對實施制裁的國家造成的傷害，遠大於對俄羅斯的影響，並警告若美國和歐洲繼續施壓，將引發「災難性」後果。[127]他顯然希望天然氣禁運所帶來的經濟重創能瓦解圍堵他的國家聯盟。當匈牙利外交部長訪俄尋求和平並懇請天然氣供應時，俄羅斯外交部長謝爾蓋‧拉夫羅夫（Sergey Lavrov）向他表示讚許，並宣稱：「一場戰役正在進行。歐洲的官僚體系企圖讓所有人屈服，包括各國政府。它想要制定條件，並收買任何形式的異議。」[128]當北溪一號和二號管道遭到破壞時，俄羅斯被視為「主要嫌疑人」。

然而危機中蘊含著機遇。綠黨希望藉此危機進一步加速邁向後碳經濟的轉型。歐盟執委會主張，應對俄羅斯脅迫的最佳良方是「大規模擴建並加速發展再生能源」，[129]包括鬆綁限制太陽能設施和風力發電場建設的法規。這些改革與投資不僅能確保歐洲安全，更能減緩氣候變遷。

一個改頭換面的歐洲是可能的。在這個願景中，戰爭的替代方案不再是自由貿易和開放市場，而是綠色能源與自給自足。早在戰爭爆發前，歐洲已經開始對鋼鐵和水泥等高碳排放產品徵收關稅。[130]現在，歐盟執委會希望獲得權力，[131]對未能履行《巴黎協定》（Paris Agreement）承諾的國家實施貿易制裁。這可能會改變歐洲與拜登政府之間的關係，因為美國已將氣候變遷視為國家安全威脅。正如金融評論員愛德華多・薩拉瓦萊（Edoardo Saravalle）所建議的，歐盟或許應利用「綠色制裁」來針對那些加劇全球暖化的活動。[132]

但是，這種轉變需要數年的時間。目前，歐洲必須設法度過一個缺乏暖氣的冬天。儘管綠黨長期堅決反對化石燃料，哈柏克仍然決定重新啟用燃煤電廠。他還推遲了核電廠的關閉，[133]這一決定激怒了抗議者以及許多支持他的選民。綠黨過去曾因共同反對核電而團結一致，而如今，他們的領導人卻希望核電廠繼續運行，因為其他替代方案更加糟糕。

即使歐洲克服了與俄羅斯的問題，它仍然必須開始正視中國的影響。像福斯汽車（Volkswagen）這樣的大企業，若被迫中斷與俄羅斯的合作，尚在可承受範圍內；然而一旦聽聞可能失去中國市場的任何消息，便會陷入極大的恐慌。德國綠黨籍外交部長安娜萊娜・貝爾伯克

（Annalena Baerbock）警告商界：「相互依賴也伴隨著風險」，[134]並呼籲德國重新審視對中國奉行的「商業優先」原則。然而，如果無法進口中國的太陽能板和電池，她和她的同事所期望的氣候轉型將變得更加艱難，甚至可能無法實現。

隨著美國和中國漸行漸遠，緊張局勢必然會加劇。如果歐洲想取悅美國，就必須拒絕向中國提供其政府與商界領袖急切渴求的高端產品與精密機械，從而冒著招致中國報復的風險。而如果歐洲與中國走得更近，則勢必會觸怒美國。

對於歐洲是如何讓自己陷入這種進退兩難的困境，歐盟執委會副主席瑪格瑞特・維斯塔格（Margrethe Vestager）毫不閃躲：「我們經歷了一次痛苦的醒悟，發現自己已經進入了相互依存關係被當成一種武器的時代。」[135]有人認為歐洲過於天真，但維斯塔格則認為：「我們只是太貪婪。」她和其他歐洲人「如今看清了一個建立在廉價俄羅斯能源和廉價中國勞動力基礎上的生產模式所存在的嚴峻限制」，並強調「必須從中汲取教訓」。

這些教訓將充滿考驗。歐洲是否能以共同安全取代開放市場，成為團結的基石？面對新的壓力，法國與德國之間、大小成員國之間、南北歐之間，以及東西歐之間的內部分歧，是否會進一步擴大成無法修復的裂痕？而當歐洲致力於轉型為地緣政治強權時，中國及其他域外國家又將作何反應？

曾幾何時，歐洲曾夢想著能同時擁有美國這位守護者的友誼，又能與所有其他國家自由貿易，並在這一切中保持安然無恙。然而，如今它終於澈底醒來，發現自己孤零零地佇立在寒冷的冬日山坡上。那種輕易得來的美好結局，已成過去。

註釋

1 Christina Goßner and Philipp Grüll, Merkel and von der Leyen: Two Long-Time Companions Guiding Europe," *Euractiv*, July 3, 2020, retrieved on March 11, 2022, from https://www.euractiv.com/section/future-eu/news/merkel-and-von-der-leyen-two-long-time-companinions-guiding-europe/.

2 *Speech by President von der Leyen at the European Parliament Plenary on the Russian Aggression against Ukraine*, retrieved on March 11, 2022, from https://ec.europa.eu/commission/presscorner/detail/en/speech22_1483.

3 "The Founding of the European Communities," *CVCE.EU*, retrieved on December 2, 2022, from https://www.cvce.eu/en/education/unit-content/-/unit/d5906df5-4f83-4603-85f7-0cabc24b9fe1/7550d654-18b4-4e04-86d1-9bd3a8dddf5a.

4 "Treaty of Rome (EEC)," European Union, 2017, retrieved on November 14, 2022 from https://eur-lex.europa.eu/legal-content/EN/TXT/?uri=LEGISSUM:xy0023.

5 Helen Thompson, *Disorder: Hard Times in the 21st Century* (Oxford: Oxford University Press, 2022).

6 Antony J. Blinken, *Ally Versus Ally: America, Europe and the Siberian Pipeline Crisis* (New York: Praeger, 1987).

7 Bruce Jentleson, *Pipeline Politics: The Complex Political Economy of East-West Energy Trade* (Ithaca, NY: Cornell University Press, 1986), 199. On the Cold War politics of gas, see also Michael Mastanduno, *Economic Containment: CoCom and the Politics of East-West Trade* (Ithaca, NY:

Cornell University Press, 1992).
8 Blinken, *Ally Versus Ally*, 105.
9 Angela Stent, *From Embargo to Ostpolitik: The Political Economy of West German-Soviet Relations* (New York: Cambridge University Press, 1981).
10 Erika Solomon, "Gerhard Schröder Draws German Ire by Keeping Faith with Russia," *Financial Times*, March 28, 2022.
11 Katrin Bennhold, "The Former Chancellor Who Became Putin's Man in Germany," *New York Times*, April 23, 2022.
12 One of the authors was once a stagiaire (a glorified intern) in the European Commission's unit for keeping track of legislation. The unexpected departure of half the unit's personnel meant that he had to suddenly learn a lot more about the intricacies of EU regulation than he ever expected or desired.
13 Wolfgang Wagner, "Why The EU's Common Foreign and Security Policy Will Remain Intergovernmental: A Rationalist Institutional Choice Analysis of European Crisis Management Policy," *Journal of European Public Policy* 10, no. 4 (2003): 576-95.
14 Authors' interview with Max Schrems, January 21, 2016.
15 "Berlin to Create Task Force to Enact Russia Sanctions—Report," Deutsche Welle, March 12, 2022.
16 Catherine Mayer, "Meet the Woman Who Helped Negotiate the Iran Nuclear Deal," *Time*, November 25, 2013.
17 Peter Spiegel, "EU Foreign Policy Chief Lady Ashton Comes of Age in Iran Talks," *Financial Times*, November 26, 2013.
18 Robert Einhorn, "'Fix' the Iran Deal, but Don't Move the Goalposts," Brookings, January 18, 2018.
19 Tarja Cronberg, "No EU, No Iran Deal: The EU's Choice Between Multilateralism and the Transatlantic Link," *Nonproliferation Review* 24, nos. 3-4 (2018): 243-59.
20 Authors' interview with Peter Wittig.
21 "Trump, Cruz Headline Tea Party Rally against Iran Nuclear Deal," NPR, September 9, 2015.
22 "Trump on the Iran Deal: 'Worst, Horrible, Laughable,'" *BBC News*, April 26, 2018.
23 Jake Sullivan, "Trump's Only Iran Strategy Is to Punish Iran," *Atlantic*, May 19, 2018.
24 Donald Trump and Tony Schwartz, *The Art of the Deal* (New York: Random House, 2016).
25 Robert Einhorn, "'Fix' the Iran Deal, But Don't Move the Goalposts."
26 Authors' interview with Brian Hook, February 12, 2021.

27 Julian Borger and David Smith, "Macron Pitches New Iran Deal to Sweeten Existing Agreement for Trump," *Guardian*, April 24, 2018.

28 Reuters Staff, "Factbox: How Trump Is Reimposing Iran Sanctions after Ditching Deal," Reuters, May 8, 2018.

29 William Dobson, "Macron Doesn't Believe He Changed Trump's Mind on the Iran Deal," NPR, April 25, 2018.

30 "French Energy Giant Total Officially Pulls Out of Iran," Deutsche Welle, August 21, 2018.

31 Quoted in Eric Maurice, "EU Has No 'Magic Bullet' against US Iran Sanctions," *EUobserver*, May 16, 2018.

32 Reuters Staff, "Maersk Latest Company to Shun Iran as EU Scrambles to Save Nuclear Deal," Reuters, May 17, 2018.

33 Robin Emmott, "EU Considers Iran Central Bank Transfers to Beat US Sanctions," Reuters, May 18, 2018.

34 Matthew Lee, "US Lawmakers Urge Iran Expulsion from SWIFT Banking Network," Associated Press, October 18, 2018; Richard Goldberg and Jacob Nagel, "Here's How Trump Can Bring Iran Back to the Table," Foundation for the Defense of Democracies, August 28, 2018.

35 Adam Kredo, "Trump Admin Will Allow Iran Key Financial Lifeline in Major Concession," *Washington Free Beacon*, October 24, 2018.

36 John Bolton, *The Room Where It Happened* (New York: Simon & Schuster, 2020).

37 Hilary Hurd, "U.S. Reimposes the Second Round of Iran Sanctions," *Lawfare* (blog), November 9, 2018, retrieved on April 2, 2022, from https:// www.lawfareblog.com/us-reimposes-second-round-iran-sanctions.

38 "U.S. Warns Europe That Its Iran Workaround Could Face Sanctions," Bloomberg, May 29, 2019, retrieved on April 2, 2022, from https:// www.bloomberg.com/news/articles/2019-05-29/u-s-warns-europe-that-its-iran-workaround-could-face-sanctions.

39 "INSTEX Successfully Concluded First Transaction," German Federal Foreign Office, March 31, 2020.

40 Authors' interview with financial industry expert.

41 Lili Bayer, "EU Shield Looks Flimsy against Trump's Iran Sanctions," *Politico*, July 17, 2018.

42 Authors' interview with German industry official.

43 Cat Contiguglia, "Trump: EU Is One of United States' Biggest Foes," *Politico*, July 15, 2018.

44 Adam Forrest, "Trump Says 'I Don't Care about the Europeans' After Questions on Iran Crisis," *Independent*, June 24, 2019.

45 Julian E. Barnes and Helene Cooper, "Trump Discussed Pulling U.S. from NATO, Aides Say Amid New Concerns over Russia," *New York Times*, January 14, 2019.

46 Franziska Brantner, "We Need to Pull Our Own Weight," European Council on Foreign Relations, December 10, 2020.

47 *Shared Vision, Common Action: A Stronger Europe: A Global Strategy for the European Union's Foreign and Security Policy*, European External

Action Service, June 2016.

48 Authors' interview with former German defense department official.

49 Authors' interview with French foreign policy official.

50 Emmanuel Macron, *Speech at the Sorbonne*, September 26, 2017, retrieved on May 6, 2022, from https://international.blogs.ouest-france.fr/archive/2017/09/29/macron-sorbonne-verbatim-europe-18583.html.

51 Patrick Wintour, "U.S. Faces European Backlash against Iran Sanctions," *Guardian*, May 11, 2018.

52 Heiko Maas, "Wir Lassen Nicht Zu, Dass die USA über Unsere Köpfe Hinweg Handeln," *Handelsblatt*, August 21, 2018.

53 Matthew Karnitschig, "Merkel Quashes Foreign Minister's (Anti) American Dream," *Politico Europe*, August 22, 2018.

54 Jo Harper, "Maas Wants End to US Dominance," Deutsche Welle, August 27, 2018.

55 Susan B. Glasser, "How Trump Made War on Angela Merkel and Europe," *New Yorker*, December 24 and 31, 2018.

56 Ellie Geranmayeh and Manuel Lafont Rapnouil, "Meeting the Challenge of Secondary Sanctions," European Council on Foreign Relations, June 25, 2019.

57 Authors' interview with former senior German official.

58 Wolfgang Munchau, "Europe's Four Freedoms Are Its Very Essence," *Financial Times*, November 12, 2017.

59 Ben Judah, "The Rise of Mrs. Europe," *Critic*, October 2020.

60 Judah, "The Rise of Mrs. Europe."

61 European Commission, "The von Der Leyen Commission: for a Union That Strives for More," press release, September 10, 2019.

62 Pierre Haroche, "A 'Geopolitical Commission': Supranationalism Meets Global Power Competition," *Journal of Common Market Studies*, forthcoming.

63 *Speech by Commissioner Phil Hogan at Launch of Public Consultation for EU Trade Policy Review*, June 16, 2020.

64 "The All-New Trade Secrets Policy Philosophy Name-Generator," retrieved on September 25, 2022, from https://d1e00ek4ebabms.cloudfront.net/production/uploaded-files/name%20generator%20policy%202-f8a5db5f-518a-4f96-b4f4-62ffea8cd44f.pdf.

65 Henry Farrell and Abraham Newman, "The New Age of Protectionism: Coronavirus 'Vaccine Wars' Could Herald a Broader Retreat from the Free Market," *Foreign Affairs*, April 5, 2021.

66 Authors' interview with senior Commission official.

67 Chad Bown and Soumaya Keynes, "Why Did Trump End the WTO's Appellate Body? Tariffs," Peterson Institute for International Economics, March 4, 2020.

68 Sabine Weyland interview with Henry Mance, "The EU Found Out We Are Dependent on Russia. We Can't Afford That," *Financial Times*, September 11, 2022.

69 Sabine Weyland, "Anti-Coercion Instrument: How the EU Can Counter Sanctions, Boycotts and Economic Blackmailing," video, European Council on Foreign Relations, June 29, 2021, retrieved on October 1, 2022, from https://www.youtube.com/watch?v=mzLTKkml51k.

70 Weyland, "Anti-Coercion Instrument."

71 Authors' interview with Commission official.

72 Weyland, "Anti-Coercion Instrument," 14:39.

73 Authors' interview with Commission official.

74 Jim Yardley and Jo Becker, "How Putin Forged a Pipeline Deal That Derailed," *New York Times*, December 30, 2014.

75 Quoted in Glasser, "How Trump Made War on Angela Merkel and Europe."

76 Amanda Sloat, "Germany's New Centrists? The Evolution, Political Prospects, and Foreign Policy of Germany's Green Party," Brookings, October 2020.

77 This paragraph relies on Hannes Adomeit, *Sanctions as a Bone of Contention in the EU-Germany-US-Russia Quadrilateral*, Center for European Studies, Carleton University, December 2017.

78 Adomeit, *Sanctions as a Bone of Contention*.

79 Adomeit, *Sanctions as a Bone of Contention*, 4.

80 Guy Chazan, "Angela Merkel Stands Firm on Nord Stream 2 Despite Navalny Poisoning," *Financial Times*, September 22, 2020.

81 Brett Forrest, "U.S., Russia Race to Outflank Each Other on Russian Pipeline," *Wall Street Journal*, November 29, 2020.

82 Jude Clemente, "Where Does US Natural Gas Production Go from Here?" *Forbes*, May 14, 2021.

83 Katie Sheperd, "Sen. Ted Cruz Insulted a 'Woke, Emasculated' U.S. Army Ad. Angry Veterans Fired Back," *Washington Post*, May 21, 2021.

84 "Sen. Cruz Leads Congressional Push to Halt Putin's Nord Stream 2 Pipeline with Clarified and Expanded Sanctions," Office of Ted Cruz, June 15, 2020.

85 "Permit for Nord Stream 2 Natural Gas Pipelines," Danish Energy Agency, October 30, 2019, available at https://ens.dk/sites/ens.dk/files/

OlieGas/permit_nord_stream_2.pdf.

86 National Defense Authorization Act, US Congress, December 20, 2019

87 Ted Cruz and Ron Johnson, "Sens. Cruz, Johnson Put Company Installing Putin's Pipeline on Formal Legal Notice," December 18, 2019.

88 Fridjof Ostenberg, August 5, 2020, retrieved on September 24, 2022, from https://www.cruz.senate.gov/imo/media/doc/Letters/2020.08.05%20Final%20Mukran%20Port%20Letter .pdf.

89 Agathe Demarais, *Backfire: How Sanctions Reshape the World against U.S. Interests* (New York: Columbia University Press, 2022).

90 Guy Chazan, "Angela Merkel Hits Out at US Sanctions on Nord Stream 2 Pipeline," *Financial Times*, December 18, 2019.

91 Erika Solomon and Katrina Manson, "US Senators' Letter on Nord Stream 2 Sparks Outrage in Germany," *Financial Times*, August 19, 2020.

92 Chazan, "Angela Merkel Hits Out."

93 Quoted in Patrick Wintour, "Nord Stream 2: How Putin's Pipeline Paralysed the West," *Guardian*, December 23, 2021.

94 Franziska Brantner, *Nordstream 2: Klimakiller und Spaltpilz fur Europa*, February 8, 2021, retrieved on July 11, 2022, from https://www.youtube.com/watch?v=2I5K5HT1xjc&t=120s.

95 Authors' interview with Franziska Brantner, April 30, 2022.

96 Nikolaus Kurmayer, "Ukraine Gets Compensation in Exchange for US-Germany Deal on Nord Stream 2," *Euractiv*, July 22, 2021.

97 Timothy Jones, "Nord Stream 2 Unlikely to Start Operations before Summer—Regulator," Deutsche Welle, January 30, 2022.

98 "Nord Stream 2: German Minister Warns Russia over Ukraine," Deutsche Welle, December 18, 2022.

99 Andrey Gurkov, "Can Europe Escape Gazprom's Energy Stranglehold?" Deutsche Welle, July 11, 2021.

100 Leela Jacinto, "Ex-German Chancellor Schroder's Russia Ties Cast a Shadow over Scholz's Trip to Moscow," France 24, February 15, 2022.

101 Sabine Siebold, "Don't Drag Nord Stream 2 into Conflict over Ukraine, German Defmin Says," Reuters, January 13, 2022.

102 Alberto Nardelli and Arne Delfs, "Germany Sought Energy Exemption in Russia Finance Sanctions," Bloomberg, January 25, 2022.

103 Missy Ryan, Rick Noack, Robyn Dixon, and Rachel Pannett, "Biden Vows to Stop Nord Stream 2 Pipeline to Europe If Russia Invades Ukraine," *Washington Post*, February 7, 2022.

104 "Nord Stream 2 Approval Depends on Geopolitical Developments, Habeck Says," Deutsche Welle, February 11, 2002.

105 Philip Oltermann, "Germany Halts Nord Stream 2 Approval over Russian Recognition of Ukraine 'Republics,'" *Guardian*, February 22, 2022.

106 Mark Leonard, Jean Pisani-Ferry, Jeremy Shapiro, Simone Tagliapietra, and Guntram Wolff, "The EU Can't Separate Climate Policy from

Foreign Policy," *Foreign Affairs*, February 9, 2021.

107 Vladimir Putin, "On the Historical Unity of Russians and Ukrainians," *Kremlin .ru*, retrieved on December 2, 2022, from http: //en.kremlin.ru/events/president/news/66181.

108 Humeyra Pamuk, "Blinken Warns of 'High-Impact' Economic Steps If Russia Invades Ukraine," Reuters, December 1, 2021.

109 Martin Grieve and Moritz Koch, " SWIFT -Sanktionen vom Tisch: EU und USA rücken vom Ausschluss Russlands aus globalem Finanzsystem Ab," *Handelsblatt*, January 17, 2022.

110 Sam Fleming, Henry Foy, and James Shotter, "Ukraine: EU Wrestles with How to Inflict Sanctions 'Pain' on Russia," *Financial Times*, February 7, 2022.

111 Valentina Pop, Sam Fleming, and James Politi, "Weaponisation of Finance: How the West Unleashed 'Shock and Awe' on Russia," *Financial Times*, April 6, 2022.

112 Michael D. Shear, Zolan Kanno-Youngs, and Katie Rogers, "10 Consequential Days: How Biden Navigated War, Covid and the Supreme Court," *New York Times*, February 27, 2022.

113 Pop, Fleming, and Politi, "Weaponisation of Finance."

114 Rory Smith and Tariq Panja, "Chelsea Is for Sale, Its Russian Owner Says," *New York Times*, March 2, 2022. See also Rachel Treisman, "The U.K. Sanctions Roman Abramovich, Halting His Plan to Sell Chelsea Football Club," NPR, March 10, 2022.

115 Tassilo Hummel, Alasdair Pal, and Steve Holland, "Yacht Seized as U.S. Ramps Up Oligarch Sanctions So Putin 'Feels the Squeeze,'" Reuters, March 4, 2022.

116 Crispian Balmer and Emilio Parodi, "Italy Impounds Luxury Yacht Linked to Russian President," Reuters, May 6, 2022.

117 Pop, Fleming, and Politi, "Weaponisation of Finance."

118 Nicholas Gordon, "Banks Are Stopping Putin from Tapping at $630 Billion War Chest Russia Stockpiled before Invading Ukraine," *Fortune*, March 3, 2022.

119 Pop, Fleming, and Politi, "Weaponisation of Finance."

120 See video, State of the Union, European University Institute, May 7-9, 2022, retrieved on September 26, 2022, from https://stateoftheunion.eui.eu/videos-on-demand/.

121 Alex Stubb, "Geopolitical Order and Change of Security Architecture in Europe Conversation," video, State of the Union, European University

Institute, May 6, 2022, retrieved on September 26, 2022, from https://stateoftheunion.eui.eu/videos-on-demand/.

122 James Politi, "Former Nato Chief Calls for Mutual Pledge on Economic Coercion," *Financial Times*, June 10, 2022.

123 Sam Fleming and Andy Bounds, "Brussels Pushes for Tougher Sanctions Enforcement via EU-Wide Body," *Financial Times*, July 7, 2022.

124 Olaf Scholz, "Die EU Muss zu Einem Geopolitischen Akteur Warden," *Frankfurter Allgemeine*, July 17, 2022.

125 Larry Elliott, "Nord Stream 1: Russia Switches Off Gas Pipeline Citing Maintenance," *Guardian*, August 31, 2022.

126 Matthias Matthijs, "A German Word for How Others See Germany's Gas Crisis: Schadenfreude," *Washington Post*, July 26, 2022.

127 David Sheppard and Polina Ivanova, "Putin Warns of 'Catastrophic' Energy Crisis If West Boosts Sanctions," *Financial Times*, July 8, 2022.

128 Marton Dunai and Polina Ivanova, "Hungary Sends Foreign Minister to Moscow to Ask Russia for More Gas," *Financial Times*, July 22, 2022.

129 *REPowerEU: A Plan to Rapidly Reduce Dependence on Russian Fossil Fuels and Fast Forward the Green Transition*, European Commission, May 18, 2022.

130 Kate Abnett, "EU Countries Support Plan for World-First Carbon Border Tariff," Reuters, March 16, 2022.

131 "Commission Unveils New Approach to Trade Agreements to Promote Green and Just Growth," European Commission, June 22, 2022, retrieved on September 25, 2022, from https://ec.europa.eu/commission/presscorner/detail/en/ip_22_3921.

132 Edoardo Saravalle, "Why World Leaders Should Impose Green Sanctions," *Financial Times*, August 2, 2019.

133 Marina Kormbaki, Serafin Reiber, Jonas Schaible, and Gerald Traufetter, "Germany's Green Party Confronts Its Last Taboo," *Der Spiegel*, June 9, 2022.

134 Annalena Baerbock, "Comments at the Business Forum of the 20th Conference of the Heads of German Missions," September 9, 2022.

135 Margethe Vestager, "Remarks of EVP Vestager at the Annual Conference of the EU Heads of Delegation," October 11, 2022, retrieved on October 23, 2022, from https://ec.europa.eu/commission/presscorner/detail/en/SPEECH_22_6115.

第五章　胡克的船長

二〇一九年八月二十六日，一名印度油輪船長收到了一封出人意料的電郵。郵件承諾，只要他完成一件簡單的任務，就能獲得數百萬美元的酬金。這封郵件並非來自假冒俄羅斯流亡富豪、企圖套取銀行帳戶資料的詐騙者。據《金融時報》記者迪米崔・謝瓦斯托普洛（Demetri Sevastopulo）揭露，這封郵件的發件人竟是美國國務院負責伊朗事務的高層官員布萊恩・胡克（Brian Hook）。[1]

胡克與同樣在川普政府任職的官員認為，對伊朗的制裁措施執行不力，致使伊朗仍能在國際市場上持續銷售石油。為此，胡克和他的團隊決心親自出手，開始「部署……各個施壓點」。[2]航運業便是首要打擊目標。由於伊朗必須仰賴外國航運公司運送石油，一旦美國制裁導致這些公司無法投保，基於責任風險，它們的油輪將被迫放棄靠港。同時，任何接納載有伊朗石油油輪的港口，也將面臨制裁。胡克認為，透過精準分析石油運輸產業並攻擊其薄弱環節，美國可以更有效地箝制伊朗。

胡克還找到了另一個施壓點——油輪船長。他的電子郵件承諾，只要船長將油輪駛往一個可以扣押的港口，就能獲得數百萬美元的報酬。郵件中還附上一個美國國務院的電話號碼，供船長在擔心這是騙局時撥打以確認真偽。

胡克很快發出了第二封更具威脅性的電郵，告訴船長：「有了這筆錢，你可以過上任何你想要的生活，安享晚年。但如果你選擇不走這條輕鬆的路，你的生活將變得更加艱難。」如果船長拒絕胡克的提議，美國將對他實施個人制裁，澈底顛覆他的生活與職業生涯。如果他接受，他將獲得數百萬美元，但這代價又是什麼？伊朗政府以對叛徒毫不寬容而遠近馳名（該國特務經常暗殺海外的異見人士[3]）；船長和他的家人或許無法長久享受這筆來之不易的財富。數日來，船長在海上反覆思索，油輪也在海中徘徊。最後，胡克在船長遲遲未回應時替他作出了決定，通知他已經被美國列入制裁名單。

船長的困境正是全球商業困境的縮影。產業界以追求效率和利潤為名，耗費數十年構建國際市場，而美國政府卻將這些經濟網絡化作枷鎖與束縛。在美國的盟友與對手竭力保護自身或打造各自帝國的同時，商界領袖也被捲入這場新的角力之中。

對企業而言，這帶來了一種全新的政治風險。支撐全球商業運作的網絡——資訊、生產與資金——如今反而成為企業脆弱性的來源。隨著其他政府不斷發掘施壓點，企業想保持中立變得越來越難。公司的選擇空間日益縮小，它們如同在巨獸利維坦相互對峙的洶湧波濤中艱難航行，任何一隻利維坦只需輕輕甩尾，就能將它們徹底摧毀。

當美國、中國、歐洲，甚至俄羅斯等強權相互角力，並脅迫企業為其效力時，企業往往難以應對。[4]有些公司選擇站在一方，有些則投入另一方的陣營。也有一些公司猶豫不決，徘徊於波濤之間，直到外力迫使其作出選擇；而另一些公司，則像數十年前的華特・李斯頓一樣，毅然航向未知的水域，試圖建立一個主權勢力無法觸及的海盜王國。數十年來，企業一直認為「政治風險」就是發展中國家改寫規則或沒收資產的行為。但如今，他們逐漸認識到：最大的風險，來自那些強大而富裕的國家。無法洞察這一現實的企業，可能最終翻覆沉沒。

＊　＊　＊

二〇〇一年，布拉德・史密斯向微軟董事會進行簡報後，獲任命為公司的總法律顧問。他的

PowerPoint 簡報中僅有一張投影片，上面只有一句話：「是時候談和了。」[5]在接下來的二十年裡，史密斯和微軟逐步發現這句簡單口號背後潛藏的錯綜複雜。

相較於南邊幾百公里外矽谷的競爭對手，微軟更早感受到政府力量的震懾。在一九九〇年代，美國司法部的反托拉斯執法者認為微軟已變得過於強大，並建議將其分拆為三家相互競爭的公司。[6]微軟雖然僥倖逃過了這場遭強行肢解的厄運，但也意識到必須迅速改變方向。

這正是史密斯精心製作那張投影片的原因。微軟創辦人比爾・蓋茲（Bill Gates）曾自豪地說：「我們與聯邦政府官員交談的時間少之又少。」[7]然而，如今微軟的生存關鍵在於能否與這個充滿敵意的政府和解（make peace）。[8]它必須學會如何與監管機關合作，而非對抗。在接下來的數十年裡，史密斯（後來升任微軟總裁兼總法律顧問）成功地將微軟從一家以無視法律而臭名昭著的企業，轉型為因與政府合作而蓬勃發展的企業典範。分拆的威脅最終消逝於歷史記憶之中。

這一切需要時間、精力和金錢。微軟在發展的過程中逐漸累積了堪比小國的外交能力。公司在所有重要市場設立政府關係團隊，憑藉史密斯的個人魅力以及高層主管的影響力，與政府官員建立起緊密的聯繫。微軟不僅巧妙地利用這些關係為己謀利，還對競爭對手如 Google 等造成不利影響。許多時候，微軟支持政府對科技加強監管，但前提是這些科技屬於它的對手；而在許多情況下，微軟都成功達成了自己的目的。[9]

微軟就像一個小型政府，必須在保持中立的同時發揮影響力。當塑造其世界的大國——美國、歐盟和中國——意見分歧，各自要求微軟執行不同甚至互相矛盾的指令時，它應如何應對？在可能的情況下，微軟會巧妙利用模糊地帶，試圖說服各方相信它正在按照他們的意圖行事。如果這無法奏效，它則會嘗試說服這些大國解決彼此的分歧。有時，微軟與監管機關達成和解的最佳方式，就是協助它們彼此化解矛盾。

美國在二〇〇一年九月十一日後重塑了監控體系，微軟不得不運用其外交技巧，在歐盟與美國關係構成的險峻海峽中艱難穿行。一邊是如撞岩（Symplegades，譯註：希臘神話的 Symplegades 故事，位於博斯普魯斯海峽的兩塊高山巨岩，會合攏撞擊船隻），另一邊則是從深海中伸出的抓人觸角。歐盟公開要求像微軟這樣的跨國企業尊重其公民的隱私權，儘管有時它寧可對ＮＳＡ的行動睜一隻眼閉一隻眼。而美國則默默地施壓——不管歐洲人是否接受——要求美國企業向其提供敏感數據。隨著微軟的隱私權政策，因為某些部門被禁止了解其他部門的行動而變得日益脆弱，整個系統最終分崩離析，也就不足為奇了。

二〇一四年十二月，英國隱私權保護活躍人士卡斯培・鮑登（Casper Bowden）在德國漢堡發表演講，向台下一大群聽眾講述微軟實際解雇他的原因。[10]鮑登演講的場合是「混沌電腦俱樂部」（Chaos Computer Club）年會的主舞台；這個俱樂部是一個傳奇性的駭客團體，但不知怎地發展成了一個不受節制的組織，其舉辦的會議經常吸引約一萬名參與者。

鮑登完全有理由感到自豪。多年來，他苦心孤詣，試圖讓人們傾聽他的警告，如今他終於擁有了一批認真的聽眾。早在大多數人意識到問題之前，他就已經發現美國幾乎可以竊聽所有歐洲人之間的對話。然而，他始終無法讓人們真正重視這件事。

在成為微軟首席隱私權顧問之前，鮑登是一位隱私權運動的活躍人士，[11]同時也是為英國工黨提供科技政策建議的獨立專家。然而，社會運動並不足以謀生——正如鮑登的一位同志所描述，當時英國的隱私權社群不過是幾個人在酒館裡爭辯而已。鮑登在他的專業領域表現出色，以法醫般的嚴謹態度剖析侵犯隱私的技術和法規細節，但他性格易怒，總是輕易捲入爭執。而他的朋友們總能包容他，因為他們明白，這些憤怒與挫折正源於他對隱私權事業的堅定信念。

這就是為何當鮑登在二〇〇二年加入微軟時，讓許多人感到不解。他看起來完全不像會接受這份工作的人。鮑登的新職務是要向微軟的「國家科技長」（National Technology Officers）——也就是微軟在全球各國政府和政界的非正式代表——解說如何看待隱私議題。但他與新雇主的企業文化明顯格格不入。即使在受聘之後，他依然會對他的社運夥伴大吼，指責他們在微軟的隱私權議題上「不夠強硬」。[12]隨著他對美國政府的憂慮與日俱增，為一家美國公司工作對他來說也變得越發困難。

在漢堡的舞台上，鮑登告訴聽眾，他沒有查看公司祕密資訊的權限。相反地，他是透過「研究公開資料並深入研讀美國法律」，「推論」出美國擁有一套龐大的監控系統。隨著歐洲各國政府和企業轉向雲端運算，他們將所有資料存放在微軟等美國公司營運的伺服器上，而這些伺服器多半位於美國境內。這種情況可能賦予了美國政府合法的存取權限。

鮑登表示，當他在二〇一一年一場討論雲端運算的微軟內部會議上發言時，問題達到了臨界點。他向微軟各國代表警告說：「如果你們將微軟的雲端服務賣給你們的政府……美國國家安全局就能對這些資料進行無限制的大規模監控。」微軟表面上想在客戶面前保持中立，卻實際上讓美國得以任意翻查客戶最敏感的資訊。據鮑登描述，他的發言過後，會場陷入一片死寂。在會議茶點休息時間，他收到了可能被解職的警告。兩個月後，微軟在未給予任何理由的情況下將他解僱。多年後，當微軟宣稱要捍衛「基本隱私權」時，鮑登回想起自己被「開除」的經歷，並痛斥史密斯的「作秀」不過是「令人作嘔的虛偽」。[13]

接下來的數年，鮑登四處奔走，試圖說服基金會、社運人士和政治人物關注美國的監控問題，但沒有人願意傾聽。就在二〇一三年夏天史諾登洩密事件爆發前，鮑登仍在努力說服企業界認真看待這個問題。據他回憶：「基本上，他們都在嘲笑我。」史諾登文件公開後，證實了鮑登的擔憂大致正確——美國情報機關確實有權向美國公司索取數據，而這些公司在處理這些請求時，並未提供任何保障來保護歐洲公民的隱私權。

鮑登對法律和技術細節有著偏執般的熱忱，也不避諱提出那些最終可能導致他失業的敏感問題。這些特質讓他能夠拼湊出一個就在眾人眼前卻無人察覺的故事，但也使他難以使信服這個故事的重要性取信於他人。他試圖透過憤怒的推文和充滿艱深法律術語的冗長簡報來改變世界。

即使他說的是天使的話語（譯註：出自《聖經・哥林多前書》第十三章第一節），想要成功說服他人，依然困難重重。像微軟這樣的企業，不願將其內部混亂暴露於大眾檢視之下。即便他們願意，美國法律也明確禁止這麼做。而微軟的歐洲政府客戶同樣不會主動逼迫它直面真相，除非他們別無選擇。畢竟，歐洲經濟嚴重依賴美國資訊公司，幾乎所有了解內情的人都為了自身利益選擇視而不見。

只有當愛德華・史諾登向記者提供他那一批機密文件，並由此引發這場爭論時，微軟、Google、亞馬遜及它們的競爭對手才改變了立場。史諾登揭露美國大規模監控的真相後，要假裝一切風平浪靜已變得異常困難。然而，鮑登依然缺乏足夠的修辭技巧，無法使他的事業獲得應有的關注。二〇一五年，他因癌症去世，雖然最終獲得了平反，卻仍舊帶著對這個世界的失望離開。

其他人繼鮑登之後加入了這場抗爭。馬克斯・施雷姆斯是一位年輕且富有魅力的奧地利律師，同時也是隱私權運動的積極參與者；他意識到史諾登的爆料可能為美歐關係提供了一個見縫插針的機會。[14]二〇一五年十月，他成功說服歐洲最高法院，以違反歐盟隱私法為由，推翻了歐盟與美國之間的一項重要協議，該協議允許像臉書這樣的企業跨大西洋傳輸個人數據，並將這些數據交給美國的監控機關。

對美國電子商務公司而言，這項判決可能帶來災難性後果，因為它們將歐洲使用者的資料存放在美國境內的伺服器上。Google 控股公司執行長艾瑞克・施密特（Eric Schmidt）憂心法院的裁決可能會摧毀全球網際網路，破壞這個「人類最偉大的成就之一」。[15]相較之下，布拉德・史密斯似乎顯得從容許多，至少在公開場合如此。[16]他表示，即使「舊有的法律體系已隨協議一同瓦解」，但其基礎早在多年以前就已經搖搖欲墜。雲端運算早已全球化，是時候讓法律跟上時代了。

然而，後來史密斯承認，法院判決出爐的那一刻，「一切都天翻地覆、亂了套」。[17] 史密斯和其他微軟高層官員有充分的理由擔心史諾登洩密事件的影響。鮑登的懷疑並非空穴來風，微軟確實曾向美國政府提供外國用戶的資訊。根據唯一公開的數據，在二〇一一年至二〇一二一年期間，美國政府利用其國家情報權力，每年要求微軟提供兩萬四千至三萬九千名用戶帳戶的資訊。[18] 然而，微軟在不違反美國法律的前提下，無法向公眾解釋這一點。美國司法部甚至規定，就連微軟移交數據的事實也必須保密。

當愛德華・史諾登公布他持有的文件時，史密斯發現事情比他原先想像的還要糟糕。非常可信的間接證據顯示，美國國家安全局正在與英國的政府通信總部合作，接入微軟穿越英國的光纖電纜。[19] 顯然，美國政府在未經任何授權的情況下，便擷取了微軟的數據，理由是美國憲法第四修正案不適用於美國境外。（譯註：美國憲法第四修正案前半部分條文為：「人民的人身、住宅、文件和財產不受無理搜查和扣押的權利，不得侵犯。」）

多年後，史密斯回顧這段歷史時表示，史諾登的爆料「至今仍在政府與科技業之間造成一條深深的鴻溝。政府的服務對象是居住在特定地理區域（例如州或國）的選民，而科技業則已走向全球，我們的客戶幾乎遍布每一個角落。」[20]

在史諾登洩密事件之前，全球商業和平仰賴每個人都對那道鴻溝視而不見。[21]而當洩密讓所有人都無法再假裝不知情時，史密斯和其他商界領袖不得不在一個由政府與國家疆界構成的世界中重新建立和平。

雖然史密斯沒有明說，但最大的問題無疑是美國。數年前，國家安全局局長邁克爾・海登及其同僚劃定了一條無形的邊界：將受法律和公民權利約束的美利堅合眾國，與沒有法律約束的外部世界分隔開來。國家安全局在那個外部世界裡，可以任意擷取它認為符合美國利益的一切資訊。而如今，不僅是外國恐怖分子，就連美國的跨國企業也發現自己被排除在這個保護區之外。

隨著微軟的業務轉型為提供雲端服務，它有越來越多的產品處於敏感邊界之上。微軟不再僅僅是一家透過軟碟或唯讀光碟（CD-ROM）銷售並運輸辦公室軟體至全球的供應商。它的商業服務如今與虛擬存取和儲存功能緊密結合，使非美國的政府、企業和組織能夠使用一套整合其所有需求的綜合應用程式套件。截至二〇二一年十二月，微軟的雲端服務單季營收達到約兩百二十億美元，幾乎占該公司總營收的一半。[22]

儘管雲端似乎無所不在又難以捉摸，像微軟這樣的美國企業仍須受到美國法律約束。美國當局不僅要求企業提供外國使用者的資料，還威脅不配合的企業將面臨嚴厲懲處，同時命令企業對這些配合行為絕對保密。這些機關甚至認為自己有權在未經搜索令、不通知企業（更遑論通知使用者）的情況下，大量擷取這些企業海外的資料。這使微軟及其競爭對手陷入近乎無解的困境：外國政府和企業又如何能相信微軟未來能保護他們的資料隱私？

微軟的第一反應與 Google 相似，都是試圖保護自己免受本國政府的監控。儘管兩家公司互為競爭對手，但為了保護各自的海外業務，他們都迫切需要對美國政府的監控行為作出反擊。他們開始對數據中心之間通過電纜傳輸的大量資料進行加密，從而大大增加了美國國家安全局竊取這些資料的難度。[23]

當施雷姆斯在二〇一五年贏得隱私權訴訟後，史密斯試圖將這個判決轉化為達成長期合法和平的契機。[24]他指出，歐美選民作為政府的選任者，其權利與他們作為雲端服務使用者的需求有所重疊。選民提出一個合理要求：無論他們的資料儲存在何處，他們的隱私權和公民自由都應受到保障。最顯而易見的解決方案是，讓各國政府同意公民的權利應隨著資料跨境流動。這意味著，即使歐洲公民的資料儲存在美國，他們仍應享有歐洲法律所保障的權利；同樣地，美國公民的資料若存放在歐洲，也應享有相應保障。如果美國政府需要歐洲公民的資訊，就必須向歐洲政府提出申請，反之亦然。

這項和平條約草案完全不符合美國國家安全機關的利益。當歐洲和美國開始談判新安排時，美國各情報機關勉強同意對情報蒐集實施若干自願性的限制，並同意由一名美國官員負責處理歐洲方面的投訴（然而，歐洲法院認為這些措施仍然不足，最終也推翻了這項新協議）。[25]這些機關不想受到任何國際協議的限制，而他們在歐洲的對口單位（仰賴美國情報供給維生）也默默表示認同。國家安全監控至今仍是一個沒有法紀的領域，彷彿是一場所有人對抗所有人的戰爭。

政府監控逐漸演變為蓄意破壞的行動。二〇一〇年，研究人員發現一種新的「蠕蟲」程式（即能在網路間自我傳播的程式），並將其命名為「超級工廠」（Stuxnet，譯註：另有譯名為「震網病毒」），[26]這種程式正感染全球各地的電腦。後來發現，這是一個由美國和以色列聯手開發的駭客計畫，原本旨在拖延伊朗的核計畫，但該程式卻失控蔓延，感染了許多原本不在攻擊範圍內的電腦系統。

歐巴馬曾對授權這項駭客計畫舉棋不定，因為他憂慮這會開創危險的先例。[27]不論是因為有了這個先例，還是因為本來就有此打算，中國、俄羅斯和北韓等國，已經開始對敵對國家的電腦系統發動攻擊——有時甚至連盟邦也不能倖免。政府支持的駭客行動模糊了網路攻擊的界線，同時也催生了一個蓬勃發展的地下犯罪經濟：駭客利用自製軟體竊取金錢，而民眾的財務資訊則淪為在黑市中交易的批發商品。據報導，俄羅斯給予犯罪駭客全權行動的許可，唯一條件是要求他們隨時準備聽從政府調遣。美國雖然公開譴責這類非法行為，但私下仍願意在灰色市場上支付高價購入新型且未公開的駭客技術。[28]北韓在受到制裁後，開始透過網路攻擊籌措強勢貨幣，其中最惡名昭彰的包括 SWIFT 金融系統詐騙案[29]和「想哭」（WannaCry）勒索軟體事件（曾在二〇一八年一度迫使台積電工廠停止運作[30]）。

像微軟這樣的企業身陷一個前所未有的困境。他們不僅受困於相互衝突的法律義務之間，更成為了一場全球網路戰爭中的顯著目標。正如微軟總裁史密斯在二〇一七年國際資訊安全會議（RSA Conference）所言，[31]網路空間已成為「新型戰場」，但這是一個「特殊的戰場」，因為它「完全由私營企業所擁有和營運」。當索尼（SONY）影視娛樂製作了一部批評北韓領導人的電影，受到北韓政府支持的駭客隨即展開報復行動：他們入侵了索尼的伺服器，並將大量商業機密資訊公布於網路上。[32]其他企業也遭受越來越精密的網路攻擊，其中部分攻擊（如 WannaCry 勒索病毒）甚至利用了從美國國家安全局外洩的工具和技術。

俄羅斯政府支持的駭客有時會尊重自己的國界（他們的程式可能設計為不感染使用西里爾（Cyrillic）字母的文字系統），但是他們絕對不會遵守美國劃定的界線，反而會將戰場擴及全球經濟。當俄羅斯軍事情報機關開始侵入微軟的平台，試圖竊取客戶的敏感資訊時，微軟高層對於是否公開發聲猶豫不決，擔心俄羅斯「會對他們的商業利益和員工實行報復」。[33]事實上，微軟在一次公開活動中間接提及駭客事件之後，俄羅斯要求一名需要辦理簽證的微軟員工，前往兩千哩外的俄羅斯大使館接受簽證面談。該員工順利拿到了簽證，但同時被交付一個信封，裡面有兩份表達俄羅斯憤怒、否認與不滿的文件。該員工被要求將這些文件親手送交位於雷德蒙的微軟總部高層，以確保他們收到這份訊息。

史密斯和其他微軟領導者並不希望與政府對抗，但微軟卻在美國與外國官員之間四處碰壁。美國官員因微軟未能配合美國利益而感到憤怒，而外國官員則將微軟視為美國政府的棋子。一位川普政府的顧問告訴史密斯，既然微軟是一家「美國公司」，就應該「同意協助美國政府監控其他國家的人」。[34]至於其他國家可能採取的報復行動，那就是微軟自己的問題了。在史諾登洩密事件後，中國政府禁止政府部門使用 Windows 作業系統。[35]最終，微軟被迫與一家中國政府控股的科技集團合作，開發了一個專為中國市場設計的特別版本。

微軟迫切希望終止這一切。然而，要實現戰場「去軍事化」遠比安撫監管機關要困難得多。在史密斯看來，唯有重新制定全球戰爭與和平的規則，才能真正實現這一目標。

這個目標聽起來雄心勃勃得近乎荒誕，但史密斯和他的同事其實是在效法一個成功的先例。在一次內部會議上，史密斯提到「紅十字國際委員會」（International Committee of the Red Cross, ICRC）為了在戰時保護平民，邀集各國政府共同制定《日內瓦公約》（Geneva Conventions）的例子。他的同事多明尼克・卡爾（Dominic Carr）立即回應，也許是時候制定一個新公約，讓各國政府承諾不對平民目標發動網路攻擊了。儘管微軟只是一家私人公司，但紅十字國際委員會當初也是民間組織。既然它能夠說服各國政府修改武裝衝突法規，為什麼微軟不能做到同樣的事？

微軟決定推動一項國際公約，明確禁止將平民目標作為網路攻擊的對象。這一明確的人道主義目標，恰好也符合微軟的自身利益。與川普政府官員的看法相反，微軟的承諾的對象不是美國，而是它的客戶和股東。微軟的大多數客戶都是可能成為戰時攻擊目標的平民，而微軟自身也不例外。當史密斯公開倡議「數位日內瓦公約」時，他指出，像微軟這樣掌握全球資訊的公司，應該成為「可信任且中立的數位瑞士」[36]。作為交換條件，這些公司將承諾不協助任何政府發動網路攻擊，而各國政府則必須保證不以這些公司為攻擊目標。

「數位瑞士」這一說法暗示科技公司已經發展成一種新型態的國家，儘管沒有實體領土，但卻跨越了國界。這個概念很快引起了關注。當丹麥外交部長稱科技公司已經成為「某種意義上的國家」時，史密斯雖然略表保留，但他指出這個比喻「突顯了一個關鍵機會：如果我們的公司確實像國家一樣，那麼我們就能制定自己的國際協議。」[37]他認為科技產業需要「效法紅十字國際委員會在一九四九年的做法，團結起來」。[38]微軟和其他科技巨頭可以為日益高漲的民族主義提供另一種替代方案：保護全球客戶，並拒絕在任何地方攻擊他們，「無論我們來自哪個國家」，[39]也「不管哪個政府提出要求」。史密斯希望，只要允許科技產業採取類似二戰期間瑞士拒絕加入同盟國或軸心國的嚴格中立立場，退出地緣政治角力，地緣政治就不會繼續侵蝕科技發展。

這些宏大的提議雖未能改變世界，但確實吸引了不少政治關注。法國總統馬克宏和紐西蘭前總理潔辛達・阿爾登（Jacinda Ardern）等領導人簽署了一份不具約束力的《巴黎網路空間信任與安全呼籲》（Paris Call for Trust and Security in Cyberspace）[40]。經過審慎考慮，拜登政府也在二〇二一年底簽署了該協議。[41]包括臉書、戴爾和甲骨文（Oracle）在內的企業同意簽署《網路安全技術協議》（Cybersecurity Tech Accord）[42]，但亞馬遜和Google則選擇不參與。

當俄羅斯在二〇二二年入侵烏克蘭時，瑞士等國政府重新審視了其中立立場，[43]並採取了新的制裁措施。微軟對和平的理解也隨之改變。在二〇一五年，微軟曾向歐盟和美國施壓，要求就監控議題達成共識，以便像微軟這樣的公司能夠平穩經營並與雙方開展業務。二〇一七年時，該公司更試圖重塑戰爭與和平相關法規，主張全球科技產業應保持中立，不受戰事影響。然而如今，微軟已放棄中立立場，在這場血腥戰爭中選擇了陣營。

史密斯和微軟負責顧客安全和信任的副總裁湯姆・伯特（Tom Burt）在兩篇精心撰寫的部落格文章中描述了此一新策略。[44]史密斯在倫敦舉行的微軟二〇二二年展望大會（Envision Conference）上發表的精彩主題演說中，更直言不諱地重申這一立場。[45]

與另外兩場備受矚目的演講相比，史密斯的演講彷彿來自一個截然不同的世界。那兩場演講分別聚焦於英國經濟前景，以及宣傳能實現「無縫客戶體驗」（seamless customer experiences）的新技術。而在史密斯的描述中，新型戰爭武器「以光速」移動。坐在華盛頓州雷德蒙市辦公室的微軟人員，正在遙控守衛烏克蘭的前線。這場戰爭中的「第一發砲彈」是一種俄羅斯網路武器——FoxBlade，旨在摧毀分布於十幾個隸屬烏克蘭政府及行業組織中的三百個伺服器系統。[46]微軟威脅情報中心（MSTIC，發音為「Mystic」）的安全專家率先發現了該武器的部署。透過每天從全球運行微軟產品的裝置中收集約二十四兆個訊號，[47]MSTIC得以全面掌握網路空間的動態，幫助烏克蘭抵禦接連不斷的攻擊。

史密斯重提數位版日內瓦公約的構想，希望科技公司能保護平民，扮演「本質上防禦而非攻擊的角色」。但他並未重申中立立場，反而表示微軟已經「與烏克蘭政府及其國安顧問團隊建立更緊密的夥伴關係」。史密斯沒有提到的是，他的同事湯姆・伯特已經與拜登政府負責網路安全的副國家安全顧問安妮・紐伯格（Anne Neuberger）取得聯繫，而紐伯格要求他將俄羅斯惡意程式的詳細內容分享給愛沙尼亞、拉脫維亞、立陶宛、波蘭等歐洲國家政府。正如《紐約時報》（*New York Times*）後來的描述，微軟「開始扮演著二戰時期福特汽車的角色——當年福特將汽車生產線改造成製造薛曼戰車的軍工廠」。[48]

隨著俄烏戰爭加劇，微軟採取了更多行動。當烏克蘭政府的伺服器遭到攻擊時，微軟將烏克蘭十七個部會中十六個部會的伺服器系統遷移至「烏克蘭境外的雲端系統」。史密斯將俄羅斯的網路攻擊比作第二次世界大戰期間的閃電戰（Blitz）空襲，[49]當時英國政府被迫撤入地下深處的掩體避難。這就彷彿在另一個平行世界裡，瑞士不僅放棄了二戰時期的中立立場，還運用神奇的技術，將溫斯頓・邱吉爾（Winston Churchill）政府轉移到一座固若金湯的空中堡壘，讓政府得以在納粹轟炸機所能達到的高度之上，統籌戰事並處理日常政務。《數位日內瓦公約》（The Digital

Geneva Convention）原本旨在保護「平民和企業」的目標，如今卻神奇地轉變為在「混合戰爭」[50]中承擔保衛一個國家和維持它的政府運作的使命。

微軟自然拒絕向侵略者俄羅斯提供任何類似的優待。二〇二二年三月，微軟已中止在俄羅斯的產品銷售。[51]儘管如此，微軟仍持續為醫院、學校、兒童、老人，以及負責向一般民眾供應藥品的企業提供技術支援，但俄羅斯政府則被置之不理。

相反地，微軟選擇主動追究俄羅斯的責任。史密斯援引二戰後納粹在紐倫堡受審的歷史先例，承諾微軟將確保「歷史能永遠銘記這裡發生的一切」，並免費提供技術，協助識別遭摧毀的烏克蘭醫院、學校和水塔。他呼籲微軟社群支持北約，攜手援助烏克蘭。在後續報告中，他強調，這場戰爭中，俄羅斯這個「網路強國」不僅是對抗「國家聯盟」，更是對抗一個「由國家、企業和非政府組織組成的聯盟」。[52]這個聯盟的所有成員都致力於集體捍衛言論自由與民主。

當史密斯首次擔任微軟首席律師時，他曾主張謹慎的商業策略，要求公司與政府維持和解關係。然而，隨著政府不再僅限於監管市場，而是開始將市場作為武器來運用，微軟發現自己越來越難以維持中立立場。這促使微軟開展了更具野心的嘗試，重新定義戰爭法，最終甚至公開參與對抗侵略者的戰爭行動。史密斯自豪地宣稱，微軟為商業用途開發的工具和軟體套件，在防禦層面提供了關鍵優勢。[53]事實上，烏克蘭衝突本身就是一場實時行銷示範，證明微軟的產品不僅極具價值，甚至可能是不可或缺的。史密斯更指出，就連微軟旗下的專業社交平台 LinkedIn 也成為了一種軍事資源，讓微軟的安全人員能夠迅速找到並聯繫那些即將遭受攻擊的烏克蘭組織的資訊主管。

* * *

LinkedIn 的用途並不限於戰時防禦。烏克蘭戰爭爆發前不久，台灣半導體巨頭台積電在該平台上發布了一則徵才啟事：「隨著我們的業務在全球範圍內持續擴展，規模和複雜性不斷增長，我們正在尋找一位商業情報分析師，此職位要求應徵者對地緣政治與經濟變化具有敏銳度，並能夠分析這些變化對積體電路（ＩＣ）產業供應鏈所產生的影響。」[54]

平淡的用語背後，隱藏著台積電迫切的需求。台積電的領導層確實有充分理由感到憂慮，地緣政治局勢可能將公司推向險境。台積電的創立本身就是對全球化經濟的一場豪賭。開放的市場與快速的資訊流通，讓半導體公司得以找到自己的利基市場，專注於生產鏈中的特定環節，而不是一手包辦所有事情。像台積電這樣的公司，專注於自身最擅長的領域，並確保在這些領域中超越競爭對手。台積電作為一家「純晶圓代工」（簡稱「fab」）公司，專門製造其他公司設計的半導體。與英特爾等整合型製造商相比，台積電更能專注於精進生產製程，無論是細微的優化還是重大的技術突破，都能推動穩定且持續的進展。

一九九八年，台積電創辦人兼執行長張忠謀在一份內部文件中闡述了公司的策略。[55]他相信，只要台積電與客戶建立深厚的關係，深入了解他們的需求，並妥善整合銷售與工程，成為全球最大的矽晶圓代工廠幾乎是水到渠成的事。然而，要實現這一目標，台積電需要解決兩個關鍵問題。

首先，台積電必須與客戶建立穩固的信任關係，這些客戶是向它訂購專用晶片的科技公司，它們彼此之間的競爭異常激烈。台積電可能同時為多家手機製造商生產處理器晶片，而每家公司都在竭力爭奪或保護自己的市場份額，防止被其他對手奪走。每位客戶都必須與台積電密切合作，向它提供有關技術需求和商業策略的高度敏感資訊——這家公司同時也與他們最激烈的競爭對手保持著緊密的合作關係。張忠謀正是因為如此而堅信，台積電必須建立可靠的信譽，確保能絕對保守每家公司的專有機密。

台積電必須展現絕對的公平。張忠謀的策略文件明確規定，若台積電向任何客戶提供一次性的特殊交易，就必須同時向該客戶同一領域的直接競爭對手提供「類似條件」，以避免任何偏袒之嫌。這樣的策略使台積電贏得了《華爾街日報》「半導體界的瑞士」（Switzerland of semiconductors）的美譽，[56]能夠以完全中立的姿態，為彼此競爭的客戶如輝達（NVIDIA）和高通代工製造晶片。

台積電的第二步是提升技術水準，趕上競爭對手在生產高階半導體方面的能力，並最終超越他們。台積電最初選擇切入英特爾等大型競爭對手不屑一顧的利基市場，並通過將自身的專業技術與來自全球客戶的寶貴資訊結合，逐步壯大實力，成功打入新市場。客戶不僅帶來規模經濟效益，使台積電得以降低生產成本；更帶來知識經濟優勢，為台積電提供無可比擬的市場洞察力，使公司能準確掌握客戶需求與偏好，並將持續擴大的研發預算投入最關鍵的領域。這種知識與技術的雙重優勢，讓台積電在競爭中遙遙領先，令對手難以望其項背。

半導體產業的技術進步，關鍵在於能否製造出架構更小（理論上以奈米為單位）、耗電更少且處理能力更強的晶片。台積電持續深耕尖端技術，不斷推進，最終在尖端半導體製程領域取得主導地位，讓競爭對手難以追趕。張忠謀曾說，他唯一真正擔心的對手是三星。然而，三星除了生產晶片，還製造手機和其他電子產品，這使得它在說服關鍵客戶建立信任時遇到困難。客戶不僅將三星視為供應商，也將其視為潛在的競爭對手。[57]至於英特爾，由於與客戶之間缺乏像台積電那樣深厚的合作關係，已逐漸被拋在後頭。

台積電計劃於二〇二三年開始生產三奈米晶片，並預計於二〇二五年啟動兩奈米晶片的製造。同時，英特爾在七奈米晶片的製程上卻面臨技術困境，進展遲緩。[58]蘋果，作為英特爾的重要客戶之一，早在二〇一一年三星開始與 iPhone 展開競爭時，就決定放棄由三星代工。[59]到了二〇二〇年，蘋果宣布新款 Mac 電腦將採用自家設計的處理器[60]（譯註：同年六月宣布，並計劃在兩年內結束與英特爾長達十五年的合作關係）。毫無疑問，蘋果選擇將處理器生產外包給台積電。至於老牌半導體設計公司ＡＭＤ，數十年來持續緊追英特爾，最終決定全面停止自行製造晶片，並開始將晶片製造外包給台積電。

到二〇二〇年十二月，英特爾的一位積極法人股東——Third Point 資產管理公司——要求英特爾重新考慮其業務重心，應該專注於晶片設計並且放棄製造業務。[61]《金融時報》大中華區記者席佳琳（Kathrin Hille）在報導中指出，半導體產業如今已經「極度依賴」台積電。[62]二十年前，全球還有二十家晶圓代工廠；如今，「最尖端的技術幾乎都集中在台灣的一座科技園區內」。

席佳琳關於「全都在單一園區」的說法雖有些誇大，但誇大得並不離譜。儘管台積電與國際客戶緊密合作，但它仍是一家高度本土化的公司。台積電在台灣政府的支持下成立，並深度融入台灣的經濟與教育體系。這不僅是因為台灣工程師——相較於美國工程師——願意以較低薪資投入更高強度的工作，更重要的是，某些創新的關鍵環節並不容易跨國移植。台灣的半導體產業主要集中在台北以南的一個小型工業園區。[63]亞洲科技生產專家王丹（Dan Wang，音譯）指出，半導體製造仰賴長時間積累的「製程知識」，這種知識包含對哪些方法可行、哪些不可行的深刻理解。然而，這種理解往往難以向未完全融入該文化背景的人解釋清楚。儘管台積電曾經零星地在其他地區建立代工廠，但沒有任何一個能真正扎根並複製台灣的成功模式。

一開始，這看起來不像是弱點，反而更像是一種優勢。當中國開始發展自己的科技產業時，台積電以其台灣總部為基礎，成功協助開拓新客戶。台積電精心打造的公正聲譽，使它能夠與中國企業合作時，至少與美國企業合作一樣順利。畢竟，中國企業在地理、文化和語言上都更貼近台積電。台積電與華為建立了特別緊密的合作關係，華為成為僅次於蘋果的第二大客戶，貢獻了台積電全球營收的百分之十五至百分之二十。[64]

然而，隨著地緣政治緊張局勢不斷升溫，台積電的處境變得愈發艱難。中華人民共和國將台灣視為其領土的一部分，並透過溫和勸說或武力威脅等手段，試圖將台灣帶回祖國懷抱。台積電在科技產業中一向扮演瑞士的角色，與彼此競爭的科技公司合作，卻從不偏袒任何一方。而當美國與中國之間的對立逐漸加劇、雙方彼此警惕時，台積電扮演的角色則是「芬蘭：兩個彼此敵視、爭鬥不休的巨人都偶爾會信賴的朋友」。[65]

當川普政府將地下帝國的武器轉向華為時，台積電也遭受了連帶傷害。根據美國的規定，如果台積電的晶片使用或依賴美國的智慧財產技術進行製造，就不得向其第二大客戶出口最新一代晶片。儘管如此，二〇二〇年的全球晶片短缺使台積電的營收並未受到實質影響，[66]再次證明了該公司在市場上的主導地位。然而，如果中國和台灣統一，台積電將會面臨怎樣的未來？而如果全球最重要的先進半導體製造公司落入美國對手的治理之下，美國又將如何應對？

一九九〇年代，隨著半導體製造業邁向全球化，美國國防部也隨之調整策略。美國軍方對半導體的需求幾乎永無止境，雖然其最「信賴」的供應鏈關係仍維持在美國本土，但對亞太地區晶片的依賴程度也逐漸加深。而隨著台灣的晶片製造商逐漸成為「日益全球化的美國國防晶片產業的基礎關鍵環節」，[67]美國國防部的憂慮開始日益加劇。當台積電逐漸將競爭對手遠遠拋在身後時，美國不禁開始憂慮：在中國入侵威脅的陰影之下，美國的國家安全體系竟如此依賴於一座島嶼上的一家製造商。

台積電董事長劉德音認為戰爭不太可能發生，因為全球經濟高度依賴台灣的半導體產業。[68]然而，美國國防智庫的學者們卻持較為悲觀的看法。二〇二一年，其中兩位學者在美國陸軍戰爭學院季刊《參數》（*Parameters*）上發表文章，提出了「毀巢」戰略：[69]若中國入侵台灣，美國將摧毀台積電的設施。他們期望這樣的威脅能夠產生足夠的嚇阻作用，讓中國在考慮入侵台灣時望而卻步。

這一切都讓台積電深感不安，特別是當它意識到，拜登政府同樣擔憂在一座被中國宣稱擁有主權的島嶼上生產關鍵技術的風險。張忠謀創立的這家公司之所以能夠蓬勃發展，關鍵在於國家安全戰略專家長期以來未曾過度關注它的成功。而現在，台積電已成為一個全球經濟的關鍵咽喉，成為大國既想要加以利用，又想要阻止他國使用的戰略資源。每個企業都希望自己在經濟上無可替代，但極少有企業希望自己的不可取代程度如此關鍵，以至於工廠可能淪為預防性軍事打擊的目標。

更糟的是，台積電的競爭對手開始積極利用它所面臨的政治困境。英特爾在未能跟上台積電技術進步、遭遇災難性挫敗後，延攬派特・基辛格（Pat Gelsinger）擔任執行長。基辛格上任後迅速宣布，英特爾將進軍台積電的核心業務，為那些自行設計半導體的公司提供晶圓代工服務。同時，他也開始刻意強調，將美國的核心科技交由一家以台灣為基地的公司製造，風險過高，並主張美國必須確保在本土建立穩定的晶片供應鏈。[70]

美國政界人士早已開始推動將半導體製造業帶回國內。就在川普宣布限制台積電向華為供貨的同一天，[71]台積電隨即宣布，將在亞利桑那州投資一百二十億美元建造一座晶圓廠，專門生產五奈米半導體。[72]

基辛格對此極為不滿。他主張美國的補貼應該只限於那些「深深扎根於美國」的公司，[73]並指出台積電將其最尖端的技術留在台灣，這對美國並不公平。二〇二一年，基辛格將大部分時間花在與美國和歐洲官員的會面上，大力遊說他們支持如英特爾這樣的本土公司。[74]他在一次公開採訪中直言：「未來幾十年，晶圓廠的位置將比石油儲備的位置更重要。」[75]在他和其他人的努力下，美國和歐洲最終宣布通過重大補貼法案，以補貼國內半導體生產。然而，西方政府也希望分散風險，因此同時也補貼像台積電這樣在技術上領先競爭對手的公司。

台積電其實根本不願參與這場遊戲。一位台積電「內部人士」透露，公司決定在亞利桑那州興建新廠，完全是因為「美國政府一再懇求」。[76]正如劉德音在其他場合所解釋的，台積電興建這座工廠純粹是出於「來自客戶的政治壓力」。[77]劉德音本人更直言「在美國推動半導體本地化並不會增強供應鏈韌性」，反而可能造成損害。

台積電原則上當然不反對補貼。畢竟，它的成立本就得益於台灣政府的慷慨支持。然而，這種定向補貼的新遊戲卻帶來了一些問題。英特爾希望透過地緣政治來重塑市場格局，因為它需要在技術上落後於競爭對手的情況下，獲得一個彎道超車的機會。反之，台積電則希望地緣政治的影響愈少愈好，這樣才能維持原有的競爭優勢。畢竟，美國和歐洲的政界人士愈關注在台灣產製晶片的風險，他們就愈可能扶植台積電的競爭對手，或是要求台積電改變生產地點和生產方式。

大流行疫情的爆發讓一切變得更加複雜。二〇二〇年和二〇二一年，新冠病毒疫情與地緣政治緊張局勢交織在一起，對半導體生產造成嚴重衝擊。隨著感染人數激增，工廠被迫停工，複雜的供應鏈系統開始崩潰。企業原本預期消費需求將大幅下滑，紛紛縮減晶片訂單，然而需求卻依然強勁，導致供應嚴重短缺，企業只能望洋興嘆。同時，華為和其他中國公司在美國制裁正式生效之前，囤積了大量半導體庫存，占據了其他產品的生產線。這些因素共同導致整體經濟領域出現大規模短缺。如今，汽車已成為有輪子的移動電腦，每個電子設備都需要半導體。這場聽來聳動的「晶片末日」（Chipageddon）危機，[78]使得供應鏈安全及確保各國取得經濟所需的晶片供應，成為日常政治議程中的重要議題。

拜登宣誓就任總統後不到一個月，他的政府便下令對四類關鍵供應鏈進行為期百天的審查：半導體、電池、藥品和稀土礦物。[79]拜登向民眾表示：「我們已經看到，電腦晶片的短缺……導致汽車生產延遲，進而減少美國勞工的工時。」[80]他強調：「在供應鏈危機來襲之後，我們正試圖迎頭趕上……但我們需要阻止供應鏈危機一開始就對我們造成衝擊。」他的行政命令呼籲建立「更有韌性的供應鏈……包括促進國內生產增量、多樣化供應、內建備援、充足的庫存，以及安全可靠的數位網絡。」[81]

二〇二一年三月十五日，美國商務部工業與安全局向半導體產業徵求意見。[82]在為期百日的審查中，報告呼籲建立一個由商務部主導的「數據中心」（data hub），旨在「整合聯邦政府各單位的數據……追蹤供需中斷的原因，並改善聯邦政府和私人單位之間的資訊共享」。[83]拜登政府同時宣布，已經要求台積電等企業「自願分享有關庫存、需求和交貨動態的資訊」，[84]以協助政府「了解並量化供應鏈瓶頸可能存在的環節」。

拜登這看似溫和的要求背後，其實揮舞著一根大棒。正如拜登的商務部長吉娜•雷蒙多所言：「我對半導體公司說，『我不想強迫大家去做任何事，但是如果你們不聽話，那麼你們讓我別無選擇。』」[85]假使台積電等公司拒絕提供數據，拜登政府就將動用《國防生產法》（Defense Production Act）賦予的權力。更甚者，政府索要的資訊並不僅限於台積電本身的營運狀況，還包括能夠窺探台積電客戶商業機密的敏感數據。

提供這些資訊將危及台積電商業模式的核心——它與客戶之間的信任關係。如果客戶得知台積電將他們的資訊分享給美國政府，他們會作何反應？中國企業尤其可能坐立難安，而其他公司也同樣可能因此憂心忡忡。

台積電最初的反應是爭取時間、以拖待變。該公司強調，它已經採取了「前所未有的行動」，[86]包括計劃在亞利桑那州建造晶圓廠，以應對全球半導體短缺問題。一週後，該公司法務長方淑華（Sylvia Fang）明確表示，台積電不願提供過於詳細的資訊，並向客戶重申保證：「我們絕對不會洩露公司的敏感資訊，特別是與客戶相關的資訊，因為客戶的信任是我們成功的關鍵要素之一。」[87]最終，台積電提交了一批資訊，同時公開表示客戶的機密得到了妥善保護。[88]然而，它並未對外說明自己是如何在滿足美國政府資訊要求的同時，同時又能保守客戶機密。

中國官方媒體將台積電的妥協視為背信棄義。[89]《環球時報》在一篇社論中指出：「台積電和其他晶片製造商被要求提供的數據，將嚴重損害大陸半導體產業的商業利益和營業祕密。」[90]該社論進一步強調，美國的目標不僅僅是找出供應鏈瓶頸，而是通過獲取敏感數據，在半導體產業揮舞霸權大棒。文中還指出：「顯而易見，獲取這些敏感數據可能只是美國在半導體產業實現霸權的第一步，其最終目的是控制先進製造能力，振興其國內半導體產業。」中國學者也警告，這些資料可能幫助華盛頓更精確地對中國企業實施制裁。[91]然而，台積電依然堅持其既定政策。考慮到台積電對美國智慧財產權、美國供應商以及美國市場的高度依賴，它幾乎別無選擇。

不是每個人都能看清這種進退維谷的困境。《紐約時報》專欄作家湯馬斯•佛里曼讚揚台積電基於信任的生產模式，將其描述為中國對科技產業管控方式的一種替代方案。他認為，如果習近平能真正理解台積電所建立的生態系統，他就會明白，「奪取台灣僅僅是為了掌控台積電……將是一場徒勞無功的嘗試。」[92]

僅僅一週後，張忠謀對全球化發表了簡短評論。[93]他沒有提到佛里曼的專欄，而是回應了佛里曼那句著名的論斷：世界因全球化而變成「平的」。張忠謀以禮貌而略帶諷刺的口吻說道：「好吧，湯姆，世界已經不再是平的了。」基辛格（張忠謀認為他「無禮」）和他的盟友們聲稱南韓和台灣不再安全，他們希望回到美國生產全球百分之四十二半導體的時代。對此張忠謀反駁說，時間不可能倒流；即使美國投入數千億美元的補貼，要在美國重建一個完整的半導體供應鏈仍然是不可能的。

張忠謀的挫折感不難理解。台積電不得不放棄部分本土優勢，在美國境內建造半導體晶圓廠。[94]公司還必須提供客戶的機密資訊，這危及了他們數十年來苦心經營的信任關係。地緣政治的變化使台積電的處境日益不利，卻仍不得不參與這場博弈，昔日精心塑造的中立形象因而遭到動搖。張忠謀對佛里曼的尖銳批評，或許源自他對逝去世界的懷念——那是個台積電只需專注於技術與市場，無需憂慮美中對抗的世界。台積電在 LinkedIn 上發布的徵才廣告已然透露，這樣的世界已經永遠消失了。正如張忠謀在受訪時感嘆：「那些我們能為全世界每一個人服務的日子，那些美好的日子，已經一去不返了。我只希望未來不會變得更糟。」[95]

* * *

二〇一五年三月三十日，維塔利克・布特林（Vitalik Buterin）在倫敦對著舞台下一小群聽眾警告經濟集中化的危險。[96]天氣寒冷，但這位二十一歲的年輕人卻只穿著一件條紋T恤和工裝褲。[97]他首先向聽眾介紹了他所創立的「以太坊」（Ethereum）軟體計畫的最新進展。這個計畫當時還未正式啟動，但即將推出。[98]接著，他開始進入正題。

布特林向台下熱衷於加密貨幣的同好們闡述，像以太坊這樣將事務分散到區塊鏈上的專案，將如何改變經濟，並幫助世界免於走向衰敗。「加密」（Crypto）是「密碼學」（cryptography）的簡稱，這是一門透過將資訊編碼，使其在沒有數學密鑰的情況下變得極難或不可能存取的科學。然而，許多加密愛好者著迷的不僅僅是程式碼本身，他們認為加密技術可以削弱政府的權力，甚至澈底擺脫政府的控制。

布特林當天也指出，「萬事萬物去中心化」這個理念四周圍繞著「近乎狂熱的崇拜」。大多數加密貨幣愛好者擔憂權力過度集中所帶來的風險，並深信數學和科技能夠提供有效的解決方案。然而，他也警告，那些自由意志主義者（libertarian）所嚮往的澈底去中心化世界，幾乎不可能實現。相反地，更令人擔憂的是，一個反烏托邦式的「奇點」（singularity，譯註：也稱「奇異點」）可能正在逼近，屆時經濟的基礎層面將有可能淪為中央集權的控制工具。

布特林解釋道，每個複雜社會都有「底層服務」——例如道路、電力和警察等基本機關和基礎設施，這些通常由政府提供，並構成其他一切活動賴以運作的基礎。如今，私人企業已經掌控了一套新的底層服務，例如網際網路、支付服務（如PayPal），以及共享經濟平台（如Uber和Airbnb）。大多數底層服務本質上都是網絡型服務，而這類服務往往會隨時間演變而日趨集中化，導致權力過度集中。這正是問題所在。數年後，布特林向我們解釋去中心化的兩個理由：「一是透過去中心化使政府更難將系統關閉；二是透過去中心化防止營運者……擅自決定欺騙用戶。」[99]政府和企業的權力往往會相互強化，因為政府可以比較容易地迫使這些大型集中化企業去配合政府的意圖，實現他們所希望的目標。

布特林希望透過區塊鏈技術，在全新的底層架構上重建社會的基礎設施。區塊鏈技術是比特幣（Bitcoin）等數位貨幣的基礎（比特幣運用加密技術創造了一種全新的貨幣形式）。理論上，區塊鏈能夠形成一個由去中心化實體組成的網絡，在這個網絡中，沒有任何一方擁有絕對的控制權。與比特幣不同，以太坊不僅是一種數位貨幣，更是一個可支援多種服務的通用計算平台。它甚至允許人們建立「去中心化自治組織」（Decentralized Autonomous Organizations, DAOs），透過預先設定的規則，在特定條件達成時，自動分配金錢、藝術品或資訊。這個願景讓許多人開始想像一個嶄新的世界：傳統的中介機構，如銀行、藝術品經銷商、票據交換所等，將被去中心化的計算系統取代，所有交易都將透過以太坊完成。

儘管布特林採用了截然不同的表達方式，他實際上已指出了地下帝國的危機：社會的基礎結構如何集中化，為權力與脅迫提供可能的可乘之機。布特林與其他人希望區塊鏈能成為一種解決方案。基於區塊鏈的貨幣與社會體系或許可以消除中介組織，使社會的基礎層免於帝國慾望的誘惑，從而阻止政府與企業操控人們的生活。

然而，這些政治理想面臨著被金錢誘惑淹沒的風險，可能還未實現就已被摧毀。布特林發表演講六年後，以太坊的理論總市值已達四千八百三十四億美元。[100]早期投資者紛紛炫耀他們的遊艇和藍寶堅尼（Lamborghini），但布特林本人並未被這股財富狂潮沖昏頭腦。儘管他曾一度擁有億萬富翁的身價，[101]他最愛的卻是寫部落格文章，分享如何用最少的行李依然能舒適旅行（一個四十公升的後背包、基本科技裝置、八件T恤、短褲、緊身褲和內衣褲）。[102]

雖然加密貨幣界最受敬重的人物立志改變世界，但這個領域從一開始就吸引了大批騙徒。當矽谷投資者蜂擁而入，他們希望投資那些能在加密經濟中扮演關鍵角色的公司，藉此獲取鉅額利潤。然而，一個又一個創業者發現，在去中心化經濟中最賺錢的方式，恰恰是想辦法將部分環節重新集中化。

加密貨幣社群自始至終對政府保持警惕，這既是福也是禍。相比之下，大多數商界和金融界人士若非迫不得已，向來不會過問政治。

他們對政治的忽視，無形中助長了地下帝國的扎根與壯大。相較之下，政治議題從一開始就是加密貨幣的一部分。如果說這群經常爭執的加密貨幣派系能在某件事上達成共識，那就是削弱政府壟斷貨幣發行以及追蹤貨幣流動的權力。這正是能將各路人馬匯聚一堂的核心原因。

這種企圖心早在加密貨幣出現之前就已經扎根了。著名經濟學家弗雷德里希・馮・海耶克曾邀請華特・李斯頓的父親加入「朝聖山學會」，他曾經提出了一個著名論點：私人貨幣將能抑制政府的揮霍無度和通貨膨脹。[103]而李斯頓本人則預見，全球性的「電子貨幣」將有助於馴服政府的權力。然而，直到網際網路與密碼學成為主流之後，人們才真正開始嘗試實現海耶克所描繪的願景。

網際網路似乎開創了第一個真正去中心化的全球通訊方式。自由意志主義者宣稱，網際網路削弱了政府審查資訊的權力，而密碼學則使金融交易對政府難以理解。[104]正如《密碼龐克宣言》（*A Cypherpunk's Manifesto*）所莊嚴宣告：密碼學將「不可避免地遍及全球，並隨之帶來匿名交易系統」。[105]當所有人都進入這個無形的經濟體系後，政府的稅收基礎將逐漸萎縮至消失。

這些夢想激發了虛構故事與商業計畫，兩者時常交織在一起。如今已成為知名科幻作家的尼爾・史蒂芬森在他描寫近未來世界的小說《密碼寶典》（*Cryptonomicon*）[106]中勾勒出一幅願景：透過完善的加密技術、一個願意配合的島國，再加上一批二戰遺留的黃金，或許就能開創一個嶄新的世界。PayPal 的共同創辦人、早期曾提供布特林獎學金的彼得・提爾（Peter Thiel）後來透露，《密碼寶典》是早期PayPal團隊的「必讀書」，[107]他們所有人都「熱衷於創造一種由個人而非政府掌控的數位貨幣」。提爾坦承，當時團隊對貨幣的認識其實很有限，但他們抱持著「創造新型網路貨幣以取代美元」這個「崇高使命」。[108]PayPal辦公室還設立了一個追蹤用戶成長的「世界統治指數」（World Domination Index），[109]在向風險投資人進行募資簡報時，甚至宣稱公司能從美國政府發行美元所獲的利潤中獲取部分利潤。[110]

要達成推翻權威的目標實在過於艱難。PayPal最終放棄了挑戰全球金融秩序的野心，轉而成為一家普通（但利潤豐厚）的第三方支付服務公司。然而，它也發現，對抗權力的後果並不輕鬆。二〇一五年，PayPal 因涉及數百起違反制裁的行為，被美國財政部外國資產控制辦公室處罰，最終以七百七十萬美元達成和解。[111]當俄羅斯於二〇二二年攻擊烏克蘭時，PayPal 毫不猶豫地中止了所有俄羅斯帳戶的存取權限。[112]

在尚未冊立新君主之前，推翻舊君主尤為困難。要建立一個真正的自由意志主義貨幣體系，不僅需要一個科技友善的島國和一堆金條，更要確保新貨幣的擁有者不會重蹈覆轍，做出和被推翻的政府同樣的惡行。

這意味著必須解決一個根本的政治問題。君主不僅可以命令臣民行事，還能以武力威脅作為最終的憑藉。正如史蒂芬森早期小說《雪崩》（*Snow Crash*）所描述的，法王路易十四（Louis XIV）曾在大砲上鐫刻一句銘文：「君王的最後論據」[113]（ultima ratio regum，譯註：此短語意指「君王的最後手段」，即當其他一切方式無效時，戰爭和武力成為最終解決之道）。暴力威脅構成了君主權力的基礎，使國王得以決定貨幣發行量、銀行倒閉後的處置方式，以及如何解決債務糾紛。然而，這種權力本身也帶來問題。君主可以通過威脅或武力強徵臣民的黃金，或增發貨幣以支付戰爭費用、應對危機或修建宮殿，但這種做法必然伴隨推高通貨膨脹的風險。

自由意志主義者渴望一種擺脫君主與中央集權的貨幣體系。但若無人主導，要如何在貨幣的定義、所有權歸屬，以及債務違約處理等關鍵問題上達成共識？這個挑戰在數位貨幣領域尤為棘手，因為數位貨幣恰似密碼學版本的仙女金（fairy gold，譯註：傳說中仙女贈與的黃金，但稍縱即逝），是由希望與數學魔法等量混合而成。或許傳統貨幣本質上也是一種虛構，但這種虛構早已被全人類普遍接受並默許為真實。那麼，要如何說服人們認真對待加密貨幣？此外，若不建立某種集中式帳本系統來準確記錄每個人的所有權，又該如何防止人們透過複製這些本質上只是一串數字的加密貨幣來進行欺詐？

這些問題正是比特幣設計所要解決的初衷。比特幣的發明者中本聰（Satoshi Nakamoto，化名）運用了一個巧妙的數學機制，[114]創造了他所描述的第一個「去中心化、非信任型貨幣系統」。他將區塊鏈——一種能夠記錄所有交易往來的防篡改去中心化數位帳本——與一套鑄造新幣的系統結合在一起。這種結合使得造假變得極為困難，因為參與者必須動用強大的電腦算力，來解決日益複雜且毫無實用價值的數學猜謎遊戲，才能通過「挖礦」獲得比特幣。挖礦的效率低落令人咋舌，最終，比特幣挖礦的耗能甚至達到一個中等規模國家的用電量。中本聰的這項發明與其說是把稻草變成黃金〔譯註：典出格林童話《侏儒怪》（*Rumpelstiltskin*）〕，不如說是把耗費的電腦算力轉化成了黃金。

對自由意志主義者而言，加密貨幣帶來的可能性如同魔術師袖中抽出的五彩繽紛絲巾，一個接著一個無窮無盡。比特幣之類的加密貨幣能夠在不靠權力集中的情況下，為貨幣和金融市場運作建立起廣泛共識。它們也許能遏止通貨膨脹（比特幣本就設計為通貨緊縮型貨幣）。更關鍵的是，它們能用純粹且可預測的數學邏輯來取代對政府的信任。那個混亂不堪的政治經濟學世界——人們絞盡腦汁設法阻止政府和全球金融體系濫用權力傷害個體——似乎在一縷邏輯的煙霧中澈底消散了。每個人都可以創建並維護自己的金融領域，不再需要立法者或稅務官員的介入。

如果說比特幣是仙女金，那麼以太坊就是名副其實的魔法師魔杖。根據布特林的描述，以太坊是一台「去中心化的電腦——遍布全球數以萬計的節點彼此互通訊息」。[115]它不只能用來收發電子貨幣，還能編寫程式來取代中間商。既然合約可以透過以太坊自動執行，何必還要聘請律師？說不定連政府都可以排除在外。以太坊的開發者之一加文・伍德（Gavin Wood）解釋說，這個去中心化的電腦讓你能創建並運行一個程式化的實體，「它根本不在乎自己的行為會被判定為合法……或非法」。[116]PayPal這類企業是實體組織，由真人經營，做了違法的事就會鋃鐺入獄。但伍德指出，純粹存在於區塊鏈上的去中心化實體沒有任何人類操作員，並且在接收到初始程式指令後，可以永遠持續運作下去。這些「自然力量」[117]和「數學組合」永遠會忠實執行被賦予的任務，不會因威脅而退縮。想要讓它們停止運作，唯一的辦法就是關閉整個區塊鏈。

第一個「去中心化自治組織」（DAO）於二〇一六年在以太坊平台上誕生。這是一個分散式創投基金，允許投資者根據預設的程式規則投票，決定是否資助其他人提交的提案。儘管它吸引了近一億美元的投資，相當於當時以太坊貨幣總量的百分之十五，但它很快就遭遇了困難。其主要創造者克里斯托夫・延奇（Christoph Jentzsch）開始擔憂，自己或許召喚出了一個「魔法師的學徒」（Sorcerer's Apprentice）——一個看似順從卻可能迅速失控的僕人。[118]〔譯註：「魔法師的學徒」出自歌德（Johann Wolfgang von Goethe）的詩作，後被改編為迪士尼動畫《幻想曲》（*Fantasia*）的片段。故事講述一名魔法師的學徒在主人外出時，使用魔法指揮掃帚打水，卻因無法控制而釀成災難。這一典故常用來比喻人類創造出無法掌控的技術。〕

他的擔憂並非多餘。DAO很快就出了問題。人們開始陸續指出它的設計缺陷。隨後，有人發現了DAO程式碼中的一個漏洞，利用這個漏洞得以每次竊取五千六百美元，不斷掏空投資者的資金。

要阻止這一切並非易事。以太坊的核心開發者和DAO既無法院可裁定資金歸屬，也無執法單位可扣押資產。他們不能單純地停止程式運行或修改程式碼。實際上，他們必須重寫整個以太坊區塊鏈，回溯並撤銷那些讓竊賊得逞的交易。在缺乏「君王的最後論據」（譯註：即缺乏強制執行力）的情況下，他們只得說服以太坊社群同意將專案進行「分叉」（fork），遷移至全新的區塊鏈。這個決定引發了曠日持久的激烈爭議，最終雖經投票獲得多數人勉強支持。以太坊得以存續，但這就像一個國家被迫透過公投來改寫憲法和歷史，只為了處理一起銀行搶案的餘波。

隨著加密貨幣生態系的發展，江湖郎中和騙子彷彿憑空冒出，被那股熟透、坐等宰割的肥美氣息吸引而來。二〇一六年六月，數千名狂熱的加密貨幣愛好者齊聚倫敦溫布利體育館（Wembley Arena），聆聽自稱「加密女王」的茹雅・伊格納托娃（Ruja Ignatova）推銷她的「維卡幣」（OneCoin）計畫。[119]然而，這根本是一場連區塊鏈都沒有的騙局。伊格納托娃曾在寫給合夥人的信中直言，她的計畫是「捲款潛逃，再嫁禍他人」。[120]騙取了超過四十億美元（檢方估計）的投資後，她便人間蒸發，如今已被列入聯邦調查局十大通緝要犯名單。

更多傳統企業家也開始加入這個行列，試圖在加文・伍德所定義的 Web3[121]——這個更澈底去中心化的網際網路演進形態——中尋求利基。早在一九四〇年代，概念藝術家們就曾競相在天空等出人意料的事物上「簽名」，或是發行「真實性證書」，宣告某個人本身即為一件藝術品。[122]而區塊鏈註冊的非同質化代幣（nonfungible tokens, NFTs）則將這個藝術玩笑變成了商業模式，創造出一個買賣圖像、推文，甚至特定事件之數位認證的交易市場。名人和新興的加密貨幣巨富們更願意斥資數百萬美元，競相購入那些經由演算法創造、各具特色的「無聊猿」（Bored Ape）NFT。

許多有抱負的加密貨幣億萬富翁，都參考過彼得・提爾在其著作《從0到1》（*Zero to One*）中提出的建議：找到一個利基市場，並在其中建立壟斷。這樣的利基市場確實不勝枚舉。然而，密碼學家馬克西・馬林斯派克（Moxie Marlinspike）曾警告，極少有Web3的使用者會直接與區塊鏈互動。[123]他們大多仰賴中介公司，比如主導NFT市場的OpenSea、加密貨幣中心化交易所Coinbase，或是廣泛使用的以太坊錢包MetaMask。[124]企業則依賴Alchemy和Infura等基礎設施供應商[125]。而Dai幣和泰達幣（Tether）等穩定幣（stablecoins）則扮演著連接加密貨幣與傳統金融世界的橋梁角色。[126]穩定幣為傳統貨幣或數學上精密的加密貨幣等價物提供了「加密錨定」。如同歐洲美元，它們本質上是一種與實體貨幣掛鉤的會計擬制品。布特林向我們解釋，在加密貨幣價值劇烈波動且難以預測的世界裡，穩定幣提供了不可或缺的穩定性。[127]若要簽訂長期合約，採用穩定幣計價能有效降低貨幣波動帶來的風險。穩定幣也成為所謂去中心化系統的核心要素。

然而，正如馬林斯派克所指出：「從一開始，這些技術就迅速傾向於透過平台實現中心化……而且……大多數參與者甚至不知道，也不在意這種中心化正在發生。」[128]就像二十年前的傑伊・艾德森一樣，那些試圖顛覆Web3的先驅者很快發現，他們或有意或無意間製造了新的咽喉點。Alchemy執行長尼基爾・維斯瓦納坦（Nikil Viswanathan）在一次與布特林的線上對談中，知道他的客戶真的想要一個「去中心化區塊鏈數據的中心化管道」後大為驚訝。[129]不到兩年，他公司的估值在短短三個月內翻了三倍，達到一百億美元。[130]正如一位作家所感嘆：「大多數web3公司都是營利企業，支持它們的風險投資公司也不例外……風險投資的本質就是建立壟斷，而壟斷者總是渴求控制權。」[131]（編按：原書中引用的原文即使用小寫的web3。）

惡名引起了監管機關更嚴格的審查。以太坊成立時，一直擔心美國政府會採取什麼行動。第一個「去中心化自治組織」成立時，有人建議他們使用「變形者」（ShapeShift）交易平台，[132]一個以隱藏交易為目的的加密貨幣交易所。雖然傳統銀行必須遵守「瞭解你的客戶」（Know Your Customer, KYC）法規，但加密貨幣公司往往選擇忽視這些規範。在《華爾街日報》指責它允許犯罪分子——包括北韓勒贖軟體「想哭」的開發者們——洗錢[133]之前，「變形者」始終拒絕透露其客戶的身分。

社群中有些人不僅試圖規避美國法規，還積極協助他人破壞這些法規。二〇二二年，維吉爾・格里菲斯（Virgil Griffith）因前往北韓，提供利用加密貨幣對抗國際制裁的建議，被判處五年徒刑。格里菲斯曾在布特林創業初期提供協助，[134]並在以太坊基金會擔任重要角色。事後看來，他穿著朝鮮風格的制服站在白板前拍照，白板上畫了一個笑臉，[135]還寫著「沒有制裁，耶！」這無疑是一個極其愚蠢的舉動。

隨著加密貨幣的發展，持續規避或迴避法律變得愈發棘手。美國的監管機關和政界人士有能力打壓那些被視為威脅的加密貨幣計畫。臉書一位相對資淺的員工摩根・貝勒（Morgan Beller）成功說服公司副總裁大衛・馬庫斯（David Marcus）著手開發一種區塊鏈貨幣。當馬庫斯與臉書執行長馬克・祖克柏（Mark Zuckerberg）展開討論時，他們談到「臉書如何能在馬庫斯的前東家 PayPal 曾經妥協的領域中獲得成功：實現自由意志主義者夢寐以求的純粹、無國界網路貨幣」。[136]臉書的中國競爭對手已經成功地將社交媒體、交易市場和支付系統整合為一個有機且盈利的生態系統。[137]也許，臉書同樣能夠做到這一點，但其願景不僅侷限於單一國家，而是放眼全球。

這當中的政治意涵昭然若揭。如果說微軟想扮演中立的瑞士角色，那麼臉書的野心可就大得多了：重寫世界經濟的運作規則，讓自己處於主導地位。

美國和歐洲的監管機關擔心祖克柏可能以一種私部門主導的全球貨幣取代美元和歐元。據報導，在一次早期的非正式談話中，時任美國財政部長史蒂芬・姆努欽曾對馬庫斯表示：「我對這一切都感到厭惡。」[138]當臉書與其合作夥伴在二〇一九年六月正式宣布推出新貨幣「天秤」（Libra）時，法國經濟與財政部長布魯諾・勒梅爾在法國參議院明確表態：「他堅決反對天秤成為可與國家貨幣分庭抗禮的『主權貨幣』（state currency）。」[139]歐洲央行執行委員會委員法比奧・帕內塔（Fabio Panetta）也強調，天秤等穩定幣若取代主權貨幣將帶來重大風險。[140]政界人士更擔心「一旦出現不受任何政府管控的數位貨幣，恐怕會助長洗錢行為，甚至成為恐怖主義的資金來源。」[141]而當臉書代表與美國官員會面時，他們似乎完全未作好準備來回應那些關乎國家安全的棘手問題。

馬庫斯和臉書很快被迫放棄他們的宏大抱負。他們聘請史都華・李維來領導「天秤」專案。李維對牽涉制裁議題的雙方都有著深入的理解：在二〇〇〇年代，他曾擔任美國財政部負責恐怖主義和金融情報事務的次長，之後又在孟晚舟事件期間擔任匯豐銀行的法務總監。在「天秤」專案中，他最重要的任務是向美國官員保證他們毋須擔心這種貨幣帶來的風險。Libra 後來改名為 Diem，並進行了重新設計，使這種新貨幣需要依託美元和傳統金融體系。一個加密工程師團隊「日以繼夜地開發一套能夠監控交易、偵測洗錢或違反制裁跡象的系統」。[142]然而，這些努力仍不足以說服政府。拜登政府明確表態反對這種貨幣。二〇二一年十二月，李維宣布終止這個計畫，而馬庫斯早已提出辭呈。

加密貨幣公司仍然試圖哄騙政府接受這場貨幣革命。大型加密貨幣企業投入數百萬美元在華盛頓進行遊說。[143]矽谷一家大型創投公司安德森・霍洛維茨（Andreessen Horowitz）編輯印製了一份指南，以備政府想「瞭解web3的潛力」。[144]指南中暗示，如果政府不「釋放『去中心化自治組織』的潛力」，並「擁抱監管良好的穩定幣所發揮的作用」，他們將在競爭中落後。而這家創投公司正是這兩項技術的主要投資者之一。例如，它向MakerDAO投入了一千五百萬美元，這個DAO是穩定幣Dai背後的支持者，通過一種結合以太坊及其他加密貨幣的特殊機制，使其價值接近美元。Dai幣取得了巨大成功，成為目前排名第四的穩定幣。截至二〇二一年十二月，全球已有超過四千個DAO，它們的金庫中共同持有的加密貨幣總值高達一百三十億美元。[145]

然而，美國監管機關的疑慮仍未消除。二〇二二年十一月，美國證券交易委員會（Securities and Exchange Commission, SEC）對總部位於懷俄明州的American CryptoFed DAO提起訴訟，該組織聲稱自己是美國首個合法獲准的去中心化自治組織。[146]SEC主席加里・詹斯勒（Gary Gensler）形容穩定幣是「無法無天的蠻荒西部賭場中的撲克籌碼」。[147]仔細檢查會發現，[148]許多DAO的運作顯得異常中心化[149]——投票權通常集中在內部知情人士和像安德森・霍洛維茨這樣的投資者手中。然而，比特幣在其早期發展階段的中心化程度其實也遠超外界的認知。一些DAO刻意採用放棄控制權限（throwing away the keys）的方式來削弱政府的干預。他們將業務服務設置為運行在以太坊上的程式，並設定軟體不再接受任何未來更新。這樣的設計確保，只要以太坊存在，程式碼就能持續運行，提供任何人都無法更改、控制或停止的服務。

一些加密貨幣支持者承認，政府和集體決策在這個體系中有其該扮演的角色。布特林指出，他理解只要網路存在，政府就必然擁有監管的能力。[150]然而，建立一種制衡機制是合理且必要的，因為「實際上，我們看到的是私營機構……在被授權執法後，實施的管制往往比任何經過民主程序制定的法律還要嚴苛得多」。因此，布特林致力於開發能讓人們更有效掌控個人及集體生活的技術，並推動新型「靈魂綁定」（soulbound）代幣，讓人們能更容易地證明自身的身分與經歷，從而自下而上地建立社群。

另有一些人仍然渴望一個自由意志主義的烏托邦，在那裡，政府將無法再干涉人們的行動。到了二〇二二年，他們的願景既源於希望，也深受苦澀怨恨的驅動。政治人物和記者不再崇拜資訊科技創業者和創投家，甚至不再將他們視為領袖與先知，對此矽谷感到不滿。這股不滿情緒漫延至加密貨幣圈的權力鬥爭之中。

例如，曾擔任安德森．霍洛維茨合夥人及 Coinbase 科技長的巴拉吉．斯里尼瓦森（Balaji Srinivasan）寫了一本書，闡述個人網絡（當然是在像他這樣高瞻遠矚的創新者的領導下）將如何取代傳統政府。[151]斯里尼瓦森主張，比特幣／Web3 生態系正與兩大中央集權勢力爭奪主導地位：一方是掌控人民幣的中國共產黨，另一方則是他所稱的「紐約時報／美元」——這個圍繞著美元及他的死對頭《紐約時報》所形成的邪惡聯盟。當薩爾瓦多等不結盟國家開始對抗這兩個權力慾望強烈的巨獸時，比特幣和以太坊可能為一個嶄新的去中心化世界奠定基礎。屆時，建立在美元和軍事力量之上的舊「美利堅治世」（Pax Americana），將被建立在程式碼之上的「比特幣治世」（Pax Bitcoinica）所取代。[152]

斯里尼瓦森自行出版的願景文筆拙劣（或許在他眼中，編輯也是「紐約時報／美元」陰謀集團的一員），但影響力卻十分巨大。許多科技領袖都持相同看法：美國東岸的媒體、監管機關與金融勢力「宛如博格人」（Borg-like）般融為一體，他們把無情的統治意志巧妙地隱藏在「覺醒主義」（woke nostrums）的冠冕堂皇之下。彼得．提爾曾表示，比特幣「在某種程度上是中國用來對付美國的金融武器」。[153]到了二〇二二年，他的立場似乎轉變了。在二〇二二年比特幣大會上，他在主題演講結尾處面對歡呼的觀眾，開始痛斥「敵人名單」（Enemies List）上的對象。[154]他宣稱比特幣的「真正敵人」是環境、社會和治理標準（environmental, social, and governance standards, ESG），稱之為「仇恨工廠」（hate factory），並指這與中國共產黨本質上無異。最後，提爾呼籲聽眾「離開這個會議，去征服世界」。

幾個月後，外國資產控制辦公室對加密貨幣展開行動，認定「龍捲風現金」（Tornado Cash）是一種「混合器」（mixer）並將其列入制裁名單。外國資產控制辦公室指控該服務被用於洗錢，涉及總額超過七十億美元的加密貨幣，其中包括北韓駭客竊取的四點五五億美元。[155]所謂混合器，是一種接收來自不同來源加密貨幣的服務，它會將這些資金混在一起，使其來源難以追蹤，然後扣除手續費後將資金返還給使用者。加密貨幣支持者認為混合器是有效保護隱私的重要工具。布特林本人也曾透過「龍捲風現金」向烏克蘭捐款。[156]但在美國政府眼中，「龍捲風現金」就像一家不分對象，把成千上萬輛相同的白色廂型車租給銀行搶匪和一般民眾的租車公司。這種混合器不僅幫助罪犯轉移不法所得，更因為有大量合法用戶的參與，讓犯罪者更容易隱藏在其中，逃避追查。

美國官員對混合器的擔憂由來已久。早在二〇二〇年，司法部一名官員便曾表示：「以這種方式隱匿虛擬貨幣交易構成犯罪行為。」[157]到了二〇二二年五月，外國資產控制辦公室將另一個混合器 Blender.io 列為制裁對象。一位財政部高層官員警告說，加密貨幣公司不能再對「明顯可疑的錢包」視而不見。[158]部分加密貨幣公司已開始與執法部門合作。比如 Coinbase 就與美國國土安全部簽約，向其提供交易追蹤資訊。[159]該公司全球情報事務副總裁約翰・科塔內克（John Kothanek）在國會委員會上介紹了 Coinbase 的KYC計畫，並呼籲司法部「對協助非法活動的個人和組織提起訴訟，即使這些活動發生在境外」。[160]

那麼，為什麼當OFAC將「龍捲風現金」列為制裁對象時，Coinbase 和其他加密貨幣公司感到憤怒？問題在於，「龍捲風現金」的核心就是一組程式碼指令，這些指令在部署於以太坊區塊鏈後，便不再受任何人控制。其共同創始人羅曼・謝苗諾夫（Roman Semenov）表示，「龍捲風現金」被「特別設計成……無法停止」。[161]其運行服務的程式碼經過精心設計，拒絕接受任何更新，無法更改或停止，只要以太坊存在，它就會持續運作。「龍捲風現金」已被神化為加文・伍德所描述的「自然力量」之一。

這意味著OFAC不僅將一個組織及其相關人員列入制裁名單，更將以太坊核心運作機制中不可分割的組成部分納入制裁範圍。正如知名加密貨幣評論家喬恩・斯托克斯（Jon Stokes）所言：「美國財政部若要停用『龍捲風現金』，就必須使整個以太坊區塊鏈無法運作。」[162]這類制裁本應是「技術上無法實現的」。[163]

伍德在八年前曾說過，魔法師的學徒一旦開始動作，很快就會變得無法控制。基於區塊鏈的數學組合本質上是「超越法律」（alegal）的，也就是說，它們並不在意是否助長了違法行為，且無法被懲罰或取締。政府必須「正視現實」，承認他們已無法再完全掌控一切。否則，正如伍德用他那混亂而生動的比喻所說，他們「可能會步入恐龍時代，並且迎風撒尿，自取其辱」。[164]

如果伍德和謝苗諾夫是對的，那麼斯里納瓦森（Srinavasan）和提爾所希望的去中心化世界就是有可能的，或許甚至是相似的。魔法師學徒釋放的力量是無法控制的。只要核心功能是由運行在以太坊或其他區塊鏈之上、無法控制的程式碼執行，那麼，加密貨幣是否變得更加中心化就不是重要的事。像「龍捲風現金」這種ＤＡＯ只會掃除制裁和主權權威，就像成千上萬的掃地機器人一樣。如果伍德和謝苗諾夫錯了，那麼無法控制的程式碼夢想，只是又一個關於電子貨幣無法控制的米老鼠幻想。現在，與過去一樣，政府還是能利用中央控制槓桿脅迫金融部門按照政府的意願行事。

匿名人士開始對名人進行「潑髒水」（dusting）行動，利用「龍捲風現金」向他們發送少量資金，使他們在技術層面上違反法律。泰達幣是一種規模龐大但備受爭議的穩定幣，由一名前童星創立，並由一位義大利整形外科醫生掌控。[165]該公司認為OFAC的制裁認定缺乏具體指導，因此拒絕依照要求採取行動。Coinbase儘管與政府有聯繫，卻認為將「龍捲風現金」列為違法的做法過於極端，於是他們資助了一項訴訟，指控OFAC透過壓制代碼非法限制言論自由。[166]OFAC隨後澄清，遭到「潑髒水」的名人不會因此惹上麻煩，[167]而「龍捲風現金」的代碼只要不被用於非法目的，仍然可以重新發布。

與Coinbase一樣，發行Dai幣的MakerDAO創辦人魯內・克里斯滕森（Rune Christensen）曾堅持加密貨幣必須遵從監管規範。他甚至解雇了那些不認同「遵守政府規範並融入現有全球金融體系」必要性的員工。[168]在「龍捲風現金」危機爆發前的幾週，MakerDAO還投票通過向一家傳統社區銀行提供一億美元的信貸額度。[169]然而，如今的克里斯滕森卻選擇澈底轉向。

在一篇長文中，克里斯滕森在絕望和百無聊賴的樂觀之間搖擺不定，他認為在公眾憤怒和「後九一一典範」的金融監管下，去中心化加密貨幣的機會之窗已經關閉。[170]詐騙和醜聞意味著一般人會認為「搞加密貨幣的，是比華爾街那些搞銀行的更糟糕的一群人」。監管機關認為，如果銀行不完全合規、又不受監管，「就是恐怖分子」。全球各權責單位非常可能緊盯Dai幣，而

Dai幣絕不可能滿足他們的規定：因為它的設計也是為了「永遠不可能成為金融監管和控制的工具」。

妥協的可能不復存在。克里斯滕森認為，加密社群必須回歸到「密碼龐克運動」（cypherpunk movement）的時代，當時「政府試圖禁止加密技術，漠視個人隱私，強行打造一個地獄般的反烏托邦未來」。加密貨幣必須切斷與受監管金融體系的所有聯繫。Dai幣將脫離「現實世界資產」，減少對如Circle等與監管機關合作的貨幣的依賴，並「自由漂動」到一個新的、更美好的世界。

克里斯滕森和與他志同道合的人，或許從未聽說過華特・李斯頓其人其事，但他們無疑傳承了他的理想。他們夢想著能夠擺脫主權國家的束縛，駛向無邊無際的海洋，在那裡可以隨心所欲地自由航行，不必向任何人俯首稱臣。

然而，其他人則選擇靠岸妥協。他們認為，要想避免關門大吉又能繼續獲利，這是唯一的選擇。Circle、Alchemy和Infura迅速切斷了與「龍捲風現金」的聯繫，[171]坦然接受自己淪為主權國家的附庸。其他眾多加密貨幣公司則急於摸清，究竟該如何遵從美國財政部的監管要求。正如著名加密貨幣交易所幣安（Binance）的執行長在俄羅斯入侵烏克蘭後坦言：「OFAC的制裁可不是開玩笑的……要是處理不當，就等著去坐牢吧。」[172]

＊　＊　＊

商界領袖一度夢想公司能夠在公海上建立自己的獨立領域，遠離主權國家的掌握。如今的企業卻像是胡克船長，受制於兩個劍拔弩張的國家，只能在海洋上徒勞地畫著圈子。有些公司，如台積電，採取模糊策略，表面維持中立，實則默認強權的影響力。其他公司，像微軟，已放棄追求中立獨立的野心，轉而選擇靠攏某一方。而李斯頓理念最忠誠的繼承者——那些創造加密貨幣的自由意志主義者——儘管仍在追求更理想的願景，但諷刺的是，他們對去中心化的熱情反而催生了無數再集權的形式，讓壟斷與政府控制以新的面貌重現。

幾十年來，企業界一直幻想自己身處一個去中心化、無國界的世界，如今卻再次發現受制於政府的束縛。儘管一些企業仍試圖擺脫全球經濟的基礎結構，以及由美國主導的金融、生產和資訊等中心化網絡，但要如何做到，卻是個難解的問題。

註釋

1 Our account of this story is taken from Demetri Sevastopulo, "US Offers Cash to Tanker Captains in Bid to Seize Iranian Ships," *Financial Times*, September 4, 2019.

2 Authors' interview with Brian Hook.

3 "EU Sanctions Iran over Assassination Plots," Agence France-Presse, September 1, 2019.

4 *Steven Weber, Bloc by Bloc: How to Build a Global Enterprise for the New Regional Order* (Cambridge, MA: Harvard University Press, 2019).

5 Aaron Tilley and Ryan Tracey, "How Microsoft Became Washington's Favorite Tech Giant," *Wall Street Journal*, April 2, 2022.

6 U.S. Department of Justice, "Justice Department Files Antitrust Suit against Microsoft for Unlawfully Monopolizing Computer Software Markets," press release, May 18, 1998, retrieved on November 18, 2022, from https://www.justice.gov/archive/atr/public/press_releases/1998/1764.htm.

7 Brad Smith and Carol Anne Brown, *Tools and Weapons: The Promise and Peril of the Digital Age* (New York: Penguin, 2019), ix.

8 Michael Kinsley, "How Microsoft Learned ABCs of D.C.," *Politico*, April 5, 2011.

9 Cat Zakrewski, "Microsoft Is Bigger than Google, Amazon and Facebook. But Now Lawmakers Treat It Like an Ally in Antitrust Battles," *Washington Post*, January 22, 2022.

10 Caspar Bowden, *The Cloud Conspiracy*, speech given at Chaos Computer Club Congress, Hamburg, December 27, 2014, retrieved on May 26, 2022, from https://www.youtube.com/watch?v=d7TyBK-gMgk.

11 Interviews with friends of Caspar Bowden.

12 Interview with friend of Caspar Bowden.

13 Retrieved on September 24, 2022, from https://twitter.com/casparbowden/status/542588420611379201.

14 Farrell and Newman, *Of Privacy and Power.*

15 Mark Bergen, "Eric Schmidt: Get Ready for 'a Lot' More Alphabet Companies," Vox .com, October 13, 2015.

16 Brad Smith, "The Collapse of the US-EU Safe Harbor: Solving the New Privacy Rubik's Cube," *Microsoft on the Issues* (blog), October 25, 2015, retrieved on May 25, 2022, from https://blogs.microsoft.com/on-the-issues/2015/10/20/the-collapse-of-the-us-eu-safe-harbor-solving-the-new-privacy-rubiks-cube.

17 Smith and Brown, *Tools and Weapons*, 136.

18 Microsoft, *US National Security Orders Report*, retrieved on November 18, 2022, from https://www.microsoft.com/en-us/corporate-responsibility/us-national-security-orders-report?activetab=pivot_1:primaryr2

19 Smith and Brown, *Tools and Weapons*, 13.

20 Smith and Brown, *Tools and Weapons*, 11.

21 Henry Farrell and Martha Finnemore, "The End of Hypocrisy," *Foreign Affairs*, November/December 2013.

22 Microsoft, "Microsoft Cloud Strength Fuels Second Quarter Results," *Microsoft News Center* (blog), January 25, 2022, retrieved on July 3, 2022, from https://news.microsoft.com/2022/01/25/microsoft-cloud-strength-fuels-second-quarter-results-4/.

23 David E. Sanger and Nicole Perlroth, "Internet Giant Erects Barriers to Spy Agencies," *New York Times*, June 6, 2014.

24 Smith, "The Collapse of the US-EU Safe Harbor."

25 Farrell and Newman, *Of Privacy and Power*.

26 Bruce Schneier, "The Story Behind the Stuxnet Virus," *Forbes*, October 7, 2010.

27 David Sanger, *The Perfect Weapon: War, Sabotage, and Fear in the Cyber Age* (New York: Crown, 2018), 10.

28 Nicole Perlroth, *This Is How They Tell Me the World Ends: The Cyber Weapons Arms Race* (London: Bloomsbury Publishing, 2021).

29 Jim O'Grady and Kenny Malone, "A SWIFT Getaway," NPR, February 9, 2022.

30 Debby Wu, "iPhone Chipmaker Blames WannaCry Variant for Plant Closures," Bloomberg, August 6, 2018.

31 Brad Smith, *Transcript of Keynote Address at the RSA Conference 2017: "The Need for a Digital Geneva Convention,"* February 14, 2017.

32 Michael Balsamo and Eric Tucker, "North Korean Programmer Charged in Sony Hack, WannaCry Attack," PBS News Hour, September 6, 2018.

33 Smith and Brown, *Tools and Weapons*, 83.

34 Smith and Brown, *Tools and Weapons*, 115.

35 Sean Gallagher, "Red Flag Windows: Microsoft Modifies Windows OS for Chinese Government," *Ars Technica*, March 21, 2017.

36 Smith, *Keynote Address at the RSA Conference 2017*.
37 Smith and Brown, *Tools and Weapons*, 119.
38 Brad Smith, *Keynote Address at the RSA Conference 2017*.
39 Brad Smith, *Keynote Address at the RSA Conference 2017*.
40 "Paris Call for Trust and Security in Cyberspace," November 12, 2018, retrieved on November 19, 2022, from https://pariscall.international/en/.
41 Ned Price, "The United States Supports the Paris Call for Trust and Security in Cyberspace," press statement, U.S. Department of State, November 10, 2021, retrieved on November 19, 2022, from https://www.state.gov/the-united-states-supports-the-paris-call-for-trust-and-security-in-cyberspace/.
42 "Cybersecurity Tech Accord," Tech Accord, n.d., retrieved on November 19, 2022, from https://cybertechaccord.org/accord/.
43 Michael Shield and Silke Koltrowitz, "Neutral Swiss Join EU Sanctions against Russia in Break with Past," Reuters, February 28, 2022.
44 Brad Smith, "Digital Technology and the War in Ukraine," *Microsoft on the Issues* (blog), February 28, 2022; Tom Burt, "The Hybrid War in Ukraine," *Microsoft on the Issues* (blog), April 27, 2022.
45 Except where stated otherwise, this and the other details below are taken from the video of the 2022 Envision Conference, retrieved on May 31, 2022, from https://www.microsoft.com/en-gb/events/envision-uk/.
46 Microsoft, *Special Report: Ukraine. An Overview of Russia's Cyberattack Activity in Ukraine*, April 27, 2022.
47 Microsoft, *Special Report: Ukraine*.
48 David E. Sanger, Julian E. Barnes, and Kate Conger, "As Tanks Rolled into Ukraine, So Did Malware. Then Microsoft Entered the War," *New York Times*, February 28, 2022.
49 Brad Smith, "Defending Ukraine: Early Lessons from the Cyber War," Microsoft, June 22, 2022.
50 Burt, "The Hybrid War."
51 "Microsoft Suspends Sales in Russia as Western Sanctions Tighten," Reuters, March 4, 2022.
52 Microsoft, *Defending Ukraine*.
53 Brad Smith, speech at Envision Conference.
54 Chang Chien and Elizabeth Hsu, "TSMC Looking to Hire Geopolitical Experts with PhDs," *Focus Taiwan*, February 16, 2022.
55 "Morris Chang Speech, October 26, 2021," retrieved on December 2, 2022, from https://semiwiki.com/forum/index.php?threads/morris-

chang-speech-oct-26-2021.14846/.

56 Yang Jie, Stephanie Yang, and Asa Fitch, "The World Relies on One Chip Maker in Taiwan, Leaving Everyone Vulnerable," *Wall Street Journal*, June 19, 2021.

57 *Morris Chang's Last Speech*, April 2021, translated by Kevin Xu, retrieved on July 22, 2022, from https://web.archive.org/web/20211016142636/https://interconnected.blog/morris-changs-last-speech/.

58 Michael Kan, "Intel's 7nm PC Chip to Arrive in 2023 Next to TSMC-Made CPU," *PC Magazine*, March 24, 2021.

59 Geoffrey Cain, "Samsung vs. Apple: Inside the Brutal War for Smartphone Dominance," *Forbes*, March 13, 2020.

60 Apple, "Mac Computers with Apple Silicon," July 25, 2022, retrieved November 19, 2022, from https://support.apple.com/en-us/HT211814.

61 Ortenca Alliaj and Richard Waters, "Third Point Tells Intel to Consider Shedding Chip Manufacturing," *Financial Times*, December 29, 2020.

62 Kathrin Hille, "TSMC: How a Taiwanese Chipmaker Became a Linchpin of the Global Economy," *Financial Times*, March 24, 2021.

63 Dan Wang, "How Technology Grows (A Restatement of Definite Optimism)," Danwang .co, July 24, 2018.

64 Cheng-Ting Fang and Lauly Li, "TSMC Halts New Huawei Orders after US Tightens Restrictions," *Nikkei Asia*, May 18, 2020.

65 Raymond Zhong, "In U.S.-China Tech Feud, Taiwan Feels Heat from Both Sides," *New York Times*, October 1, 2020.

66 Tim Culpan, "TSMC Shrugs Off Huawei Ban and Shows Who's King," *Washington Post*, July 17, 2020.

67 Ming-Chin Monique Chu, *The East Asian Computer Chip War* (London: Routledge, 2013), 106.

68 "TSMC Chairman Says Nobody Wants War over Taiwan as Chip Supplies Too Valuable," Reuters, July 15, 2021.

69 Jared McKinney and Peter Harris, "Broken Nest: Deterring China from Invading Taiwan," *Parameters* 51, no. 4 (2021): 23-36.

70 Eric Chang, "Intel Says US Chipmakers Should Be Priority over TSMC, Samsung," *Taiwan News*, December 2, 2021.

71 Reuters Staff, "TSMC Stops New Huawei Orders After U.S. Restrictions," Reuters, May 18, 2020.

72 Cheng Ting-Fang, Lauly Li, and Yifan Yu, "TSMC to Build $12bn Cutting-Edge Chip Plant in US," *Nikkei Asia*, May 15, 2020.

73 Pat Gelsinger, "More Than Manufacturing: Investments in Chip Production Must Support U.S. Priorities [sponsored story]," *Politico*, June 24, 2021.

74 Asa Fitch and Bob Davies, "Intel CEO Pitches Pricey Chip Plants to Officials at Home and Abroad," *Wall Street Journal*, August 14, 2021.

75 See video at Ian King, "Intel CEO Urges Lawmakers to 'Not Waste This Crisis' in Chip Push," Bloomberg, January 19, 2022, retrieved on June 13, 2022, from https://www.bloomberg.com/news/articles/2022-01-19/intel-urges-lawmakers-to-not-waste-this-crisis-with-chip-push.

76 Yu Nakamura, "Intel Slams US Subsidies for TSMC in Arizona's Clash of Chip Titans," *Nikkei Asia*, July 16, 2021.

77 Charlie Campbell, "Inside the Taiwan Firm That Makes the World's Tech Run," *Time*, October 1, 2021.

78 Enrique Dans, "How We Got to 'Chipageddon,'" *Forbes*, February 25, 2021.

79 White House, "Executive Order on America's Supply Chains," February 24, 2021, retrieved on January 11, 2022, from https://www.whitehouse.gov/briefing-room/presidential-actions/2021/02/24/executive-order-on-americas-supply-chains/.

80 Joseph Biden, "Remarks by President Biden at Signing of an Executive Order on Supply Chains," February 24, 2021, retrieved on January 11, 2022, from https://www.whitehouse.gov/briefing-room/speeches-remarks/2021/02/24/remarks-by-president-biden-at-signing-of-an-executive-order-on-supply-chains/.

81 White House, "Executive Order on America's Supply Chains."

82 Bureau of Industry and Security, "Semiconductor Manufacturing and Advanced Packaging Supply Chain Notice Published 3/15/21. Comments Due 4/5/21," 86 FR 14308, March 15 2021.

83 White House, *Building Resilient Supply Chains, Revitalizing American Manufacturing, and Fostering Broad-Based Growth*, June 2021, 17-18.

84 White House, "Readout of Biden Administration Convening to Discuss and Address Semiconductor Supply Chain," retrieved on June 16, 2022, from https://www.whitehouse.gov/briefing-room/statements-releases/2021/09/23/readout-of-biden-administration-convening-to-discuss-and-address-semiconductor-supply-chain/.

85 Jenny Leonard, "White House Weighs Invoking Defense Law to Get Chip Data," Bloomberg, September 23, 2021.

86 Reuters Staff, "Taiwan's TSMC Says Working to Overcome Global Chip Shortage," Reuters, September 24, 2021.

87 "Taiwan's TSMC, After US Request, Says It Won't Leak Sensitive Info," Reuters, October 7, 2021.

88 Debby Wu, "World's Top Chipmakers Provide Data to US as Deadline Arrives," Bloomberg, November 7, 2021.

89 Che Pan, "Chinese Media Continues Tirade against Taipei for Letting Chip Maker TSMC Comply with US Request for Semiconductor Supply Data," *South China Morning Post*, November 9, 2021.

90 "GT Voice: Chipmakers Risk Violating Chinese Laws over US' Hegemonic Data Request," *Global Times*, October 24, 2021.

91 Che Pan, "Chinese Critics Express Dismay over Taiwan Chip Maker TSMC's Compliance with Washington's Semiconductor Data Request," *South China Morning Post*, November 8, 2021.

92 Thomas Friedman, "China's Bullying Is Becoming a Danger to the World and Itself," *New York Times*, October 19, 2021.

93 See response to audience after Morris Chang speech beginning approximately at 1:15, retrieved on June 20, 2022, from https://www.youtube.com/watch?v=Tiu0i6htq-U&t=74s.

94 Ting-Fang and Lauly Li, "From Somebody to Nobody: TSMC Faces Uphill Battle in U.S. Talent War," *Nikkei Asia*, May 27, 2022.

95 Jude Blanchett, Ryan Hass, and Morris Chang, Transcript, *Vying for Talent Podcast: Can Semiconductor Manufacturing Return to the US*, April 14, 2022.

96 Vitalik Buterin, "The Not So Paranoid Case for Decentralization," *Ethereum London Meetup*, March 30, 2015, retrieved on June 23, 2022, from https://www.youtube.com/watch?v=tjxkdniYtkc.

97 Retrieved from https://www.timeanddate.com/weather/uk/london/historic?month=3&year=2015.

98 See Laura Shin, *The Cryptopians: Idealism, Greed, Lies, and the Makings of the First Big Cryptography Craze* (New York: PublicAffairs, 2022), for an account of the personal conflicts and rivalries that complicated the launch.

99 Authors' interview with Vitalik Buterin, July 2, 2022.

100 Ryan Browne, "Ethereum, the World's Second-Largest Cryptocurrency, Soars Above $4,000 for the First Time," CNBC, May 10, 2021.

101 Scott Carpenter, "Ethereum Co-Founder Buterin Says He's No Longer a Billionaire," Bloomberg, May 20, 2022.

102 Vitalik Buterin, "My 40-Liter Travel Backpack Guide," June 20, 2022, retrieved on June 23, 2022, from https://vitalik.ca/general/2022/06/20/backpack.html.

103 Stefan Eich, "Old Utopias, New Tax Havens: The Politics of Bitcoin in Historical Perspective," in Philipp Hacker, Ioannis Lianos, Georgios Dimitropoulos, and Stefan Eich, eds., *Regulating Blockchain: Techno-Social And Legal Challenges* (New York: Oxford University Press, 2019).

104 Most famously, John Perry Barlow, *A Declaration of the Independence of Cyberspace*, Davos, Switzerland, February 8, 1996.

105 Eric Hughes, *A Cypherpunk's Manifesto*, March 9, 1993.

106 Neal Stephenson, *Cryptonomicon* (New York: Avon, 1999).

107 Peter Thiel (with Blake Masters), *Zero to One: Notes on Startups, or How to Build the Future* (New York: Penguin, 2014), 123.

108 Peter Thiel, *Zero to One*, 17.

109 Jimmy Soni, *The Founders: The Story of PayPal and the Entrepreneurs Who Shaped Silicon Valley* (New York: Simon & Schuster, 2022), xiv.

110 Peter Thiel, Bitcoin Keynote.

111 U.S. Department of the Treasury, *Settlement Agreement Between the U.S. Department of the Treasury's Office of Foreign Assets Control and PayPal,*

Inc., March 25, 2015.
112 John Adams, "These Payment Companies Are Cutting Off Russia," *American Banker*, March 7, 2022.
113 Neil Stephenson, *Snow Crash* (New York: Bantam, 1992).
114 For a detailed explanation, which does require some basic familiarity with cryptographic concepts, see Arvind Narayanan, Joseph Bonneau, Edward Felten, Andrew Miller, and Steven Goldfeder, *Bitcoin and Cryptocurrency Technologies: A Comprehensive Introduction* (Princeton, NJ: Princeton University Press, 2016).
115 Authors' interview with Vitalik Buterin.
116 Gavin Wood, *Allegality, Coinscrum and Proof of Work Media: Tools for the Future*, London, 2014, retrieved on June 29, 2022, from https://www.youtube.com/watch?v=Zh9BxYTSrGU.
117 Wood, *Allegality*.
118 These paragraphs summarize the much more detailed account in Shin, *The Cryptopians*.
119 BBC, "Cryptoqueen: How This Woman Scammed the World, Then Vanished," *BBC News*, November 24, 2019.
120 Maria Luisa Paul, "Former 'Cryptoqueen' Is Now One of 10 Most-Wanted Fugitives," *Washington Post*, July 1, 2022.
121 Arjun Kharpal, "What Is 'Web3'? Here's the Vision for the Future of the Internet from the Man Who Coined the Phrase," CNBC, April 19, 2022.
122 Thomas McEvilley, "Art in the Dark," *Artforum*, June 1983, retrieved on July 1, 2022, from https://www.artforum.com/print/198306/art-in-the-dark-35485.
123 Moxie Marlinspike, "My First Impressions of Web3," moxie .org, retrieved on July 1, 2022, from https://moxie.org/2022/01/07/web3-first-impressions.html.
124 "Your NFT Journey Starts Here," OpenSea Learn, 2022, retrieved on November 20, 2022, from https://opensea.io/learn; "About Coinbase," Coinbase, 2022, retrieved on November 20, 2022, from https://www.coinbase.com/about; "About," Metamask, 2022, retrieved on November 20, 2022, from https://metamask.io/about/.
125 @Amit0617, "Nodes and Clients," blogpost, ethereum.org, November 10, 2022, retrieved on November 20, 2022, from https://ethereum.org/en/developers/docs/nodes-and-clients/.
126 "What Is a Stablecoin?" Coinbase, 2022, retrieved on November 20, 2022, from https://www.coinbase.com/learn/crypto-basics/what-is-a-

stablecoin.
127 Interview with Vitalik Buterin.
128 Marlinspike, "My First Impressions of Web3."
129 Retrieved on July 1, 2022, from https://twitter .com/nikil/status/1290870587909443584.
130 "Alchemy Valuation Nearly Triples to $10.2 Billion in About Three Months," Reuters, February 8, 2022.
131 Neel Chauhan, "Web3 Is Centralized (and Inefficient!) ," March 22, 2022, retrieved on December 2, 2022, from https://web.archive.org/web/20220323031915/https://www.neelc.org/posts/web3-centralized/.
132 Shin, *The Crytopians,* 131.
133 Justin Scheck and Shane Shiflett, "How Dirty Money Disappears into the Black Hole of Cryptocurrency," *Wall Street Journal*, September 28, 2018.
134 Shin, *The Cryptopians*, 380.
135 Bob Van Voris, "Crypto Expert Gets 63 Months in Prison for Helping North Korea Evade U.S. Sanctions," Bloomberg, April 12, 2022.
136 Robert Hackett, "Hanging in the Balance: Facebook and Libra," *Fortune*, December 19, 2019.
137 Lizhi Liu, "From Click to Boom: The Political Economy of E-Commerce in China," unpublished book manuscript.
138 Hackett, "Hanging in the Balance."
139 Taylor Telford, "Why Governments Around the World Are Afraid of Libra, Facebook's Cryptocurrency," *Washington Post*, July 12, 2019.
140 Fabio Panetta, *The Two Sides of the (Stable)Coin*, speech at il Salone di Pagamenti, Frankfurt am Main, November 4, 2020.
141 Elizabeth Dwoskin and Damian Paletta, "Facebook Privately Pitched Its Cryptocurrency Plan Last Month to Regulators. They Were Left Even More Scared," *Washington Post*, July 16, 2019.
142 Hannah Murphy and Kiran Stacey, "Facebook Libra: The Inside Story of How the Company's Cryptocurrency Dream Died," *Financial Times*, March 10, 2022.
143 Allyson Versprille and Bill Allison, "Crypto Bosses Flex Political Muscle with 5,200% Surge in US Giving," Bloomberg, June 2, 2022.
144 *How to Win the Future: An Agenda for the Third Generation of the Internet*, Andreessen Horowitz, October 2021, retrieved on November 20, 2022, from https://a16z.com/wp-content/uploads/2021/10/How-to-Win-the-Future-1.pdf.
145 Eric Lipton and Ephrat Livni, "Reality Intrudes on a Utopian Crypto Vision," *New York Times*, March 8, 2022.

146 Securities and Exchange Commission, "SEC Seeks to Stop the Registration of Misleading Crypto Asset Offerings," press release, November 18, 2022, retrieved on December 2, 2022, from https://www.sec.gov/news/press-release/2022-208.
147 Gary Gensler, "The Path Forward: Cryptocurrency with Gary Gensler," *Washington Post*, September 21, 2021.
148 Lipton and Livni, "Reality Intrudes."
149 Alyssa Blackburn, Christoph Huber, Yossi Eliaz, Muhammad S. Shamim, David Weisz, Goutham Seshadri, Kevin Kim, Shengqi Hang, and Erez Lieberman Aiden, "Cooperation Among an Anonymous Group Protected Bitcoin During Failures of Decentralization," arXiv, retrieved on July 2, 2022, from https://arxiv.org/abs/2206.02871.
150 Interview with Vitalik Buterin.
151 Balaji Srinivasan, *The Network State: How to Start a New Country* (self-published, 2022).
152 Balaji S. Srinivasan, "Bitcoin Is Civilization," May 14, 2021, retrieved on July 17, 2022, from https://www.commonsense.news/p/is-bitcoin-anarchy-or-civilization.
153 Retrieved on July 18, 2022, from https://twitter.com/nixonfoundation/status/1379894036060864516.
154 Peter Thiel, Bitcoin Keynote.
155 U.S. Department of the Treasury, "U.S. Treasury Sanctions Notorious Virtual Currency Mixer Tornado Cash," retrieved on September 22, 2022, from https://home.treasury.gov/news/press-releases/jy0916.
156 @VitalikButerin, retrieved on September 22, 2022, from https://twitter.com/VitalikButerin/status/1556925602233569280.
157 "Ohio Resident Charged with Operating Darknet-Based Bitcoin 'Mixer,' Which Laundered over $300 Million," Department of Justice, Office of Public Affairs, February 13, 2020.
158 Danny Nelson, "US Treasury Official Warns Crypto Industry to Proactively Sanction 'Problematic' Wallets," *CoinDesk*, May 19, 2022.
159 Sam Biddle, "Cryptocurrency Titan Coinbase Providing 'Geotracking Data' to ICE," *Intercept*, June 29, 2022.
160 *Testimony of John Kothanek before the Committee on Homeland Security*, Subcommittee on Intelligence and Counterterrorism, June 9, 2022.
161 Quoted in Sam Reynolds, "Tornado Cash Co-Founder Says the Mixer Protocol Is Unstoppable," *CoinDesk*, January 25, 2022.
162 Jon Stokes, "Crypto Reaps the Whirlwind: Treasury Moves against Tornado Cash," Jonstokes .com, August 10, 2022.
163 Muyao Shen, "Crypto Mixer Tornado Cash Says Sanctions Can't Apply to Smart Contracts," Bloomberg, March 10, 2022.
164 Wood, *Allegality*.

165 David Yaffe-Bellany, "The Coin That Could Wreck Crypto," *New York Times*, June 17, 2022.
166 "Rami Ayyub and Hannah Lang, Coinbase Backs Lawsuit against U.S. Treasury Over Tornado Cash Sanctions," Reuters, September 8, 2022.
167 U.S. Department of the Treasury, "Frequently Asked Questions: Cyber-related Sanctions 1078. Do OFAC Reporting Obligations Apply to 'Dusting' Transactions," updated November 8, 2022, retrieved November 20, 2022, from https://home.treasury.gov/policy-issues/financial-sanctions/faqs/.
168 Alastair Marsh, "Crypto Rebels Trip over Each Other en Route to Financial Utopia," Bloomberg, October 5, 2019.
169 Vishal Chawla, "MakerDAO Approves $100 Million Stablecoin Loan Vault for 151-Year-Old US Bank," *Block*, July 7, 2022.
170 Rune Christensen, "The Path of Compliance and the Path of Decentralization: Why Maker Has No Choice but to Prepare to Free Float Dai," MakerDAO Forum, August 22, 2022, retrieved on September 25, 2022, from https://forum.makerdao.com/t/the-path-of-compliance-and-the-path-of-decentralization-why-maker-has-no-choice-but-to-prepare-to-free-float-dai/17466.
171 Turner Wright, "Tornado Cash DAO Goes Down without Explanation Following Vote on Treasury Funds," *Cointelegraph*, August 12, 2022.
172 Scott Chipolina, "FT Cryptofinance: DeFi Is DeFi Until Washington Says It's Not," *Financial Times*, August 26, 2022.

第六章　風與光的帝國

當臉書宣布「天秤」計畫時，維塔利克・布特林恰好在中國，正與對區塊鏈感興趣的專家們交流。[1]他突然發現，中國開發數位貨幣的興趣急遽升高。然而，推動這股熱潮的並非興奮，而是恐懼。

布特林描述道，中國專家將「天秤」與「史普尼克」（Sputnik）相提並論，就像蘇聯在太空競賽中超越美國的歷史時刻（譯註：「史普尼克」是蘇聯於一九五七年十月發射的第一顆人造衛星，此舉證明蘇聯在太空競賽中領先美國）。中國專家擔憂，全球第一個真正意義上的全球性數位貨幣可能會被一家美國公司掌控。他們告訴布特林：「如果美國要超越我們，那我們現在就必須採取行動。」中國人民銀行（譯註：即中國的中央銀行）研究局局長王信在一次演講中警告，「天秤」可能「造就一種局面……全球實質上將只有一個主導者，那就是美元和美國」。[2]中國領導人習近平因此要求人民銀行加快推進中國的央行數位貨幣（Central Bank Digital Currency,

CBDC）計畫，[3]務必在為時未晚之前建立數位人民幣。

當然，「天秤」並非由美國政府贊助。馬克・祖克柏並非想要將權力歸於凱撒，而是想要成為凱撒，而且他的計畫最終胎死腹中。[4]儘管如此，中國政府專家仍然認為，臉書正在為美國鋪路，準備發動新一輪攻擊——此前美國已經重創了華為，現在又試圖阻止中國開發先進半導體。中國領導人早已擔憂，美國可能會動用其龐大的金融實力，迫使中國企業屈服於美國政策之下。而「天秤」將為美國提供一個更強大的打擊武器。

當中國加速推進其數位人民幣計畫後，輪到美國開始憂慮了。與比特幣和以太坊不同，中國的數位人民幣將由政府集中管理，這可能讓政府獲得前所未有的能力，得以深入洞察和控制使用者的一舉一動。如果它成為新型全球數位貨幣基礎設施的基石，取代現有的美元主導體系，會發生什麼？如果中國效仿美國，將金融武器化來對付敵人，又該怎麼辦？如果中國利用數位人民幣發動連美國都未曾設想過的攻擊，又該如何應對？

不久之後，外交政策專家開始討論美國是否正面臨一個「史普尼克時刻」。[5]白宮表示，政府必須「緊急」啟動對由美國聯邦儲備系統（譯註：即美國的中央銀行）發行數位貨幣的可行性研究。[6]美國聯邦儲備理事會則採取更為謹慎的態度。然而，聯準會副主席莉奧・布蘭納德

（Lael Brainard）在國會聽證時指出：「我們不應該理所當然地認為美元作為全球主導支付貨幣的地位是穩固不變的。」[7]二〇二二年六月，聯準會主席傑洛姆・鮑爾（Jerome Powell）則表示，由美國聯邦儲備系統發行數位貨幣是「我們作為一個國家確實需要深入探索的議題」。[8]

如果中國當初沒有感受到「天秤」的威脅，或許它依然會選擇推行央行數位貨幣。如果美國政界人士不擔心中國可能搶先一步，或許他們也會積極推動類似計畫。但這些終究只是假設罷了。在我們所處的時間軸上，中心化數位貨幣的故事實為一場強權焦慮的連鎖反應：一國的擔憂不斷激化另一國的焦慮。中美雙方都未能看清，對方將經濟工具武器化的能力其實存在明顯的限制。中國未能真正理解美國企業擁有其獨立的政治訴求，而美國評論者則嚴重高估了中國政府主導的數位貨幣的吸引力。事實上，這種貨幣在中國本土都不受歡迎：即使政府提供補貼，願意使用試行版本的中國公民寥寥無幾。[9]

隨著地下帝國的存在愈發明顯，其後果也變得越發難以預測。美國雖未喪失權力，但權力已不足以掌控未來的走向。美國發現自己不得不採取規模日益擴大的干預行動，而隨著干預規模的擴大，始料未及的後果也變得更加可能。然而，美國官員與中國官員一樣，都難以理解自身行動如何助長了這個不斷擴大的漩渦。[10]

中國在建立自身帝國的過程中，有一個根本性的弱點：政府難以取信於其他國家、企業和普通民眾，因為它總是在有利可圖時毫不猶豫地加以利用。然而，美國越是依賴自身的金融實力、技術控制能力，以及在全球網絡中的核心地位來施加管控，就越可能落入中國設下的陷阱。如果其他國家和企業開始相信美國會毫不留情地動用權力對付他們，那麼在他們眼中，美國與其對手便無二致。如此一來，美國主導的「地下帝國」將失去其原有的吸引力，而不得不更多地依賴強制手段。當美國向全球施壓，要求各國切斷與華為的聯繫時，它的行為已與所批評的對手愈發相似。透過模仿中國的作為，美國正面臨一個嚴峻的風險：這樣的做法可能反而強化中國的實力。

一個更大的危機正在浮現：如果美國（針對中國）的策略過於成功，反而可能將中國推向更具侵略性的立場，而非達到原本的避戰目的。不少專家在社論和白皮書中探討，中國是否能建立一個由自己掌控咽喉點的全球經濟替代體系，並為其建構完整的基礎設施。然而，他們鮮少思考另一種可能：面對這樣的威脅，中國是否會效法二十世紀那些侵略性強國，選擇與現有體系脫鉤，並訴諸武力來確保自身安全。

一九五七年的「史普尼克時刻」引發了一場核武軍備競賽，在古巴飛彈危機期間，人類文明甚至一度面臨毀滅的險境。危機過後，核子大國開始攜手合作，試圖管理對抗所帶來的風險。

如今，新一輪由經濟對抗引發的漩渦逐漸成形，其力量正在不斷蓄積。這場對抗可能會撕裂全球經濟，甚至將世界拖入實質的戰爭之中。若我們不願被這股無情的力量席捲、進入無可挽回的境地，就必須全面掌握這股漩渦的發展軌跡，積極著手調節並管控這看似不可抗拒的動力，甚至學習如何將其引導至有助於實現人類共同利益的目標上。

* * *

從外部看，地下帝國宛如一台冷酷無情的統治機器，是數十年來精心策劃的產物。然而，從內部看卻截然不同：它其實是一個由習於臨時應對的官僚系統，與動輒改變法律適用與解釋的法律機關，偶然拼湊而成的隨意結構。不知何故，這個地下帝國至今仍然存在。相較於盟友和對手，美國對世界經濟的理解更加深刻，操控起來也更加得心應手。然而，隨著矛盾不斷加劇，災難性崩潰的風險也在與日俱增。

替帝國說話的人總是善於粉飾太平。政治人物的演講和官員的回憶錄將帝國的歷史描繪得如同一連串「凡百諸事，盡在掌握之中」的成功故事。然而，有些人在私下卻講述了截然不同的版本。歸根結底，美國的地下帝國並非源於某個宏大的整體規劃。相反，它的形成有一半是偶然的，起因不過是官員們不得不應付一個接一個層出不窮的該死麻煩。

當美國將澳門匯業銀行列為制裁對象以打擊北韓時，沒有人預料到，這項舉措會為日後切斷伊朗與全球金融體系的連結開創先例。當時，針對伊朗的制裁措施似乎已達到可行性的極限——這個獨特且前所未見的問題，必須訴諸同樣獨特且破天荒的解決手段。然而，當初被視為極限的舉措，如今已成為建立起更具野心的全球控制體系的基礎。

帝國一路走來，犯下了一些錯誤，其中有些錯誤產生了深遠的影響。當美國國家安全局不僅向美國科技公司索取機密，還直接從光纖連接點大規模竊取資訊時，引發了科技公司強烈的反彈。微軟和 Google 等公司開始對從一個數據中心流向另一個數據中心的資訊進行加密。雖然美國國家安全局仍能依法要求提供資訊，但若無法取得密鑰或發現隱藏的數學後門（mathematical back door），就無法從其祕密監控設備中看到任何內容。Google 不僅加密了自己的通訊管道，還竭力鼓勵其他人也採取同樣的措施，[11] 甚至降低未加密網站在 Google 搜尋結果中的排序，以推動整體的加密化。

大約在同一時間，作為資訊經濟「管道」的全球光纖電纜系統也開始重新布局。[12] 華為等中國公司加入了在印太地區鋪設替代性海底電纜的多個聯盟。而這些新電纜的數據流向不再一定匯聚於美國及其盟國所主導的舊有網路樞紐。長期主導海底電纜產業的傳統電信公司逐漸被擠到邊緣，取而代之的是Google和微軟等科技巨頭，它們開始鋪設自有的海底數據電纜。

AT&T及其同行從與美國政府的合作中獲得了不少利益，而Google這類公司的核心業務則相對不易受到美國監管機關的影響。儘管如此，美國政府通常仍然可以讓它們按照政府的意願行事。二〇二〇年，美國司法部阻止了一條Google電纜登陸香港，擔心該電纜「會促進中華人民共和國政府實現香港成為亞太地區主導網路樞紐的目標」，[13]從而使中國更容易攔截美國的網路流量。最起碼的改變在於，美國如今更多依賴強硬手段進行治理，而不是透過說服企業自願合作。這麼做的風險在於，企業可能會重新調整它們的經濟關係，藉此繞過並最終削弱美國的實力。

一些錯誤的決策仍有機會修正。在二〇二二年俄羅斯入侵烏克蘭的數年前，當川普政府對奧列格・德里帕斯卡（Oleg Deripaska）及其旗下的俄鋁公司（Rusal）祭出制裁時，才赫然發現自己無意間切斷了維繫歐洲經濟運作的關鍵環節。俄鋁是全球鋁材生產與加工的巨頭，而德里帕斯卡則是普丁的核心盟友。曾任俄鋁國際法務部主管的威廉・史匹格伯格（William Spiegelberger）回憶道，當時俄羅斯商界領袖的想法是：「川普是總統……這種事怎麼可能在他任內發生？」[14]

儘管川普不願懲罰那些可能協助他勝選的外國人士，但他仍受到《透過制裁反制美國對手法案》（Countering America's Adversaries Through Sanctions Act, CAATSA）的約束——這項法案是他在二〇一七年勉強簽署才成為法律的。[15]

當美國將德里帕斯卡、俄鋁公司以及其他六名俄羅斯寡頭列入制裁名單時，俄羅斯經濟因此搖搖欲墜；然而，這項制裁措施同樣威脅到歐洲。俄鋁的氧化鋁精煉廠位於愛爾蘭的歐威希（Aughinish）半島上，這個位於愛爾蘭利默里克郡（County Limerick）香儂河河口（Shannon Estuary）的半島雖然不起眼，「卻在歐盟和德國形成供應鏈瓶頸」，[16]也就是關鍵的咽喉點。歐洲的汽車工廠、機械製造商和建築業者都依賴鋁的供應，而這些鋁則仰賴歐威希的精煉廠。美國雖然擁有完善的全球金融地圖，但對實體供應鏈的認識卻相當零散，導致其嚴重錯估了這些行動的後果。

歐洲各國駐美大使聯名致函美國參議院多數黨領袖查克・舒默（Chuck Schumer），警告制裁可能造成的經濟衝擊恐迫使供應鏈「轉向中國」。[17]出乎意料的是，他們獲得了頗具同情的回應。愛爾蘭駐美大使丹尼爾・穆霍爾（Dan Mulhall）原本認為要讓美國財政部海外資產控制辦公室（ＯＦＡＣ）願意傾聽「會比以前困難得多」。[18]他回憶說，某個星期五，他「接到歐威希工廠人員來電，說天然氣供應將在下週一被切斷」。[19]穆霍爾立即聯繫OFAC，當天下午OFAC便發布了一份「支持承諾聲明」（Statement of Comfort），向天然氣供應商保證，持續供氣維持工廠運作不會招致制裁。OFAC很快認識到這種經濟脅迫手段的明顯侷限，正如史匹格伯格言辭尖銳的挖苦，這簡直就像是「按下按鈕看看會發生什麼」的盲目嘗試。[20]隨後，OFAC決定解除對俄鋁位於歐威希工廠的制裁，條件是德里帕斯卡必須放棄對該公司的正式控制權。

在川普終於被趕下台後，拜登政府似乎較不會重蹈「俄鋁」事件的覆轍，因為他們會事先與盟友協商。然而，新政府官員卻自相矛盾地從川普的錯誤中得到了信心。在川普執政之前，這些官員曾擔心美國權力的過度使用會徹底疏遠盟友、激化對手，並迫使企業繞過美國設下的咽喉點。川普主政四年的結果卻顯示：這些憂慮大多是多餘的。或許，即使美國在戰略上出現一、兩次失誤，也不會動搖其全球霸權的根基。

川普既粗暴又無能。他的官員對美國實力抱持極端觀點，不但嚴厲懲罰主要盟友，還威脅要制裁這些盟友的官員。他們採取了歷屆政府從未敢嘗試的策略：不僅強制拆除華為設備並警告歐洲各國政府若不配合將面臨嚴重後果，更因國際刑事法庭（International Criminal Court, ICC）調查美軍在阿富汗涉嫌戰爭罪，而對其檢察官祭出制裁，[21]此舉引發國際譁然。這些制裁的影響並不限於檢察官本人：川普的國務卿麥克・蓬佩奧（Mike Pompeo）更揚言要制裁任何支持這些檢察官的企業或個人。[22]

美國這種行為持續四年之後，世界金融體系並沒有停止使用美元。美國的技術與智慧財產依然在全球供應鏈中扮演關鍵角色。儘管美國的盟友怨聲載道，但他們始終未選擇切斷與美國的聯繫。中國曾因華為事件懲罰加拿大，[23]將一名前外交官和一名北韓旅遊投資顧問扣押為人質，但自始至終不敢對美國採取報復行動。因此，新上任的拜登政府官員推測，美國的實力遠比眾人先前所認知的要強大許多。即使他們會摒棄川普式的惡毒與愚蠢行徑，但對於權力過度擴張的問題卻不會太過顧忌。

這就是拜登政府在二〇二二年對俄羅斯採取大量制裁和科技限制的原因之一。然而，與前一屆政府不同，拜登政府煞費苦心地與盟友協商。所有制裁措施都經過深入討論，甚至有些爭論持續了數週乃至數月。

即便如此，制裁對手帶來的連鎖反應仍難以評估。當美國和歐洲試圖孤立普丁時，他們也破壞了全球石油市場的穩定，導致油價飆升。車主不得不支付更多費用來加滿油箱，企業因電價驟漲面臨破產威脅，而民眾則擔心無法負擔家用暖氣費。石油價格越高，川普在美國當選的可能性就越大，歐洲親俄羅斯的民粹主義者也就愈有可能當選。同時，俄羅斯也更能承受壓力，因為石油出口帶來的美元收益顯著增加。

美國和歐洲雖然都想切斷莫斯科獲取強勢貨幣的管道，但又不願自己的經濟陷入困境。於是，他們開始嘗試其他形式的制裁：若對俄羅斯石油實施全球價格上限，同時威脅制裁願意付出更高價格的買家以及承運的船運公司，會產生什麼效果？這項措施被預期既能壓低能源價格，又能有效削弱俄羅斯的經濟實力。

價格上限雖不是什麼巧妙的設計，但看來似乎可行。[24]其他國家如中國和印度，儘管不滿美國的強權，卻也缺乏破壞這套機制的動機，畢竟他們都樂於取得更便宜的石油。然而，美國意外的是其既難以相處又不民主的盟友——沙烏地阿拉伯——會有如此激烈的反應。儘管美國一再強調價格上限僅針對俄羅斯，但沙烏地阿拉伯卻擔憂這項新型經濟武器終有一天會轉而對付他們或其他產油國。據印尼財政部長透露，正是這個原因促使沙烏地阿拉伯與石油輸出國組織（Organization of the Petroleum Exporting Countries, OPEC）決定採取減產行動作為警示。[25]她表示，沙烏地官員向她坦言，價格上限開創了危險的先例，而且沒有人知道下一個目標會是誰。隨著石油供應趨緊，加油站油價逐漸攀升，政策制定者被這一發展打得措手不及。一連串始料未及的行動與反制措施再次如漩渦般擴散，引發了難以預料的連鎖效應。

沒有人能準確預測制裁會如何影響美國最棘手的外交難題——美中關係。川普和拜登都期望美國能逐步與中國經濟脫鉤。但這是一個極其敏感且複雜的過程，畢竟中國是美國最重要的貿易夥伴——二〇二〇年，美國自中國進口總額高達四千五百零四億美元，出口額則為一千六百四十九億美元。[26]拜登政府的做法比川普更為審慎，不像後者粗暴地宣稱與中國脫鉤能「節省五千億美元」，[27]也不似其貿易顧問彼得・納瓦羅（Peter Navarro）那般危言聳聽，警告不脫鉤將使美國「墮入深淵」。然而，拜登政府仍憂心中國正在建立新的咽喉點來制衡美國。中國不僅在太陽能光電系統和其他潔淨能源技術的生產上占據主導地位，還掌控著製造複雜電子產品所需的稀土加工產業。但更令官員們擔憂的是那些難以察覺的威脅。供應鏈並沒有類似SWIFT那樣的全球通訊系統，因此無法輕易繪製出供應鏈的完整圖譜，故而供應鏈中可能存在著無數薄弱環節和脆弱點，隨時可能被中國加以利用，但美國卻找不到有效方法來識別這些潛在風險。

或許攻擊才是最好的防禦。伯尼・桑德斯（Bernie Sanders）的外交政策顧問馬特・杜斯（Matt Duss）向我們表示，美國政治已淪為一場「誰對中國更強硬」的競賽，政治人物爭相較量

「誰能設計出更為繁複的制裁方案來懲處這個或那個官員」。[28]杜斯承認某些制裁——比如針對涉及維吾爾族種族滅絕的中國官員——確實必要，但他同時也抨擊九一一事件後興起的「制裁工業複合體」（sanctions industrial complex），將其形容為「自舔式甜筒」（譯註：self-licking ice cream cone，指一個存在主要是為了證明自身存在價值，對外界實質效益極少的系統）。[29]在這個體系下，每一輪嚴厲制裁彷彿都在為下一輪更嚴厲的制裁開路。

這種回饋循環不斷催生出削弱中國的新手段：加強科技出口管制、打擊中國投資、強化在美上市中國企業的財務揭露要求。[30]拜登政府確實終止了川普政府的「中國倡議」（China Initiative）——該計畫將矛頭指向與中國機構合作的科學家（多為華裔），指控他們通過虛假申報獲取美國政府資助[31]——然而，拜登政府與川普政府一樣，越來越將「經濟戰」視為應對中國勢不可擋的崛起之首選策略。拜登的國家安全顧問傑克・蘇利文（Jake Sullivan）警告，在科技領域僅保持「相對優勢」已然不足。儘管在氣候變遷等議題上，美國必須與這個競爭對手合作，但蘇利文暗示，只要能讓美國和世界「盡可能擴大領先優勢」——言下之意是讓中國處於更弱勢——情況就會更好。[32]

相較於美方，中國決策者對美國的一舉一動總是往最壞處揣測，這種戒心甚至超過美國對中國的疑慮。他們痛恨在諸多領域必須仰賴美國。根據朱利安・葛維茲還在學界任職時的分析，習近平早在二〇一四年就啟動了一項降低中國技術依賴的戰略部署。[33]川普政府將此視為中國經濟侵略的證據，[34]認定北京正企圖「主導」全球經濟的關鍵領域。當川普開始對中國發動經濟攻勢，習近平隨即提出了「雙循環」的新經濟政策，致力於強化國內經濟發展，同時確保供應鏈安全。[35]習近平政權顯然懷抱著統一中國、重塑周邊地區格局，甚至謀求全球主導地位的雄心。一位不願具名但消息靈通的中國學者向英國學者詹姆斯・考伯垂（James Crabtree）透露，「雙循環」政策其實是要因應「國際供應鏈可能中斷」的「備用方案」，是「為台海兩岸可能發生的戰爭進行準備」的一部分。[36]

這些策略因美國和歐洲對俄羅斯的反制作為而陷入混亂，令中國官員感到「震驚」。在俄羅斯入侵烏克蘭之前，他們「從未料想華盛頓會把整個全球金融體系當作武器」[37]來對付一個大國。俄羅斯占全球貿易額的百分之二，[38]將其銀行排除在 SWIFT 體系之外，風險之大本應令人卻步。但美國和歐洲不僅使用了 SWIFT 這項「武器」，更切斷了俄羅斯動用其外匯儲備的途徑。[39]

二〇二二年四月二十二日，中國政府的財政部與人民銀行召集數十家本地及國際銀行，舉行了一場緊急會議，討論若中國同樣遭到國際金融體系排除，應該如何應對。中國官員提到，或許可以將其外匯儲備轉移至歐元和日圓，但在危機時刻，美國的盟友未必會比美國更加可靠。根據英國《金融時報》消息人士的描述：「現場沒有人能想出解決問題的良策。中國的銀行系統尚未做好美元資產被凍結，或被排除在 SWIFT 通訊系統之外的準備。」[40]一位前人民銀行顧問感嘆道：「如果美國不再按照規則行事，中國能做些什麼來確保海外資產的安全呢？我們至今仍沒有答案。」[41]

中國金融領域的脆弱性，迫使它不得不順應美國對俄制裁措施。美國國務卿布林肯威脅道：「中國若採取任何行動支持俄羅斯侵略，必將承擔相應後果。不論需要付出什麼代價，我們都不會猶豫。」美國商務部長雷蒙多則宣布：「我們完全有能力讓中芯國際（中國最大的本土晶片製造商）停擺，因為我們可以切斷其使用美方設備和軟體的管道。」[42]更令人擔憂的是，美國財政部長葉倫警告，若中國武力犯台，任何人都不該「質疑我們對中國採取同等行動的能力與決心」。[43]

習近平開始談論起建立一個不易受到美國壓力影響的替代性世界經濟體系，這並不令人意外。他在與巴西、俄羅斯、印度和南非（即所謂的金磚國家，BRICS）舉行的視訊會議上，敦促其他領導人：「反對單邊制裁和制裁濫用，以人類命運共同體的『大家庭』超越霸權主義的『小圈子』。」[44]

然而，中國要構建一個全球性替代體系絕非易事。除非迫不得已，中國以外幾乎沒有任何機構願意使用人民幣跨境支付系統（CIPS）。該系統以人民幣為基礎，但由於中國需要嚴格管控跨境資金流動，人民幣在國際市場上還不是在各處都能兌換到。目前，CIPS 的日交易量僅約一萬三千筆，[45]且幾乎全部集中在中國大陸和香港地區；相較之下，SWIFT 在全球的日交易量則超過四千萬筆。

對其他國家而言，將金融資產轉移至一個由中國主導、與全球金融體系半脫節，還受制於政府政策朝令夕改的體系中，顯然不符合常理。美國雖然有時難以捉摸，但至少有法治作為根基。反觀中國，並無足夠健全的法律體制來約束政府攫取其認為必要的資源。為實施清零政策，中國政府甚至毫不猶豫地讓香港和上海這兩大金融中心與世界隔絕。[46]正如貨幣經濟學家艾肯格林（Barry Eichengreen）所指出：「歷史上所有主要儲備貨幣的發行國，無一例外都實行共和或民主制度，並對行政權力有所制衡，這絕非偶然。」[47]如果缺乏這種制衡機制，政府便難以獲取信任。

這並未減經美國針對北京正在構建一個具有中國特色的全球經濟體系的憂慮。布林肯在二〇二二年警告：「儘管北京方面的言辭冠冕堂皇，但它正在追求一種不對稱的脫鉤戰略，試圖讓中國減少對世界的依賴，同時讓世界更加依賴中國。」[48]諷刺的是，這番話幾乎同樣適用於美國自身的政策。美國同樣希望降低對外依賴，通過將生產遷回國內，或者採取財政部長葉倫所謂的「友岸外包」（friendshoring），[49]確保供應鏈的關鍵且脆弱的咽喉點設置在美國本土或盟友領土之內。美國一方面試圖遏制中國、切斷其獲取先進技術的管道，另一方面也在設法讓世界更加依賴自己。

美國還蠢蠢欲動，試圖進一步利用咽喉點來箝制中國的發展。荷蘭企業艾司摩爾（ASML）是全球唯一能夠生產極紫外光微影（EUV lithography）設備的公司，這些設備是製造最新一代半導體所不可或缺的。川普政府早已與荷蘭政府達成共識，阻止ASML向中國出口其最先進的設備。到了二〇二二年中期，拜登政府更進一步向ASML施壓，要求停止向中國出口較舊型號的設備。[50]

荷蘭政府願意展開談判，但ASML卻明確表態不願配合。在一次與投資者的電話會議上，該公司執行長警告，世界「不能忽視」中國晶片製造商在全球市場供應鏈中所扮演的關鍵角色。[51]美國阻止中國生產中低階晶片，恐將嚴重衝擊全球經濟秩序。

但若不採取行動，中國或許會設法利用較不先進的設備，生產出更先進的半導體。中芯國際顯然已經用此方法進行小規模製造。[52]那麼，美國政府究竟該透過盟友合作與說服力來推動目標，還是應該接受參議員馬可・魯比歐（Marco Rubio）和眾議院外交事務委員會共和黨領袖麥克・麥考爾（Mike McCaul）的要求，威脅對像ASML這樣向中芯國際出售產品的公司進行嚴厲懲罰？[53]前者的風險在於可能收效甚微，後者則可能激怒盟友，並擾亂全球市場。

最終，拜登政府決定採用川普政府所開發的工具，透過出口管制和「外國直接產品規則」（foreign direct product rule），將智慧財產權武器化，其執行規模遠超川普政府所敢為——這次目標不再是華為等單一企業，而是整個中國。美國對單一國家實施了自冷戰結束以來最全面的出口管制，阻止中國取得可用於生產高端半導體的關鍵技術。正如凱文・沃爾夫所言，這標誌著出口管制政策的重大轉向。[54]

隨著美國的需求與野心不斷擴大，後果失控的風險也跟著水漲船高。美國官員越是試圖壓制中國經濟，他們面臨來自盟友和企業的阻力也就愈強烈。歐洲領導人已對全球市場的美好願景失去信心。德國總理蕭茲感嘆，那種「緊密的經濟聯繫與相互依賴能促進穩定與安全」的理念「如今已被澈底摧毀」。[55]然而，美國尚未要求歐洲付出實質的犧牲。布魯金斯學會（Brookings Institution）的康斯坦策・施特岑穆勒（Constanze Stelzenmüller）指出，德國「將其出口導向的經濟成長外包給中國，將能源需求外包給俄羅斯」。[56]在德國及其他歐洲國家，許多大型企業嚴重依賴中國市場，並將竭力維持這種關係。福斯汽車執行長赫伯特・迪斯（Herbert Diess）坦言：「中國或許不需要福斯，但福斯卻極度需要中國。」[57]

即使在美國國內，企業在宣稱支持美國的同時，依然為自己保留選擇的餘地。英特爾執行長派特・基辛格依然堅稱，美國需要向晶片製造商提供數百億美元，以將半導體生產從亞洲遷回美國本土。[58]儘管他自詡為「自由市場主義者」和「全球主義者」，但他仍然希望將「製造業帶回美國本土」，以確保「國家的長遠成功」。然而，他對英特爾如何在中國擴展業務卻隻字未提。當英特爾試圖重啟位於中國成都、耗資一百億美元的晶圓廠時，拜登政府官員不得不強力擋下英特爾的計畫。[59]

當美國考慮對中國採取新的、更嚴厲的強制手段，其風險在於逐漸變得與其對手無異，反而讓其他國家、企業和個人與自己漸行漸遠。這可能導致美國霸權的衰落，但並不必然意味著中國崛起成為新霸主——因為在這個商品可以任意流通的全球經濟體系中，非透明的灰色地帶正在悄然擴張。

從後來的發展來看，川普二〇一八年重啟對伊朗制裁的決定，比當時所預期的造成更加嚴重的後果。伊朗透過代理人、空殼公司和現金交易，串聯中國、香港、新加坡、土耳其和阿聯酋的銀行網絡，建立起「史無前例的政府洗錢機制」。[60]這種運作方式雖然比正常金融管道更耗費成本、效率更低，但仍然創造了每年八百億美元的貿易額。一名伊朗高官曾誇口：「我們的汽油、鋼鐵和石化產品出口，大多都透過隱匿的子公司來運作。」[61]如果美國對中國施加過大的壓力，許多銀行和企業恐怕會放棄地下經濟中那些明亮、可監管的主要管道，轉而鑽入無人能察的隱蔽、曲折且不受監管的暗道。

即便這樣的發展並不意味著中國將主導全球經濟，但轉向不透明的地下經濟網絡或許能增強中國的自保能力。隨著中國意識到與美國關係所蘊含的風險，它愈加努力地建立不受美國監督與控制的經濟和金融網絡。然而，美國將這些自主化的努力視為謀求霸權的企圖，從而使局勢進一步惡化。美方的這種擔憂並非毫無道理：一個更加自給自足的中國，確實更有可能對台灣動武。然而，若這種惡性螺旋持續發展，最終可能導致全球兩大經濟體徹底脫鉤，全球數十億人的日常生活都會因此受到衝擊。

一本新的歷史著作指出：經濟孤立可能引發更嚴重的危機。《經濟武器》（*The Economic Weapon*）[62]是尼可拉斯・穆德（Nicholas Mulder）的首部著作，探究了兩次世界大戰之間制裁與經濟封鎖的歷史。穆德闡述了國際聯盟（League of Nations，聯合國的前身）如何透過集體制裁來應對侵略性政府。弔詭的是，國際聯盟維護和平的努力反而加速了第二次世界大戰的爆發。對制裁的恐懼促使納粹德國發動侵略戰爭，以確保第三帝國獲得擔心會被剝奪的關鍵原料；同樣的恐懼也推動日本建立了一個涵蓋朝鮮和中國部分地區的「日圓經濟圈」（yen bloc）。這種對經濟封鎖的恐懼促使他們尋求其他手段來保障自身安全，卻反而引發全球戰爭，導致數百萬人喪生。

穆德擔心經濟戰可能再次引發全球局勢動盪。如今，美國政府所倚賴的經濟戰工具「已不再是那種能精準利用全球化的手術刀式工具」。[63]這些武器不再只是戰爭的替代選項，而是成為承平時期軍事庫存中不可或缺的一部分，其威力或將掀起「足以澈底改變全球化本質的風暴」，並可能「迅速失控」。

中國與二戰時期的軸心國一樣，充滿民族主義、軍國主義，而且是殘酷的非民主國家。它的偏執並非毫無理由：世界經濟秩序正在針對它進行重組，試圖壓制它的崛起。面對美國及其盟友不斷加諸的限制，中國將如何回應？它會選擇暫時忍氣吞聲，期待有一天足夠強大，能掙脫美國為困住它而精心設計的陷阱嗎？還是會以經濟手段進行報復，利用關鍵咽喉點，設法從底層動搖那個經濟帝國的根基？又或者，它會像納粹德國那樣轉向軍事侵略，通過武力與領土擴張來確保自身的利益？

美國不僅未能對這些問題給出令人滿意的答案，甚至缺乏尋找答案的有效途徑。數十年來，五角大廈一直專注於思考軍事脅迫，以及軍事力量、反制與威懾三者之間錯綜複雜的互動。相比之下，經濟制裁的責任卻分散在美國政府的不同部門：財政部、司法部、商務部，以及其他規模較小的機關。這些機關的設立初衷並非從整體戰略層面統籌經濟與國家安全，因此它們只能按下按鈕，然後觀察後續會發生什麼。此外，學術界也缺乏一套系統化的脅迫與反制理論，能夠為政策制定者提供有價值的洞見。大多數經濟制裁的研究主要著眼於制裁在何種條件下成功或失敗，卻很少深入探討制裁機制本身可能如何重塑全球格局。

或許事情仍有轉機。地下帝國的掌控者或許能在失敗的風險與過度成功的危險之間謹慎掌舵。然而，要找到一條可行的航道卻困難重重。央行數位貨幣（ＣＢＤＣ）的亂局已清楚表明，美中兩國無法不將彼此的行動視為爭奪全球主導權的企圖。雙方都認為自己在面對對方時存在根本性的脆弱；在爭奪經濟與政治命運的過程中，一方的恐懼不斷加深另一方的恐懼。雙方既無法真正理解對手的動機，也難以全面認識這個他們必須共同生存的全新而複雜的世界。隨著愈發強大的金融武器被不斷研發和部署，局勢失控的風險持續攀升，但似乎無人知曉該如何應對。

* * *

一九五七年的「史普尼克時刻」在美國引發了一場政治危機。對史普尼克的憂慮迅速演變為一種警覺：美國可能在「飛彈差距」（missile gap）上處於劣勢，因為蘇聯似乎擁有遠較美國為多的洲際彈道飛彈（intercontinental ballistic missiles, ICBMs）。當時的蘇聯總理尼基塔・赫魯雪夫（Nikita Khrushchev）聲稱，他的軍隊「像灌香腸一樣」大量生產洲際彈道飛彈。[64]美國艾森豪（Dwight D. Eisenhower）政府深信，蘇聯擁有足夠的洲際彈道飛彈，只要發動「一次大規模打擊」（single massive attack）就能摧毀美國的全部核武戰力。[65]「飛彈技術差距」成為約翰・甘迺迪（John F. Kennedy）總統競選的核心議題，這也解釋了為何美國投入巨額資金，研發用於飛彈導引系統的矽半導體技術。今天的矽谷，實際上是一九六〇年代冷戰恐懼下的意外產物。

但是「飛彈技術差距」只是一個迷思。冷戰結束後，解密的檔案揭露出，蘇聯實際上只部署了四枚第一代洲際彈道飛彈。[66]美國大規模的軍事擴張和武器建設，實際上是基於對蘇聯能力的嚴重誤判。同樣的情節在冷戰期間一再上演：美國擔心蘇聯取得優勢，便投入鉅額資金加速追趕，而蘇聯則拚盡全力試圖追趕美國。[67]美國認為蘇聯已經準備就緒，並可能隨時發動毀滅性的核武「第一擊」；同時，蘇聯也深信美國已整裝待發，並有可能搶先發動攻擊。[68]雙方的恐懼相互加劇，形成惡性循環，最終導致軍備競賽，以及數次可能輕易升級為全球核災難的重大誤判與危機。

我們正處於一個關鍵時刻，一個類似的危險回饋循環正再次形成。如今，美國與中國這兩個大國之間的相互恐懼正在加劇，並逐漸形成一種緊張的態勢。這種態勢不僅威脅到歐洲、企業界，也將普通民眾捲入一個不斷擴大的漩渦之中。

我們該如何避免這種情況？既然這座地下帝國是由美國所建構的，那麼跨出第一步的責任自然也落在美國身上。首先，美國需要深入理解自身所面臨的問題，並清楚認識到一個簡單而重要的道理：權力愈大，責任愈重。其次，美國必須確保其他相關方也能充分理解這個問題，尤其是那些被視為對手的國家。

冷戰為我們留下了一些重要的教訓。在古巴飛彈危機期間，雙方不斷升級的恐懼幾乎引發全球核戰。危機結束後，美蘇雙方領導人都對曾將世界推到核戰浩劫邊緣感到震驚和恐懼。經濟學家出身的核戰略專家湯馬斯・謝林（Thomas Schelling）在一篇論文中提出了一個簡單直接的方法來防止未來發生類似危機：建立一條熱線電話，讓美國總統與蘇聯領導人能夠直接溝通。令人意外的是，這樣的溝通管道在此之前竟然不存在。[69]

然而，謝林及其志同道合的學者們最重大的貢獻，是提供了一套首尾相連且系統化的思想體系，讓政策制定者能夠據此系統性地思考他們所處世界的危險，並尋找化解這些危險的方法。謝林從數學博弈論以及其為人父母的親身經驗中，提煉出了看似矛盾卻極具洞察力的結論：[70]弱點可以變成優勢——當你無法輕易改變立場時，你的承諾與威脅反而更具說服力。在這樣的思維邏輯下，建立有效的核攻擊防禦系統反而可能是個糟糕的主意。因為一旦開始建設防禦系統，對手可能會擔心你的下一步就是發動第一擊，進而決定提前採取行動以免為時已晚。這些初看令人費解的觀點，最終為謝林贏得了諾貝爾經濟學獎。[71]博弈論讓美國能夠以戰略眼光看待蘇聯——不再將其視為一個毫無理性的侵略者，而是視之為另一個擁有自身利益考量，且美國必須學會與之共處的強大行為者。

時至今日，美國仍然需要一個如同謝林當年提出的戰略框架。只要沒有人真正關注美國的經濟武器，美國便無需從戰略層面深入思考如何運用它們。然而，隨著其他國家逐漸意識到這個「地下帝國」的存在，各方開始作出回應，試圖保護自身利益。如果缺乏戰略規劃，這些回應以及隨之而來的反制行動，極可能朝著意想不到的方向迅速升級。我們今日面臨的問題，比謝林在一九六〇年代所面對的更加複雜。眾所周知，謝林曾將核對抗比作西洋棋博弈，在這場棋局中，任何一方的魯莽舉動都可能導致雙方同歸於盡的災難性後果。[72]雖然今日的戰略博弈所涉及的風險相對較低，但各方玩家卻如同被蒙上眼睛，在一個他們完全無法掌握形狀和邊界的棋盤上進行對弈。

作為國際政治學教授，我們已開始描繪這盤全新的國際棋局，而這幅圖景顯然與冷戰時期截然不同。著名冷戰史學家約翰・路易斯・蓋迪斯（John Lewis Gaddis）曾指出一個耐人尋味的現象：冷戰最出人意料之處，在於兩大對手始終未曾直接兵戎相見。他將這段時期稱為「長和平」（the Long Peace），並認為這很大程度上得益於雙方「相互獨立而非相互依賴」。[73]當時的美蘇幾乎沒有經濟往來，這反而避免了諸多摩擦升級為衝突。我們對「相互依存武器化」[74]的研究——探討各國政府如何將全球網絡轉化為地緣政治工具——已經深刻影響了政策制定者的世界觀，[75]原因正是這個研究強迫他們思考，大國在經濟聯繫緊密的世界中該如何彼此互動。如今，企業之間錯綜複雜的關係網絡已然成為一股強大的力量。而我們自身不過是這本書所講述的宏大故事中的一小部分。

也有其他人在繪製屬於他們的圖譜——有些強化了我們的認知，有些補充了我們的不足，有些與我們的理解背道而馳，還有一些則完全忽略我們對這個無法簡化的複雜局勢的解讀。要真正理解這些問題，我們需要在政府內外啟動一場規模宏大的全新科學工程，全面勾勒將世界聯結在一起的商業網絡，建立起當前依然模糊的人際與系統關係數據，深入探查潛在的脆弱點，並評估最佳的應對之道。當年，謝林與同僚曾與軍事戰略專家和核子科學家攜手合作，共同應對核武威脅。而今日的挑戰則需要來自國際關係、金融網絡、供應鏈、資訊科學、歷史與材料科學等領域的專家通力合作——打造一個嶄新的「曼哈頓計畫」（Manhattan Project，譯註：美國在二戰期間研發原子彈的計畫代號）。不同於以破壞為目的的前身，這次的目標是深入理解世界的運作機制，揭示那些隱藏於表象之下、支撐全球體系的關鍵紐帶，並尋找維持其穩定與持續運行的方法。

這已經相當困難了，但還僅是第一步。接下來的挑戰，是設計出一套策略，既能維護行動的可能性（例如嚇阻中國攻擊台灣），又能將行動與報復升級失控的風險降至最低。要達成這一目標，美國必須在國內及與盟友之間建立一套新的制度架構。二〇二一年十月，日本設立了一位專責經濟安全保障事務的內閣府特命擔當大臣，二〇二二年五月，日本國會通過了《經濟安全保障推進法》，以建立全面的經濟安全保障戰略。[76]值得注意的是，美國至今尚未設立類似的機關或策略。我們採訪的專家指出，這種制度性的缺失使得美國難以就經濟安全問題形成整體共識，也難以對經濟安全威脅作出有效應對。美國需要建立一個新的機關，負責監督經濟安全措施，並培養必要的專業知識，以制定能凝聚共同目標的戰略準則。

美國及其夥伴國已經建立新的論壇，以協調與盟友之間的政策，包括「美國—歐盟貿易與技術理事會」（U.S.-EU Trade and Technology Council, TTC）以及與印度、日本和澳洲之間的「四方安全對話」（Quad）夥伴關係。一旦建立起更深層的戰略共識，美國就需要邁出更為艱難且令人不安的一步——開始與對手展開對話。冷戰真正趨於穩定的時刻，是當美蘇兩國的官員、將領和科學家開始認真地交流互動，並分享與實踐謝林及其同僚所發展出的理論。[77]他們並未擁有核子博弈的操作手冊，只能在實踐中逐步摸索遊戲規則。這個過程需要時間的沉澱以及大量的運氣才能成功。[78]每一次失誤——如豬玀灣事件、古巴飛彈危機或韓戰——都可能將人類推向滅絕的邊緣。隨著雙方對彼此的理解逐漸加深，他們也變得更能預測哪些行動會激怒對方，哪些行動則會被勉強接受。從一九七〇年代起，雙方開始談判軍備控制條約，致力降低衝突升級為核戰的風險。[79]

美國、中國及其他大國需要一個論壇，讓他們能夠坦誠討論世界經濟被武器化的風險，並建立必要的防護機制以化解這些風險。現有的經濟機構，如世界貿易組織，若不澈底改革以回應新興世界的現實，將無法發揮效用。這些機構仍然基於一個已然消逝的世界自由貿易的假設。然而，即便是對手國家，在探索新的治理領域時，也可能找到非正式的共同規則，使彼此能在一個永遠無法完全脫鉤的世界中共處。

* * *

冷戰給我們留下了一個務實而悲觀的啟示：或許只有回歸大國政治的角力，才能管控巨大的風險。然而，難道我們真的找不到更好的出路嗎？回首歷史，人造衛星「史普尼克」的升空雖然加劇了核武對峙，卻也開啟了前所未有的可能性：它不僅催生了連結全球的通訊衛星技術，更為人類打開了探索太空的大門，拓展出未來數個世紀大膽開拓的新疆域。

今天，我們或許能將發展的螺旋向內延伸，而非一味向外擴張——致力於改善現有世界，而非執著於追尋新的世界。科幻作家金・史丹利・羅賓遜（Kim Stanley Robinson）在二〇一五年就提出警示：對外太空的憧憬終究無法取代解決地球生態危機的迫切性。[80]幾年後，他的科幻小說《未來部》（*The Ministry for the Future*）[81]讓他蜚聲全球，並獲得包括美國前總統歐巴馬在內的讀者讚譽。這部作品描繪了一個不起眼的聯合國機構如何凝聚各方力量組建聯盟，攜手解決氣候變遷問題。羅賓遜大方承認他在書中的思考實驗存在缺陷，但他的初衷本就不在於提供完美的實踐藍圖，而是要激發人們的思考與行動。特別值得玩味的是，他在書中窮盡心血探討的問題是：面對那些執意維持現狀的強大既得利益團體，我們該如何突破重圍？

隨著歐洲在「風與光」共同體的願景中探索前行，它也逐漸勾勒出通往新世界經濟的可能路徑。這個經濟體系絕非烏托邦（utopia）——如同歐洲本身也非烏托邦：它存在著繁瑣的官僚體制、未被正視的殖民歷史遺緒，以及經過冠冕堂皇包裝的殘酷現實。然而，這個新經濟體系或許能夠解決一些困擾全球的根本問題，協助減緩氣候變遷的威脅，並使各國擺脫受制於化石燃料專制政權的威逼利誘。

在我們完成這本書之際，美國竟已出人意料地通過立法，終於願意全力投入推動低碳轉型這項艱鉅任務。如果美國能夠持續推進這項工作而不半途而廢，其地下帝國的運作機制將有助於讓此願景更上層樓，為羅賓遜提出的諸多問題提供一個不盡完美但切實有效的解決方案。

彼得・哈洛（Peter Harrell）在二〇二一年就任美國國家安全委員會經濟與競爭力資深主任之前，曾撰文剖析川普如何運用總統職權，挑戰美國經濟政策的傳統框架，並以前所未有的方式重塑貿易關係。哈洛清楚指出川普政策中的問題，但他也看到了其中潛藏的可能性。他指出，全球氣候變遷「可以說是美國所面臨的最大國家安全挑戰」。[82]

哈洛描述了如何將川普用來對抗經濟競爭的工具轉而用於對抗全球碳經濟。美國可以對高碳排放的進口產品徵收關稅，限制美國公司投資高碳排放計畫（如從焦油砂中提取石油），並根據制裁法將外國公司列入制裁名單，或限制它們獲取美國的技術。美國可以運用「地下帝國」的所有手段，將這些工具整合到新的國家安全戰略中，全面應對氣候變遷帶來的威脅。

美國已經在上述理念的基礎上，協助歐洲邁向後碳未來。當歐盟開始對高碳排放產品進口徵收關稅時，拜登政府並未像過去的美國政府那樣宣布反制措施，[83]反而透過協商達成了一項協議，對進口鋼鐵和鋁製品徵收共同綠色關稅，而這兩種產品目前主要以高碳排放的方式生產。這項措施暫時不利於中國等國家，因為中國在鋼鐵生產過程中的碳排放量高於歐盟和美國的生產商。然而，這同時也激勵中國及其他國家開發更低碳排放的生產技術。

美國尚未接受哈洛更為激進的建議，但這些建議可能成為另一種截然不同的帝國形態的基礎：這種帝國能明確展現出它既服務全球利益，也維護自身的國家利益。這可能會產生一套全新且相互強化回饋循環機制，在這個循環中，國家力量鞏固了其全球合法性，而全球合法性反過來又強化國家力量。中國將間接受益。但與許多國家相比，中國將遭受更嚴重的氣候變遷影響——

其經濟依賴於低窪的沿海城市，而內陸地區已經面臨嚴重的乾旱危機。

這些措施或許能成為新型權力模式和全球政治願景的種子。美國可以運用類似的措施來打擊逃稅與貪腐，這兩項已被視為需要優先應對的重大安全威脅。二〇二一年六月三日，拜登政府發布了一份國家安全備忘錄，指示所有美國政府機關研議如何「現代化、協調並強化資源配置，以更有效地打擊貪腐、遏止非法金融活動，並追究貪腐行為者的責任」。[84]就在政府宣布將貪腐列為國家安全優先事項的同一週，OFAC展開了其有史以來「最大規模的反腐行動」。[85]到二〇二一年秋季，政府發布了《反貪腐戰略》（Strategy on Countering Corruption），將打擊貪腐定位為國家安全的「核心」利益。[86]

二十年來，美國運用其地下帝國的武器來對抗敵人與對手。有時候——尤其是在早期階段——其他國家和人民也從中受益。當美國將目標鎖定在蓋達這類恐怖組織以及北韓這類國家時，幾乎無人提出異議。然而，隨著帝國野心的擴張，它開始招致怨恨與抵制，並逐漸面臨自我瓦解的風險。

如今，美國或許可以運用其帝國影響力，建立一個權力與正當性相互增強的共同體。如同所有類似的嘗試，這個進程必然不盡完善。在美國自身利益與全球共同利益重合之處，其作用將最為顯著。某些迫切的問題可能會被擱置一旁。經濟施壓最能促使其他國家作出那些他們心知肚明終將必須作出的抉擇，而非強迫他們接受他們堅決抵制的選項。

協助建立一個共同體——即便充滿缺陷、妥協、矛盾和盲點——無疑比以衝突滋生衝突的道路更為可取。這項計畫並非旨在取代我們之前提到的那些措施，例如較為謹慎的戰略、聯盟的建立以及對權力的節制運用。我們依然需要遏制敵對勢力相互糾纏所引發的惡性連鎖反應。而這個計畫能夠做到的，是帶來希望：透過為實現集體目標而努力，激發良性循環，建立穩定的安全體系並重塑經濟結構，以抵禦壓迫或集體災難的威脅。

地下帝國沒有明顯的出口。每條看似通向自由的隧道，最終都折返向內。企業領袖試圖擺脫政府的束縛，卻發現自己只是為自身和他人鑄造了新的枷鎖。政治家曾幻想全球市場能保障他們的安全，卻在市場化為戰場時，冷徹又苦澀地驚醒。從外部瓦解帝國的夢想，反而激發帝國從中心向外挖掘出自己的防禦工事。

帝國的根基盤根錯節，難以澈底拔除。然而，即便無法擺脫地下的黑暗，我們仍可努力將其引導向上生長，朝向陽光與空氣。

註釋

1 Authors' interview with Vitalik Buterin.

2 Frank Tang, "Facebook's Libra Forcing China to Step Up Plans for Its Own Cryptocurrency, Says Central Bank Official," *South China Morning Post*, July 8, 2019.

3 Robert Murray, "The U.S. Is Facing a 'Sputnik Moment' in the International Economy," Foreign Policy Research Institute, February 11, 2022.

4 Authors' interview with Vitalik Buterin.

5 Robert Murray, "The U.S. Is Facing a 'Sputnik Moment' in the International Economy."

6 White House, "FACT SHEET: President Biden to Sign Executive Order on Ensuring Responsible Development of Digital Assets," March 9, 2022.

7 "Federal Reserve Vice Chair Testifies on Digital Currency," C-SPAN, May 26, 2022, https://www.c-span.org/video/?520618-1/federal-reserve-vice-chair-testifies-digital-currency.

8 Helene Braun, "Powell Says Fed Plans Recommendation to Congress on CBDC," *CoinDesk*, June 23, 2022.

9 Theodore Benzmiller, "China's Progress Towards a Central Bank Digital Currency," Center for Strategic and International Studies, April 19, 2022.

10 Ali Wyne, *America's Great-Power Opportunity: Revitalizing U.S. Foreign Policy to Meet the Challenges of Strategic Competition* (New York: Polity, 2022).

11 Joseph Mayton, "Google Favors Encryption: HTTPS Sites to Get Search Ranking Boost," *Tech Times*, August 11, 2014.

12 Hilary McGeachey, "The Changing Strategic Significance of Submarine Cables: Old Technology, New Concerns," *Australian Journal of International Affairs* 76 (2022): 161-77.

13 Quoted in McGeachey, "The Changing Strategic Significance of Submarine Cables."

14 Authors' interview with William Spiegelberger. Also see William R. Spiegelberger, "Anatomy of a Muddle: U.S. Sanctions against Rusal and

Oleg Deripaska," Foreign Policy Research Institute, April 2019.

15 Emily Tamkin, "Trump Finally Signs Sanctions Bill, Then Adds Bizarre Statements," *Foreign Policy*, August 2, 2017.

16 *Kurzposition: US-Russlandsanktionen*, WVMetalle, February 21, 2019, retrieved on December 2, 2022, from link at bit .ly/3uidgoe.

17 David O'Sullivan, Wolfgang Waldner, Gerard Araud, Emily Haber, Dan Mulhall, Armando Varrichio, Karin Olofsdotter, and Kim Darroch, "Letter to Charles Schumer," January 4, 2019, retrieved on October 1, 2022, from https://www.politico.eu/wp-content/uploads/2019/01/document1.pdf.

18 Authors' interview with Dan Mulhall, March 31, 2022.

19 Authors' interview with Dan Mulhall.

20 Spiegelberger, "Anatomy of a Muddle," 10.

21 Human Rights Watch, *U.S. Sanctions on the International Criminal Court: Questions and Answers*, December 14, 2020.

22 See video on State Department Account, September 2, 2020, https://twitter.com/statedept/status/1301157735652831232?s=12.

23 "As Canada Frees a Huawei Boss, China Lets Two Canadians Out of Jail," *Economist*, September 25, 2021.

24 Florence Tan, David Lawder, and Timothy Gardner, "U.S. Says Russia Oil Price Cap Should Reflect Historical Prices, Curb Putin Profit, ," Reuters, September 9, 2022.

25 Quoted in Iain Marlow and Shawn Donnan, "US Oil Price Cap May Backfire, Indonesia's Indrawati Says," Bloomberg, October 12, 2022.

26 U.S. Trade Representative, "The People's Republic of China," undated, https://ustr.gov/countries-regions/china-mongolia-taiwan/peoples-republic-china (checked July 23, 2022).

27 "US Could Cut Ties with China over Coronavirus, 'Save $500 Billion': Trump," Deutsche Welle, May 15, 2020; Jason Lemon, "As Criticism of China Mounts, Trump Adviser Peter Navarro Continues to Urge Bringing Supply Chain Home," *Newsweek*, May 11, 2020.

28 Authors' interview with Matt Duss, February 13, 2021.

29 Authors' interview with Matt Duss.

30 Blair Wang, "CFIUS Ramps Up Oversight of China Deals in the U.S. ," *Diplomat*, September 14, 2021; see also SEC, *Holding Foreign Companies Accountable Act*, undated, retrieved on July 24, 2022, from https://www.sec.gov/hfcaa.

31 Michael German and Alex Liang, "End of Justice Department's 'China Initiative' Brings Little Relief to U.S. Academics," Brennan Center for Justice, March 22, 2022.

32 Jake Sullivan, "Remarks at the Special Competitive Studies Project Global Emerging Technologies Summit," September 16, 2022.

33 Gewirtz, "The Chinese Reassessment of Interdependence."

34 White House, *How China's Economic Aggression Threatens the Technologies and Intellectual Property of the United States and the World*, June 2018, retrieved on December 2, 2022, from https://www.hsdl.org/?view&did=812268.

35 James Crabtree, "China's Radical New Vision Of Globalization," *Noema*, December 10, 2020.

36 Crabtree, "China's Radical New Vision of Globalization."

37 Cissy Zhou, "China Scrambles for Cover from West's Financial Weapons," *Nikkei*, April 13, 2022.

38 Zhou, "China Scrambles for Cover."

39 Iori Kaiwate and Yuta Saito, "China's Treasury Holdings Drop Below $1tn to 12-Year Low," *Nikkei Asia*, July 20, 2022.

40 Sun Yu, "China Meets Banks to Discuss Protecting Assets from US Sanctions," *Financial Times*, April 30, 2022.

41 Zhou, "China Scrambles for Cover."

42 Ana Swanson, "Chinese Companies That Aid Russia Could Face U.S. Repercussions, Commerce Secretary Warns," *New York Times*, March 8, 2022.

43 Christopher Condon, "Yellen Says U.S. Would Use Sanctions If China Invaded Taiwan," Bloomberg, April 6, 2022.

44 CK Tan, "Xi Rallies BRICS against Sanctions 'Abuse,' Cold War Mentality," *Nikkei Asia*, June 23, 2022.

45 Bloomberg News, "Why China's Payment System Can't Easily Save Russian Banks Cut Off from SWIFT ," *Washington Post*, March 15, 2022.

46 Takeshi Kihara, "Hong Kong's 'Zero COVID' Policy Risks Status as Financial Hub," *Nikkei Asia*, January 23, 2022.

47 Barry Eichengreen, "Ukraine War Accelerates the Stealth Erosion of Dollar Dominance," *Financial Times*, March 27, 2022.

48 Antony J. Blinken, *The Administration's Approach to the People's Republic of China*, speech delivered at George Washington University, May 22, 2022.

49 David Lawder and Andrea Shalal, "Yellen to China: Help Stop Russia's War in Ukraine or Lose Standing in the World," Reuters, April 13, 2022.

50 Jillian Deutsch, Eric Martin, Ian King, and Debby Wu, "US Wants Dutch Supplier to Stop Selling Chipmaking Gear to China," Bloomberg, July 5, 2022.

51 Cheng Ting-Fang and Lauly Li, "ASML Warns Chip Gear Ban against China Will Disrupt Supply Chain," *Nikkei Asia*, July 21, 2022.

52 Debby Wu and Jenny Leonard, "China's Top Chipmaker Achieves Breakthrough Despite US Curbs," Bloomberg, July 21, 2022.

53 Office of Senator Rubio, "Rubio, McCaul Demand Tougher Protections against Chinese Semiconductor Maker SMIC, Warn of Possible Beijing-Moscow Coordination," March 17, 2022.

54 Ana Swanson, "Biden Administration Clamps Down on China's Access to Chip Technology," *New York Times*, October 7, 2022.

55 Scholz, "Die EU Muss."

56 Constanze Stelzenmuller, "Putin's War and European Energy Security: A German Perspective on Decoupling from Russian Fossil Fuels," Testimony to the U.S. Commission on Security and Cooperation in Europe, Brookings Institution, June 7, 2022.

57 Joe Miller, "Volkswagen and China: The Risks of Relying on Authoritarian States," *Financial Times*, March 15, 2022.

58 David Ignatius, "Transcript: The Path Forward: American Competitiveness with Pat Gelsinger, CEO, Intel," *Washington Post*, July 12, 2022.

59 Jenny Leonard and Ian King, "hite House Spurns Intel Plan to Boost Chip Production in China," Bloomberg, November 12, 2021. For the $10 billion figure, see Yvonne Geng, "GlobalFoundries Abandons Chengdu Wafer Fab," *EE Times*, May 26, 2020.

60 Ian Talley, "Clandestine Finance System Helped Iran Withstand Sanctions Crush, Documents Show," *Wall Street Journal*, March 18, 2022.

61 Talley, "Clandestine Finance System Helped Iran Withstand Sanctions Crush."

62 Nicholas Mulder, *The Economic Weapon: The Rise of Sanctions as a Tool of Modern War* (New Haven, CT: Yale University Press, 2022).

63 Nicholas Mulder, "By Invitation: Nicholas Mulder, Who Studies Sanctions, Declares a Watershed Moment in Global Economic History," *Economist*, March 4, 2022.

64 Edward J. Langer, "Cuban Missile Crisis—Khrushchev's Last Bluff," Military History Online.

65 Roy E. Licklider, "The Missile Gap Controversy," *Political Science Quarterly* 85, no. 4 (1970): 600-615.

66 Jonathan Renshon, "Assessing Capabilities in International Politics: Biased Overestimation and the Case of the Imaginary 'Missile Gap,'" *Journal of Strategic Studies* 32 (2009): 115-47.

67 Greg Thielmann, "Looking Back: The Missile Gap Myth and Its Progeny," *Arms Control Today* 41, no. 4 (2011): 44-48.

68 Pavel Podvig, "The Window of Vulnerability That Wasn't: Soviet Military Vulnerability in the 1970s—a Research Note," *International Security* 33, no. 1 (2008): 118-38.

69 Steven E. Miller, *Nuclear Hotlines: Origins, Evolution, Applications*, Belfer Center for Science and International Affairs, Harvard Kennedy School, undated. See also Webster Stone, "Moscow's Still Holding," *New York Times*, September 18, 1988.

70 Richard Zeckhauser, "Distinguished Fellow: Reflections on Thomas Schelling," *Journal of Economic Perspectives* 3, no. 2 (Spring 1989): 153-64.

71 "Thomas C. Schelling, Biographical," NobelPrize.org, retrieved on November 21, 2022, from https://www.nobelprize.org/prizes/economic-sciences/2005/schelling/biographical/.

72 Thomas C. Schelling, *Arms and Influence* (New Haven, CT: Yale University Press, 2020).

73 John Lewis Gaddis, "The Long Peace: Elements of Stability in the Postwar International System," *International Security* 10, no. 4 (1986): 110.

74 Henry Farrell and Abraham Newman, "Weaponized Interdependence"; Henry Farrell and Abraham Newman, "Weak Links in Finance and Supply Chains Are Easily Weaponized," *Nature* 605 (May 10, 2022): 219-22; Henry Farrell and Abraham Newman, "Chained to Globalization: Why It's Too Late to Decouple," *Foreign Affairs*, January-February 2020.

75 "Remarks by EU High Commissioner Borrell at the European University Institute," May 5, 2022, https://www.youtube.com/watch?v=akftTQo_MVk&t=1s.

76 Sheila A. Smith, "Japan Turns Its Attention to Economic Security," Council on Foreign Relations, May 16, 2022.

77 Emanuel Adler, "The Emergence of Cooperation: National Epistemic Communities and the International Evolution of the Idea of Arms Control," *International Organization* 46, no. 1 (1992): 101-45.

78 Gaddis, "The Long Peace."

79 "Treaties & Agreements," Arms Control Association, n.d., retrieved on November 21, 2022, from https://www.armscontrol.org/treaties.

80 Kim Stanley Robinson, *Aurora* (New York: Hachette, 2015).

81 Kim Stanley Robinson, *The Ministry for the Future* (New York: Hachette, 2020).

82 Peter Harrell, "How Biden Could Use Trump's Trade War Thumbscrews to Fight Climate Change," *Foreign Policy*, August 5, 2020.

83 Bentley Allen and Todd Tucker, "The E.U.-U.S. Steel Deal Could Transform the Fight against Climate Change," *Washington Post*, October 31, 2021.

84 White House, "Background Press Call by Senior Administration Officials on the Fight against Corruption," June 3, 2021.

85 U.S. Department of Treasury," Treasury Sanctions Influential Bulgarian Individuals and Their Expansive Networks for Engaging in Corruption," press release, June 2, 2021.

86 White House, "United States Strategy on Countering Corruption," December 2021.

謝誌

本書的起點可以追溯到二十年前的一天，當時我們在德國波昂的陽光下喝著啤酒，初次見面。然而，那時的我們並不能預知本書的誕生。我們是兩個懷抱理想、尚未獲得正式職位的年輕學者。由於研究方向相似，未來也可能競爭相同的職位，我們原本可能成為對手，但最終卻成為朋友，並開始共同研究與寫作。我們的合作不僅讓彼此難以分清某個點子最初來自於誰，甚至連這個問題本身都變得不重要。

我們能夠完成這本書，要特別感謝我們的經紀人Margo Beth Fleming。在她的指導下，我們拋開了多年來學術圈的習慣思維，重新構思並搭建起全新的書稿框架。她總是對我們耳提面命：「讀者願意掏錢買這本書，還是寧願去買一杯拿鐵？」這個問題既令人謙卑，又極具價值。沒有她的引導，我們不會寫出你手中的這本書，而你也可能正悠閒地喝著拿鐵。我們對她充滿感激，也希望你讀完這本書後，能同樣感謝她的遠見。

Tim Duggan和Henry Holt出版社的團隊在我們的書稿提案中看到了潛力，願意給我們機會。我們受益於Tim的寶貴建議以及他對我們的信任，他不斷督促我們深化論點、強化敘事，並保持讀者的興趣。如果書中仍有乏味之處，那都是我們的問題，與Tim無關。我們由衷感謝他對我們的信任，讓這本書得以問世。

《地下帝國》源於我們近十年的研究，這本書的誕生離不開那些願意接受我們訪談的人。他們的見解與陳述構成了書中的重要內容。其中一些人以真名出現在書中，另一些則選擇匿名。無論如何，我們都對他們心懷感激。

我們同樣感謝許多同事與朋友，他們幫助我們精煉核心論點。Mark Blyth和Dan Drezner是最早告訴我們，這個研究應該寫成一本面向大眾讀者的書的人。在探索如何講述這個故事的過程中，我們不僅與非虛構類作家交流，也向小說家學習。Henry特別感謝John Crowley（關於天使與鏡像的啟發）、Stan Robinson（關於世界隱藏系統如何改變現實的思考），以及Francis Spufford（關於如何透過小人物的故事講述宏大歷史的技巧）。我們還要特別感謝Heather Kreidler，她對書稿進行了細緻的事實核查。書中的每一頁都受益於這些人的支持、建議、錯誤指正以及激烈討論。

這本書的寫作也受到了約翰・霍普金斯大學和喬治城大學學生的積極參與，特別感謝Advait

Arun、Naz Gocek、Jonas Heering和Brooke Tanner，他們提供了極為細緻的研究協助，約翰・霍普金斯大學和喬治城大學也給予我們極大的支持，在我們的研究中發揮了關鍵作用。Henry開始這項研究時任職於喬治・華盛頓大學，而後在史丹佛大學行為科學高等研究中心的獎學金支持下完成。這些機構的同事們提供了無私的幫助與友誼。Abe則感謝喬治城大學董事會、美中對話倡議（Georgetown Initiative for U.S.-China Dialogue）、開放社會基金會（Open Society Foundation）以及威廉和弗洛拉・惠利特基金會（William and Flora Hewlett Foundation）對本研究的資助。此外，我們還要感謝麻省理工學院出版社及《國際安全》（*International Security*）期刊的編輯，他們刊登了我們的首篇相關論文〈武器化的相互依賴：全球經濟網絡如何塑造國家脅迫〉（Weaponized Interdependence: How Global Economic Networks Shape State Coercion）。雖然這本書與那篇論文有極大不同，但如果沒有它，也不會有這本書的誕生。

我們要向所有為這本書提供素材的記者、學者與作家致敬。探討全球變局，離不開他們的深入調查與細緻研究。我們希望我們對大局的理解，沒有曲解他們的心血。此外，我們也深知，我們的視角並非唯一的分析方式，這本書主要關注強權，而另一個值得書寫的故事，則是來自那些身處弱勢者的觀點。

我們對帝國的理解，始於很久以前，並且得益於家人的不斷支持。感謝我們的父母Paul和Louise，以及Barb和Phil，他們始終相信我們無所不能。感謝我們的伴侶Nicole和Craig，他們願意熬夜聆聽我們的論點，並包容我們在電腦前的漫長時光。Craig閱讀了無數次書稿，Nicole則給予無盡的支持。他們的愛支撐著我們，讓我們即便在最想放棄的時刻，也能繼續前行。最後，獻給我們的孩子Jack、Kieran、Micah和Sadie——願這個世界充滿光明與希望。

地下帝國：

金融、網路、半導體——美國如何將世界經濟武器化

Underground Empire: How America Weaponized the World Economy

作　　者　亨利・法羅（Henry Farrell）、亞伯拉罕・紐曼（Abraham Newman）
譯　　者　林少予
審　　校　陳建元
責任編輯　尹懷君
封面設計　王嵩賀
圖文排版　黃莉珊

出版策畫　聯利媒體股份有限公司 (TVBS Media Inc.)
　　　　　地址：114504 台北市內湖區瑞光路 451 號
　　　　　電話：02-2162-8168
　　　　　傳真：02-2162-8877
　　　　　http://www.tvbs.com.tw
總 策 畫　陳文琦、劉文硯、詹怡宜
總製作人　楊　樺
總 編 審　范立達
T 閱 讀　俞璟瑤、林芳穎、王薏婷
版權事務　蔣翠芳、朱蕙蓮
品牌行銷　戴天易、葉怡妏、黃聖涵、高嘉甫
行政業務　吳孟黛、趙良維、蕭誌偉、鄭語昕、高于晴、林子芸
法律顧問　TVBS 法律事務部
發　　行　秀威資訊科技股份有限公司
　　　　　地址：114504 台北市內湖區瑞光路 76 巷 65 號 1 樓
　　　　　電話：+886-2-2796-3638
　　　　　http：//www.showwe.tw
讀者服務信箱：service@showwe.tw
網路訂購／秀威網路書店：https://store.showwe.tw

2025 年 3 月　初版一刷
2025 年 4 月　初版三刷

定價 平裝新台幣 480 元（如有缺頁或破損，請寄回更換）

ISBN：978-626-99506-0-7

國家圖書館出版品預行編目

地下帝國：金融、網路、半導體：美國如何將世界經濟武器化 / 亨利 . 法羅 (Henry Farrell), 亞伯拉罕 . 紐曼 (Abraham Newman) 著；林少予譯 . -- 初版 . -- 臺北市 : 聯利媒體股份有限公司 , 2025.03

面；　公分

譯自 : Underground empire : how America weaponized the world economy.

ISBN 978-626-99506-0-7(平裝)

1.CST: 國際經濟關係　2.CST: 經濟發展　3.CST: 美國

552.1　　114001535